ISTITUTO NAZIONALE
DI STUDI SUL RINASCIMENTO

Quaderni di Rinascimento
• 55 •

I testi pubblicati in questa collana sono preventivamente sottoposti a procedimento di *peer review*.

ISTITUTO
NAZIONALE
DI STUDI
SUL
RINASCIMENTO

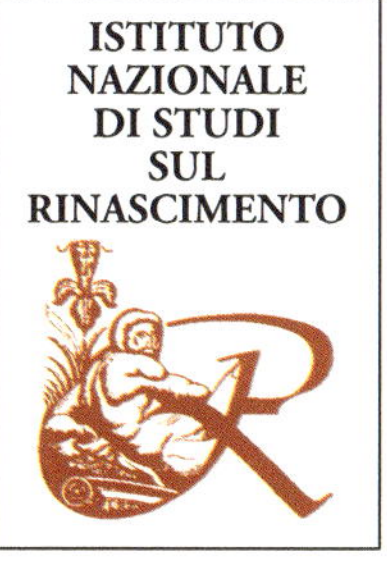

QUADERNI DI
RINASCIMENTO
• 55 •

MASSIMO FERRETTI

Francesco del Cossa intorno al 1472: due studi

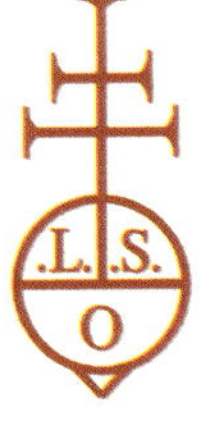

Leo S. Olschki Editore
MMXXII

Casa Editrice Leo S. Olschki
Viuzzo del Pozzetto, 8
50126 Firenze
www.olschki.it

ISBN 978 88 222 6839 6

SOMMARIO

AVVERTENZA

Il primo dei due studi è nuovo, il secondo è uscito nel 2011 in una raccolta in onore di Adriano Prosperi (*La fede degli italiani. Per Adriano Prosperi*, I, a cura di G. Dall'Olio, A. Malena, P. Scaramella, Pisa, Edizioni della Normale, 2011, pp. 279-290). Naturalmente è stato ritoccato e aggiornato (ringrazio Maria Vittoria Benelli e le Edizioni della Normale per averne concesso il riuso). In tale studio vengono messi in gioco gli strumenti dell'analisi stilistica – forse, all'inizio, in modo un po' ostentato –, anche allo scopo di mostrare che una filologia su di essi fondata, e che pure si vorrebbe oggi vedere più e meglio coltivata (beninteso, anche da chi scrive), non può sempre funzionare come metro assoluto. Di fatto, in queste pagine si è cercato di ripercorrere la complessa posterità di un'opera che già in origine fu eterogenea. Lo studio inedito è invece risultato troppo lungo per trovare ospitalità su una rivista di settore o su una dove s'incontrino diverse linee disciplinari, come «Rinascimento». Che ora formi un suo 'quaderno' (cosa di cui sono grato a Michele Ciliberto), sembra corrispondere in modo immediato alla denominazione della collana. E tuttavia, in considerazione dei suoi margini congetturali, tale studio fa temere anche all'autore che risulti sovradimensionato e specialistico. Non si è trattato soltanto di volersi interrogare con più ragionata fiducia su quella che resta oggi l'unica testimonianza diretta su un altare disgregato nel Settecento, un altare che ebbe pure un ruolo decisivo negli svolgimenti artistici tardo-quattrocenteschi. Sotto l'accumularsi dei riscontri minuti, la questione di fondo che premeva riguarda le mutate condizioni percettive che si determinano quando quel corpo figurativo, tridimensionale e visivamente composito che è il polittico, si evolve in una serie di campi pittorici autonomi. Si tratta di un problema che non può riguardare semplicemente l'aspetto per così dire archeologico della storiografia dell'arte. Non si sta però promettendo che saranno svolte le implicazioni teoriche di una questione che anche in questo caso riguarda la posterità delle opere d'arte, una posterità al tempo stesso materiale e percettiva.

Soltanto per chiarire un po' meglio il proposito generale, mi servirò di un espediente sperimentale che è sempre riuscito efficace nell'aula abbuiata, dov'è più facile mettere in gioco il succedersi delle immagini sullo schermo.

Proviamo dunque ad immaginare che del trittico di Giovanni Bellini nella sacrestia dei Frari (Fig. 12) ci siano giunte soltanto le tre tavole dipinte, separate in musei lontani o riunite sulla parete di uno stesso museo, oppure ricomposte, magari conservando le diverse cornici di galleria, nell'occasione sensazionale di una mostra (Fig. 1). E per quanto ci riesce possibile, cerchiamo di annullare la traccia mnestica lasciata dall'aver già conosciuto l'altare integro; evitiamo anche di accostare nella stessa pagina un'immagine all'altra. Non ci sarà ora bisogno, come a lezione, di dilungarci nel raffronto fra le due diverse configurazioni. Semplicemente, se questa meraviglia ci fosse giunta in frammenti, non avremmo sentito la necessità di ricostruire almeno mentalmente il congegno unitario? Certo, per contesto funzionale, momento cronologico e *milieu* figurativo, il caso veneziano

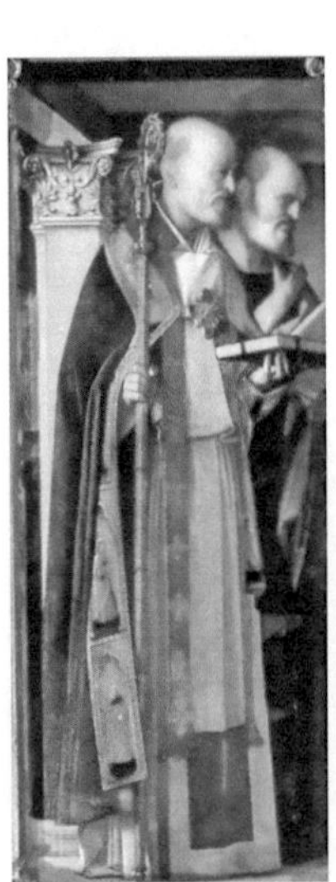

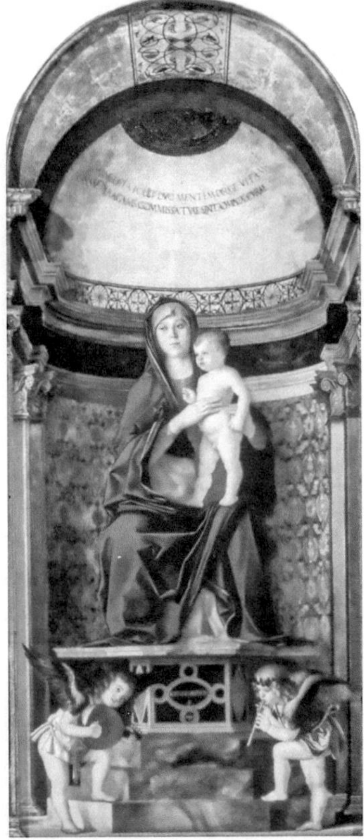

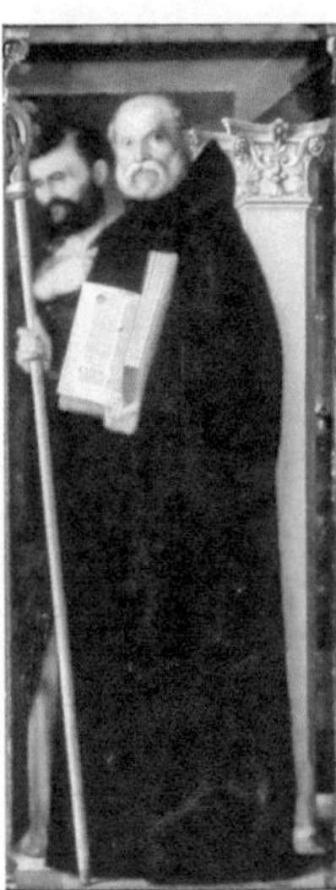

Fig. 1. Giovanni Bellini, *Trittico*, Venezia, Sacrestia dei Frari (immagine elaborata eliminando l'incorniciatura).

non è sovrapponibile a quello bolognese, ma l'esperimento didattico potrà giustificare una così protratta indagine sull'induttivo aspetto originario del polittico di Francesco del Cossa (ed Ercole de' Roberti), suggerita dalle aporie materiali dell'unica testimonianza che su di esso ancora integro ci rimane.

Oltre ai due nomi fatti sopra e a quello di Laura Fedi (a cui sono particolarmente riconoscente per l'accuratezza con cui ha preparato il testo in vista della stampa), ringrazio l'amico Marco Collareta per la lettura finale (va da sé che non è una chiamata di corresponsabilità). Per avermi aiutato a procurare le immagini o altro, sono grato a Valeria Genovese, Sabrina Guzzoletti, Andrea De Marchi, Angelo Mazza, Monia Manescalchi, Orso M. Piavento, Sergio Pasquesi, Bruna Parra, Giandonato Tartarelli.

Le verifiche bibliografiche si fermano a metà del 2021.

Studio primo

LA FORMA DEL POLITTICO GRIFFONI: CONGETTURE SU UN «PICOLO ABOZO»

Il carattere delle cose dipende in ultima istanza dal fatto che siano un intero o una parte.

Georg Simmel (1902)

Moderni, siamo sempre pronti a rammodernare nel nostro gusto, per poco appiglio che ce ne offrano, le opere antiche, con un procedimento che, spinto appena oltre il segno, appare affatto inconsulto.

Roberto Longhi (1934)

[...] *ci dimenticavamo quanta forza di sintesi storica sottendessero anche le più carpentieristiche ricostruzioni longhiane.*

Giuliano Briganti (1987)

1. A Bologna non rimane nulla del polittico che il ferrarese Francesco del Cossa, con l'aiuto del più giovane concittadino Ercole de' Roberti, dipinse per la cappella Griffoni in San Petronio. Già per questo, la mostra che a pochi passi dalla basilica e per quasi un anno (quello della pandemia) ne ha riunito le parti superstiti rimane eccezionale. Eccezionale non soltanto per la qualità artistica delle tavole, che nell'occasione è sembrata crescere e variare piuttosto che riproporsi tal quale, ma per la natura stessa della mostra. In condizioni diverse da quelle che dapprima hanno ritardato l'arrivo delle due tavolette del Louvre rimaste ferme alla dogana e poi hanno obbligato a periodi di chiusura o di difficile accesso, sarebbe stato davvero importante vedere la risposta di un più largo pubblico ad un'esposizione centrata su una sola opera d'arte forzatamente diventata plurima.

Per gli addetti dovrebbe essere ovvio che uno degli scopi primari delle esposizioni temporanee è quello di ricomporre opere sparse e frammentarie.[1] Ed invece, per il più largo pubblico (ma anche per chi organizza cer-

[1] Sto parafrasando F. Elsig, *'Connoisseurship' et histoire de l'art. Considérations méthodologiques sur la peinture des XVe et XVIe siècles*, Genève, Droz, 2019, p. 34.

te esposizioni) non è sempre chiaro che lo scopo di una mostra non è lo stesso di un museo. 'Quelle' mostre non fanno altro che riproporre sotto un marchio promozionale più attraente e almeno in apparenza unitario le medesime condizioni di accesso socialmente 'filtrato' proprie del museo: un'istituzione dall'apparenza meno amichevole (occorre insegnare ad andarci incuriositi oltre che informati, a visitare un museo; e con il taccuino in mano, per fare controlli sui libri di casa o in Internet). Le rassicuranti promesse di 'quelle' mostre vengono spesso tradite, nella realtà, mettendo assieme le opere come se si trattasse d'illustrare un libro a tema, quasi che fossero immagini scaricate dalla rete. Il linguaggio delle mostre parla con l'espressività diretta delle cose messe a confronto, e proprio grazie alle particolari situazioni di confronto. Esattamente come il museo, ma nel caso delle mostre gli accostamenti s'infittiscono, il quadro informativo si fa più serrato e autosufficiente. Quel temporaneo allestimento ha senso se è davvero nuovo rispetto al museo, se fa leva su confronti consentiti soltanto per il poco tempo di una mostra. Fra mostre e musei c'è opposizione solo se vogliamo crearla noi, usando i musei come serbatoi ai quali attingere per mostre che rispondano innanzitutto a strategie di *marketing* (si sta parlando di quelle di arte antica: diversamente necessaria è la funzione delle mostre di opere risalenti all'età del mercato dell'arte e dell'originaria disseminazione collezionistica).[2]

L'esposizione bolognese rivelava anche a chi non fosse strettamente addetto (e in un momento favorevole avrebbe potuto farlo in misura maggiore) due condizioni capitali del nostro più antico patrimonio d'arte: la frammentazione e la dispersione, che fuori d'Italia furono aspetti correlati nella ricezione della nostra arte rinascimentale.[3] Davanti al visitatore – anche a quello abituato ad avvicinare le tavole del polittico su uno schermo o con i libri – le tavole si allineavano nelle differenti incorniciature in stile delle collezioni e musei di provenienza (Tav. Ia). Un aspetto della mostra in apparenza marginale, magari soltanto intuitivo (si spera bene che ad accorgersi delle cornici prima di quanto racchiudono non siano in molti). Cognizione intuitiva, ma non del tutto inavvertita (si confida) di quel processo materiale che portò ad una nuova autonomia visiva dei singoli pezzi del polittico.

---

[2] Mi pare sintomatico che non uno storico dell'arte, ma uno storico in senso pieno e dallo sguardo sempre profondo sul presente, abbia saputo cogliere il carattere di questa mostra rispetto a quelle 'di consumo', ormai prevalenti (A. Prosperi, *Il polittico Griffoni come dono alla città*, in *Il polittico Griffoni. Un dono per la città*, Atti della giornata di studio (Bologna, 29 ottobre 2020), a cura di M. Natale, Argelato (Bologna), Minerva, 2021, pp. 19-31.

[3] Di grande efficacia, a questo proposito, rimane F. Haskell, *La dispersione e la conservazione del patrimonio artistico*, in *Storia dell'arte italiana*, X, *Conservazione, falso, restauro*, Torino, Einaudi, 1981, pp. 5-35.

La mostra poteva insomma ricordare che la dispersione collezionistica e la museificazione non segnarono soltanto un cambiamento di *status* giuridico, patrimoniale, topografico ecc., ma incisero in modo irreversibile sulle più immediate e tangibili condizioni di percezione.

Giustamente, i frammenti dispersi non sono stati convocati a Bologna per dar luogo a quella che avrebbe potuto dirsi una ricostruzione fatta con i pezzi originali, che tuttavia sarebbe stato impossibile mettere assieme come i pezzi di un *puzzle*. Se ci si fosse mossi in questa direzione, sarebbero rimasti a distanza punitiva i sottili passaggi pittorici dei tre tondi sommitali; o non ci si sarebbe resi conto della pur lievemente variata tessitura fra il primo e il secondo registro. Il risultato primo della mostra – che è stato quello di far intendere meglio la complementarietà visiva delle parti del polittico o comunque di lasciarci presentire l'originaria funzione reciproca degli addendi smontati nel Settecento – è stato invece affidato ad uno schema grafico a grandezza naturale e ad una simulazione 1:1 realizzata in base ad apposite, raffinatissime scansioni di Adam Lowe e della Factum Foundation (Tav. Ib); l'una e l'altra sulla scorta della ricostruzione proposta pochi anni fa da Cecilia Cavalca. La quale ne ripropone in catalogo una dettagliata giustificazione, con il ripensamento sulle due tavolette laterali di cui si dirà in seguito. La mostra andava apprezzata anche in questo senso: la lettura del saggio in catalogo, lo si condividesse o meno, si completava nella concreta esperienza di visita (o viceversa), com'è (era) naturale che sia (fosse) per questo particolare tipo di libro d'arte.[4] Ed anche le pagine che seguono, maturate già da molto tempo e nella sostanza già fatte conoscere in forma orale, sono il frutto di un collaudo che soltanto questa mostra poteva consentire.[5]

---

[4] Il catalogo della mostra *Il polittico Griffoni rinasce a Bologna. La riscoperta di un capolavoro*, a cura di M. NATALE e C. CAVALCA, Cinisello Balsamo, Silvana editoriale, 2020, introdotto da un'efficace ricognizione complessiva del curatore *senior*, approfondisce anche le tappe della dispersione collezionistica (Angelo Mazza) e quelle dell'induzione ricostruttiva di Longhi (Marcello Toffanello). Alla carriera di Francesco del Cossa e alla ricostruzione dell'altare sono dedicati due saggi della curatrice *iunior*, responsabile anche delle schede delle singole tavole. Nel complesso l'insieme dei saggi è meno occasionale e dispersivo, rispetto all'oggetto dell'esposizione, di quanto non capiti in tanti recenti «libri di mostra»: le pagine di Mario Fanti sul legame tra la famiglia Griffoni e San Petronio contengono considerazioni preziose e quelle di Maria Teresa Sambin de Norcen ripercorrono in modo chiaro e comparato la storia quattrocentesca del cantiere di San Petronio. Da segnalare anche le pagine di Jill Dunkerton sulla tecnica pittorica del polittico. Si potrà lamentare soltanto l'assenza di un saggio mirato al ruolo del polittico Griffoni nella rapida affermazione del culto di san Vincenzo Ferrer in Italia e a Bologna. La mostra, a Palazzo Fava, è stata promossa da *Genus Bononiae* e dalla Fondazione Cassa di Risparmio. L'apparato bibliografico del catalogo consentirà di sveltire quello di queste pagine, dove semmai si preferirà ricordare studi assenti nella sua bibliografia.

[5] Questo saggio, salvo l'aggiunta delle note ed una più ampia esemplificazione di con-

2. Lo studio della forma degli altari fra tardo Medioevo e Rinascimento, tanto sviluppato negli ultimi anni, a qualcuno sembrerà forse una moda accademica.[6] A torto, perché rispecchia un'accresciuta attenzione alle sempre differenti e particolari funzioni dell'opera d'arte; alla sua ambientazione originaria; alle consuetudini e preferenze dei committenti, singoli o collettivi. Nell'*Officina ferrarese* (1934) di Roberto Longhi la ricostruzione di altari dispersi è un aspetto davvero rilevante, ma in senso assai diverso dallo studio degli altari proposto da Burckhardt o dalle ricerche oggi in pieno rigoglio.[7] Individuare e ricomporre quei cocci dispersi era per Longhi il modo migliore per mettere alla prova la nostra (la sua) capacità di ricondurre i dati espressivi a precise congiunture, alle medesime coordinate di tempo e di luogo, vincolanti e circoscritte.

Non fu diversamente per i resti del polittico Griffoni. E dunque il catalogo dell'esposizione giustamente riserba un saggio alla parte decisiva che Longhi ebbe nella sua ricomposizione, all'officina dello studioso. Riaffiorano così, in mostra e in catalogo, i suoi materiali di studio, quel particolare gusto del fotomontaggio, così in linea con l'avanguardia figurativa dei suoi anni (come non pensare poi al tavolo di lavoro ingombro «di colle e di altre materie dannevoli e malestrose»?).[8] Eppure a qualcuno sembrò azzardato che Longhi aggiungesse un secondo registro al trittico ricomposto da Gustavo Frizzoni (Fig. 2): erano tavole a fondo oro, che non si credeva

---

fronti, in larga parte corrisponde ad una conversazione tenuta nella primavera del 2009 all'Università di Bologna, in seguito a quella di Torino, riutilizzata poi per il corso di orientamento della Scuola Normale a Colle Val d'Elsa e per un seminario dell'Istituto Nazionale di Studi sul Rinascimento di Firenze. Alla prima uscita era presente (e pubblicamente dissenziente) Cecilia Cavalca. E siccome mi pare che le mie considerazioni siano state da lei tacitamente tenute presenti, ma in senso del tutto negativo, preferisco riproporle in forma distesa (in modo riassuntivo, dettagliato solo nel caso della predella della Pinacoteca Vaticana, sono state anticipate nella giornata di studio dell'ottobre 2020, subito a stampa, *Sul disegno di Stefano Orlandi (in particolare sulla «predella» del polittico Griffoni)*, in *Il polittico Griffoni. Un dono*, cit., pp. 49-58). L'unica aggiunta di rilievo al quadro di conoscenze maturato anni fa è quella delle lettere di Angelo Fontana e Giuseppe Baraldi al cardinale Aldrovandi, a partire dal 1 novembre 1725 (*Appendice documentaria*, a cura di I. Negretti, in C. Cavalca, *La pala d'altare a Bologna nel Rinascimento. Opere, artisti e città, 1450-1500*, prefazione di M. Natale, Cinisello Balsamo, Silvana editoriale, 2013, pp. 383-384).

[6] Valga la riflessione che, nel raccogliere i suoi importanti studi sull'argomento, ha fatto Ch. Gardner von Teuffel, *From Duccio's Maestà to Raphael's Transfiguration. Italian Altarpieces and their Settings*, London, Pindar, 2005, p. 4: «in recent years there has a plethora of works on altarpiece».

[7] Ma si ritocchi l'osservazione in base a quanto disse, sempre a lezione, sulla struttura degli altari J. Burckhardt, *L'arte italiana del Rinascimento. Architettura*, a cura di M. Ghelardi, Venezia, Marsilio, 1991, pp. 250-253.

[8] R. Longhi, *La biblioteca del re d'Aragona* [1954], ora in Id., *Edizione delle opere complete*, XIII, *Critica d'arte e buongoverno 1938-1969*, Firenze, Sansoni, 1985, pp. 205-209: 206.

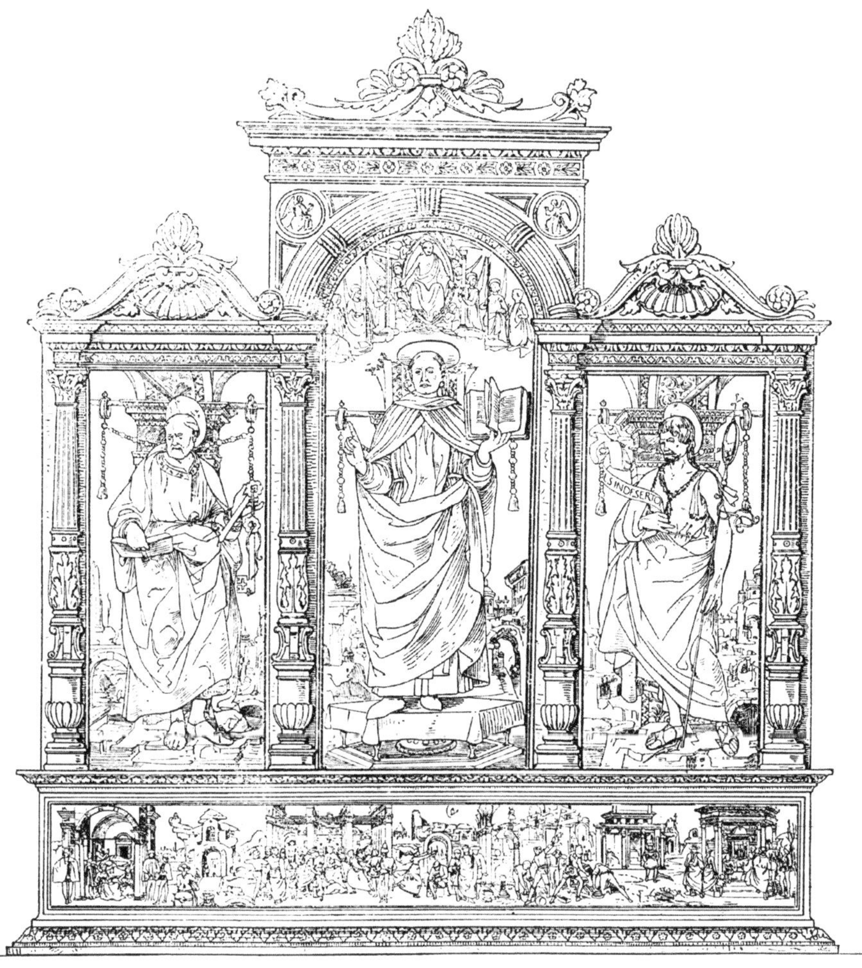

Fig. 2. Ricostruzione del «trittico» Griffoni di Gustavo Frizzoni, con cornice disegnata da Ludovico Pogliaghi (1897).

potessero stare assieme alle altre (oltretutto, le aureole dei santi erano così diverse).[9] Anche il ricongiungimento di alcune delle tavolette poste sui pi-

[9] Oltre all'immediato e netto rifiuto di tutti i pannelli superiori da parte di E.K. Waterhouse, recensione a R. Longhi, *Officina ferrarese*, «The Burlington Magazine», LX, March, 1936, pp. 150-151: 151 (attribuiti da Longhi «despite what seem to me the most evident disparities of style whit the admitted lower panels»), ancora M. Salmi, *Cossa, Francesco del*, in *Enciclopedia universale dell'arte*, Venezia-Roma, Istituto per la Collaborazione Culturale, 1958,

lastri poteva apparire arrischiato, perché dell'altare Griffoni non era rimasta alcuna descrizione.

Non c'è neppure un documento che faccia i nomi di Francesco del Cossa e di Ercole de Roberti. Li fa la tradizione cinquecentesca: Pietro Lamo, che ricorda il solo «peducio» come opera di Ercole de' Roberti; e Giorgio Vasari, che nel 1550 nomina come opera di Ercole «tavola» e «predella», e che poi nel 1568, quando aggiunge la biografia di Lorenzo Costa (persona da lui sovrapposta a Francesco del Cossa) distingue le rispettive competenze, scalandone i meriti a vantaggio di Ercole, l'autore della predella.[10] Dal

---

IV, coll. 1-7: 4, vede nella disparità materiale l'«unico punto oscuro per la ricongiunzione al trittico». A. Neppi, *Francesco del Cossa*, Milano, Silvana editoriale, 1958, che pure trova le proposte di Longhi «fondatissime» (p. 24), riferisce poi (p. 26) una lettera di Giacomo Bargellesi secondo il quale «sarebbe da escludere l'appartenenza delle due tavole [di Washington] al polittico in discorso, per la mancanza in essa di fondi architettonici che caratterizzano tutti gli altri elementi della pala», confermata dal fatto che le loro aureole fossero piatte, a differenza di quelle prospettiche del primo registro. Così la pensa Alistair Smith in A. Smith – A. Reeve – A. Roy, *Francesco del Cossa's* S. Vincent Ferrer, «National Gallery Technical Bulletin», V, 1981, pp. 45-57: 45. Ed ancora qualche anno dopo per L. Armstrong, *Del Cossa, Francesco*, in *Dizionario biografico degli Italiani*, XXXVI, Roma, Istituto della Enciclopedia italiana, 1988, pp. 467-471: 470, è «difficile considerare [le tavole di Washington] elementi della pala Griffoni». Quanto a Longhi, M. Toffanello, *Bologna 1934: Roberto Longhi e l'Officina ferrarese*, in *Il polittico Griffoni rinasce*, cit., pp. 145-159, ha già raccolto richiami testuali utili a riconoscere il significato che per lui aveva un'operazione ricostruttiva come quella, capace anche di sfidare le apparenze materiali. Si aggiungano le riconsiderazioni che in sede di metodo propone, insistendo proprio sulla ricostruzione del polittico Griffoni, C. Ginzburg, *Indagini su Piero. Il Battesimo, il ciclo di Arezzo, la Flagellazione di Urbino*, nuova ed. con l'aggiunta di quattro appendici, Torino, Einaudi, 1994, pp. 158-160. Senza dimenticare che G. Briganti, *L'Officina Ferrarese* [uscito l'anno avanti in inglese come: *Officina Ferrarese: An Appreciation*], in *Da Borso a Cesare d'Este. La scuola di Ferrara, 1450-1628*, a cura di E. Mattaliano, Ferrara, Belriguardo, 1985, pp. 50-51:51 (ora anche in G. Briganti, *Roberto Longhi*, a cura di G. Agosti, Milano, Archinto, 2021, pp. 103-105: 105), indicò nella ricostruzione del polittico Griffoni la «tipica testimonianza di come dati oggettivi di carattere esteriore [...], le misure delle singole tavole, la loro sagoma, i tipi di aureole ecc. seguano e non precedano [nell'«esercizio longhiano»], siano cioè il corollario di una serie di intuizioni nate da una lettura stilistica che non è soltanto "formale" e si identifichino con la definizione del "valore" artistico in un unico procedimento critico. Un procedimento che può essere soltanto storico [...]».

10 P. Lamo, *Graticola di Bologna* [1560], ed. a cura di M. Pigozzi, Bologna, CLUEB, 1996, p. 101 («Un peducio de li miracoli de San Nicola dove sono de figure picole de man d'Ercolo da Frara, rarisimi. Fece fare li Griffoni»); G. Vasari, *Le vite de' più eccellenti pittori, scultori e architettori nelle redazioni del 1550 e 1568*, a cura di P. Barocchi e R. Bettarini, 7 voll. di testo, Firenze, Sansoni-SPES, 1966-87, III (nella Torrentiniana, dove compare la sola vita di Ercole: «E così in San Petronio, in una cappella, una tavola a tempera che si conosce a la maniera, con una predella sotto di figure piccole fatte con gran diligenza», p. 420; nella Giuntina si parla dell'altare sia nella vita di Costa-Cossa, pp. 415-416: «E parimenti [dipinse in San Petronio la tavola] di san Vincenzo che è similmente lavorata a tempera, nella cappella de' Griffoni, la predella della quale fece dipingere a un suo creato, che si portò molto meglio che non fece lui nella tavola, come a suo luogo si dirà»; sia in quella di Ercole de' Roberti, pp. 419-420: «Costui dunque, avendo miglior disegno che il Costa, dipinse sotto la tavola da lui fatta in San Petronio, nella

1725 nessuno ha più visto il polittico nella sua interezza, perché la cappella in cui si trovava passò al patronato del cardinale Pompeo Aldrovandi e fu radicalmente trasformata, eliminando il vecchio altare.

Quando Longhi propose la sua ricostruzione (Fig. 3), dell'altare Griffoni non si conosceva l'unico documento ancora oggi disponibile, il pagamento fatto ad Agostino de Marchi da Crema della cassa del polittico, il

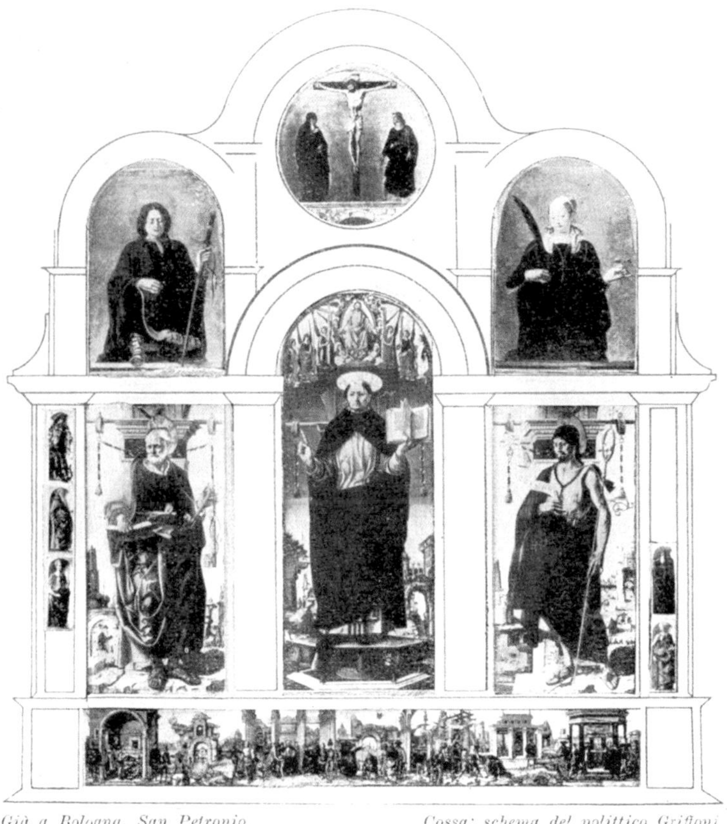

Fig. 3. Ricostruzione del polittico Griffoni di Roberto Longhi (1934).

cappella di San Vincenzo, alcune storie di figure piccole a tempera. Tanto bene e con sì bella e buona maniera, che non è quasi possibile veder meglio, né imaginarsi la fatica e diligenza che Ercole vi pose, là dove è molto miglior opera la predella che la tavola, le quali amendue furono fatte in un medesimo tempo, vivente il Costa». La distinzione di mani (non quella così netta dei meriti) passa quindi alla letteratura locale, a cominciare da F. Cavazzoni, *Pitture et sculture et altre cose che sono in Bologna* [1603], in Id., *Scritti d'arte*, a cura di M. Pigozzi, Bologna, CLUEB, 1999, pp. 9-111: 19.

19 luglio 1473.[11] Segno che a quella data il complesso (intagliato, dorato e dipinto) era appena concluso, come suggerisce l'«uso del verbo perfetto» (*fecit*).[12] O tuttalpiù, era in via di conclusione. Un polittico con tanto di cassa non s'incontra facilmente, oggi. In San Petronio se ne vede uno, quello di Tommaso Garelli (Fig. 45), ma la cassa è stata aggiunta da poco più di un secolo.[13] Il ruolo effettivo di una cassa, posta sull'altare liturgicamente parato e con le cortine dischiuse, ci viene restituito dal finto altare che Benozzo Gozzoli dipinse in San Francesco a Montefalco (Fig. 4);[14] oppure, assieme all'evolversi della forma degli altari, nell'ormai ben noto dipinto di Carpaccio con la *Visione dei crocefissi del monte Ararat in San'Antonio di Castello*.[15]

---

11 «Item m. Agustino de Marchi de Crema, magistro lignaminis, libras sex quatrinorum pro capsa quam fecit circa tabulam altaris Floriani de Griffonibus: promiserunt Officiales ei donare, vicelicet L. 6» (I.B. Supino, *L'arte nelle chiese di Bologna*, 2 voll., Bologna 1932-38, II, *Secoli XV-XVI*, pp. 196-198, su segnalazione di Francesco Filippini, intendendo correttamente «cassa entro cui doveva racchiudersi il polittico»). L'uso del termine «tabula» per indicare un altare, di qualsiasi forma, non è soltanto vasariano e tardivo. Basti ricordare, nel Trecento, che l'iscrizione dell'altarolo oggi a Brera di Bartolomeo e Jacopino da Reggio: «*Hanc tabulam* fecerunt [...]», che non è un compatto dossale, ma un trittico-reliquario ad ante mobili (C. Giacobino, scheda n. 17, in *Pinacoteca di Brera. Scuola emiliana*, Milano 1991, pp. 51-56, ma ora sappiamo che l'opera proviene quasi certamente da San Francesco a Correggio: R. Cobianchi, *Bartolomeo and Jacopino da Reggio's Brera Triptych: A Possible Source for his Provenance*, in *A Wider Trecento. Studies in 13th and 14th Century European Art presented to Julian Gardner*, ed. by L. Bourda and R. Gibbs, Leiden-Boston, Brill, 2012, pp. 144-153).

12 F. Torella, *L'ombra della mezzaluna sull'arte italiana*, «Musei ferraresi», XV, 1985-87, pp. 43-55: 43.

13 F. Cavazza, *Finestroni e cappelle in San Petronio a Bologna. Restauri recenti e documenti antichi*, «Rassegna d'arte», V, 1911, 11, pp. 161-166: 163 («Nella stessa cappella poi di Santa Brigida [...] è stato collocato sull'altare un bellissimo polittico attribuito al pittore bolognese Marco Zoppo [il riferimento a Garelli è successivo] che la Fabbriceria conservava nella sua residenza. E questo polittico è stato ora racchiuso entro una grande e ornata custodia»). La natura moderna della cassa non è stata sempre richiamata in modo esplicito, a differenza dei più recenti A. Calogero, *Tommaso Garelli nel Rinascimento bolognese*, «Nuovi studi», 2012, 18, pp. 83-89: 84, e Cavalca, *La pala d'altare a Bologna*, cit., p. 323. Sulla datazione del polittico, *Postilla A*.

14 Fra le diverse occorrenze bibliografiche, A. Thomas, *The Painter's Practice in Renaissance Tuscany*, Cambridge, Cambridge Univ. Press, 1995, pp. 282-283. La raffigurazione della cassa aiuta ad articolare il rapporto illusivo con le storie dipinte sulla parete.

15 Ultimamente il dipinto è riprodotto, richiamando gli interventi più recenti, da M. Vinco, *Frammenti innovativi. Le prime pale d'altare di Giovanni Bellini a Venezia*, in *Giovanni Bellini «...il migliore nella pittura»*, a cura di P. Humfrey, V. Mancini, A. Tempestini, G.C.F. Villa, Venezia, Lineadacqua-Fondazione Giorgio Cini, 2019, pp. 59-73: 72 (ma *ivi* anche p. 77, saggio di D. Tosato). Per l'attenzione all'evoluzione della forma degli altari (quella moderna non prevede più la cassa) non si dimentichi il commento alla riproduzione che dà J. Shearman, *Arte e spettatore nel Rinascimento italiano. «Only connect...»*, Milano, Jaca book, 1995 [ed. or. Washington, D.C.-Princeton (NJ), The National Gallery of Art-Princeton Univ. Press, 1992], p. 66, oltre a quelli di P. Humfrey, *The Altarpiece in Renaissance Venice*, London-New Haven, Yale Univ. Press, 1993, p. 34.

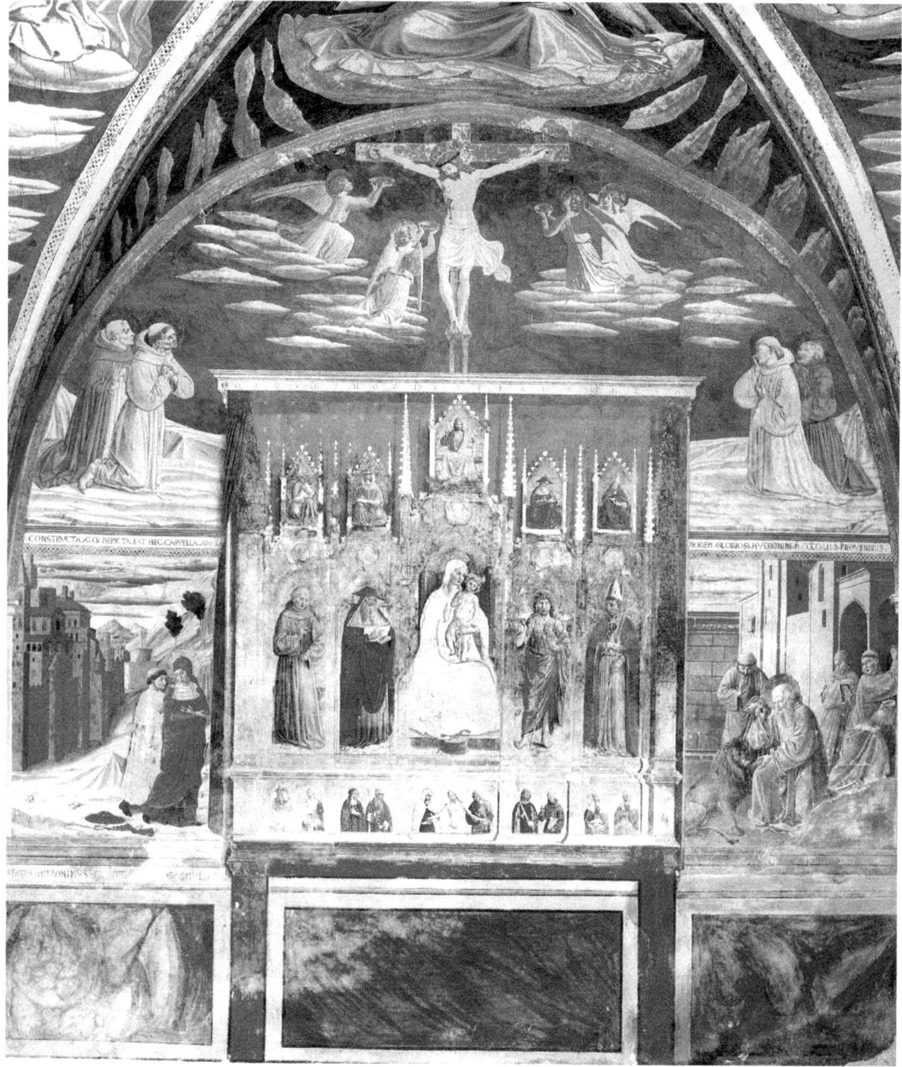

Fig. 4. Benozzo Gozzoli, *Cappella di san Girolamo* (1452), Montefalco, San Francesco.

E il dischiudersi delle cortine non può essere espresso meglio che con le parole di Leonardo (per quanto mirate ad un preciso fine metaforico):

Or non si vede le pitture rapresentatrici delle divine deità essere al continuo tenute coperte con copriture di grandissimi prezzi? E quando si scoprano, prima si fa grandi solennità ecclesiastiche de vari canti con diversi suoni. E nello scoprire, la gran moltitudine de' populi che quivi concorrono immediate se gittano a terra, quella adorando e pregando [...]?[16]

La forma della cassa doveva adeguarsi al profilo dell'altare. Non solo quadra, dunque, ma anche mistilinea, come quella attorno all'altare della cappella dei Lucchesi ai Servi di Venezia (1376)[17] o a spioventi, come nell'ancona di Carpeneto riferita a Domenico da Tolmezzo (Fig. 5).[18] Forma, questa, che sembra la più probabile per il polittico Griffoni, alla luce della testimonianza settecentesca di cui si parlerà a partire dal paragrafo seguente.

La cassa contenente l'altare contribuiva alla sua definizione nello spazio. In quell'intercapedine si definiva il corpo tridimensionale di un altare intagliato e dipinto. Quando a lezione si cerca di dire agli studenti alle prime armi che un polittico non era soltanto opera di pittura, come quelle che vediamo appese alle pareti di un museo, a seconda dei casi capita d'invocare il confronto o con una struttura architettonica a scala ridotta o con un'opera di oreficeria trasposta a grandi dimensioni. Anche il polittico Griffoni, nel riunire superfici dipinte ad intagli dorati, trovava un senso architettonico. E forse anche questo contribuisce a spiegare perché Vasari, toscano di pieno Cinquecento abituato a pensare alla pittura d'altare come cosa ben distinta dal suo alloggiamento in pietra, fosse più tiepido verso la parte di Cossa, dove le componenti pittoriche si articolavano appunto entro una struttura lignea e dorata, che non per la predella a piano continuo di Ercole de' Roberti. Il secondo traslato didattico utile a far comprendere la natura tridimensionale degli altari, quello dell'oreficeria ingigantita, funziona anche meglio pensando alla cassa «circa tabulam»: scrigno protettivo per qualcosa di prezioso e con-

---

16 Leonardo da Vinci, *Libro di Pittura. Codice Urbinate Lat. 1270 nella Biblioteca Apostolica Vaticana*, a cura di C. Pedretti, trascr. critica di C. Vecce, 2 voll., Firenze, Giunti, 1995, I, p. 135. Sull'argomento il rinvio di rigore è A. Nova, *Hangings, Curtains and Shutters of Sixteenth-Century Lombard Altarpieces*, in *Italian Altarpieces 1250-1550. Function and Design*, ed. by E. Borsook and F. Superbi Gioffredi, Oxford, Clarendon Press, 1994, pp. 177-189.

17 L'altare – in rilievo e dipinto, probabilmente – è perduto ed è noto soltanto attraverso il disegno settecentesco di Jan van Grevenbroeck (A. De Marchi, *Dal paliotto al polittico gotico*, dispense dell'a.a. 2008-2009, Firenze, Art & Libri, 2009, p. 184). Se poi la cassa facesse corpo con il polittico o lo contenesse semplicemente, non si può dire con certezza in base al disegno.

18 La riproduzione di G. Nicoletti, *Domenico da Tolmezzo*, Udine, La Stretta, 1969, p. 45, è migliore di quella di A. Rizzi, *Mostra della scultura lignea in Friuli*, Villa Manin di Passariano (18 giugno-31 ottobre 1983), Udine, Istituto per l'Enciclopedia del Friuli-Venezia Giulia, 1983, pp. 124-128 (l'aggettivo «riferito» usato nel testo riflette un segno di cautela, più che un convinto dubbio attributivo; un segno di cautela che trovo annotato sul catalogo della mostra, che fu la migliore occasione di confronto con le cose simili, ma stilisticamente più coltivate, di Domenico che erano lì esposte). Il riferimento obbligato in ordine a questa cassa e alle altre ancora esistenti o documentate nella regione è F. Frucco, *«Unam capsam ubi dicta Anchona stare debet depincta cum stellis». Le strutture protettive della pala d'altare in Friuli tra XV e XVI secolo*, «Ce fastu?», LXXXI, 2005, 1, pp. 12-60 (per l'altare in questione, pp. 11-12).

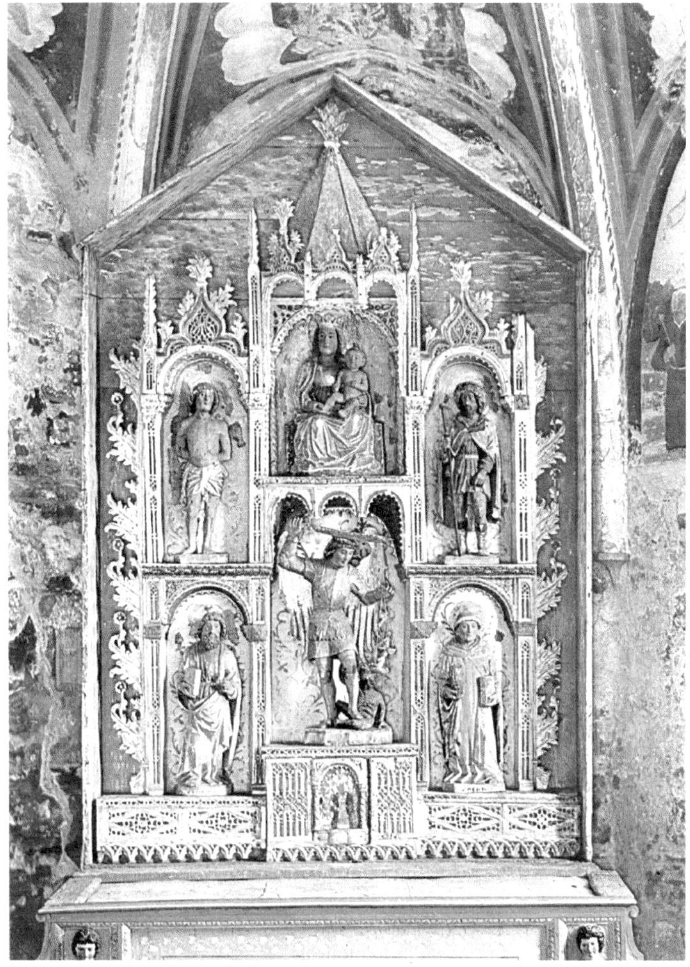

Fig. 5. Domenico da Tolmezzo (attr.), *Ancona*, Carpaneto, Pozzuolo del Friuli, San Michele al Cimitero.

gegno in grado di scandire i tempi cerimoniali, grazie alle cortine dischiuse o tirate (una delle definizioni del lemma «capsa» era appunto: tabernacolo).[19]

[19] P. Sella, *Glossario latino emiliano*, Città del Vaticano, Biblioteca Apostolica Vaticana, 1937, p. 73, registra fra i significati di *capsa* quello di *tabernaculum*. Non molto diverso è il senso del termine armadio (ad es., «unum armarium ad azurum cum stellis de stagnolo» nel quale riporre l'ancona della cappella di San Ludovico in S. Agnese a Mantova, in S. L'Occaso, *Fonti archivistiche per le arti a Mantova tra Medioevo e Rinascimento (1382-1459)*, Mantova, G. Arcari, 2005, p. 139).

Forse, se immaginiamo (come vedremo più tardi) che la predella stesse sotto la cassa contenente la vera e propria «tavola» – perlopiù nascosta sotto la cortina liturgica – si potrà spiegare perché Pietro Lamo parlasse del solo «peducio» o anche perché Vasari facesse molta più attenzione alla predella, parte sempre in vista.[20] Eppure, nel caso dell'altare Griffoni, sono stati in diversi ad intendere la cassa del documento nel senso di cornice, riferendosi così alle parti d'intaglio o alla carpenteria da approntare prima che intervenisse il pittore; e non sono stati soltanto studiosi poco pratici dell'italiano o che non fossero attenti alle carpenterie. È un fraintendimento lessicale che pesa sulla datazione dell'opera di Cossa, dal momento che il luglio del 1473 viene così scambiato per il naturale *post quem* della realizzazione pittorica, mentre può soltanto valere come stretto riferimento *ad* o *ante*.[21]

---

20 L'unico esempio di cassa con predella in vista che sono in grado di fare riguarda l'altare scolpito proveniente da Santa Maria dei Battuti a Valeriano, oggi nel Museo Civico di Pordenone, commissionato nel 1517 a Giovanni Mioni. La cassa alloggiava due portelle in tela di fine Seicento (Frucco, «*Unam capsam*, cit., pp. 35-38 e fig. 11). Se ne parla al passato perché la cassa è andata perduta in tempi relativamente recenti; è dunque difficile dire se si fosse aggiornato un assetto originario.

21 Salmi, *Cossa, Francesco*, cit., col. 4; decisamente sorprendente, dato il complessivo oggetto di studio e nel caso particolare la volontà di contraddire Ruhmer, *infra*, è lo scambio fra cassa e cornice di C. Gilbert, *Peintres et ménusieurs au début de la Renaissance en Italie*, «Revue de l'art», XXXVII, 1977, pp. 9-28: 16; D. Benati, *La pittura rinascimentale*, in *La Basilica di San Petronio in Bologna*, 2 voll., Milano, Cassa di Risparmio in Bologna, 1983-84, II, pp. 143-194: 167-168, 193, nota 30 (pur dissentendo da Gilbert sul valore di *post quem* del 1473, intende che il pagamento si riferisca alla carpenteria); Alistair Smith in Smith – Reeve – Roy, *Francesco del Cossa's* S. Vincent, cit., p. 45, per «capsa» intende «frame», come farà poi J. Manca, *The Art of Ercole de' Roberti*, Cambridge, Cambridge Univ. Press, 1992, p. 27, nota 192, e p. 193 (ripetendo il fraintendimento nella scheda, in *Italian Paintings of the Fifteenth Century*, ed. by M. Boskovits, D.A. Brown *et al.*, Washington-Oxford, National Gallery of Art-Oxford Univ. Press, 2003, pp. 214-225: 218); così Armstrong, *Del Cossa, Francesco*, cit., pp. 467-471: 467, 469, e E.C. Kleeman, scheda n. 8 (*Ercole de' Roberti*, H. Antonius Abt), in *Italiaanse schilderijen/Italian Painting, 1300-1500*, Catalogo della mostra al Museum Boymans van Beuningen, Rotterdam, Museum Boymans-van Beuningen, 1993, pp. 43-46: 46; ed anche per D. Biagi Maino, *Il retablo del Collegio di Spagna*, in *Marco Zoppo, Cento 1433-1478 Venezia*, a cura di B. Giovannucci Vigi, Atti del convegno internazionale di studi sulla pittura del Quattrocento padano (Cento, 8-9 ottobre 1993), Bologna, Nuova Alfa, 1993, pp. 61-70: 67, quella disegnata da Orlandi sarebbe la «capsa»; parlano d'«incorniciatura» e di «cornice» in relazione al documento Marinella Pigozzi e Giovanni Sassu, annotando rispettivamente Lamo, *Graticola*, cit., p. 101, e Cavazzoni, *Scritti d'arte*, cit., p. 19; ed ancora viene confusa la cornice del polittico con la cassa pagata nel 1473 da E. Riccomini, *L'arte a Bologna. Dalle origini ai giorni nostri*, Bologna, Editoriale Bologna, 2003, p. 116; per ultimo, ricorda la «cornice perduta» in relazione al pagamento ad Agostino de Marchi P. Venturoli, *Architettura dei polittici e delle ancone lignee nell'Italia settentrionale tra Quattro e Cinquecento*, «Bollettino d'arte», VII s., CII, 2017, 35-36, pp. 119-134: 123. E. Ruhmer, *Francesco del Cossa*, München, F. Bruckmann, 1959, pp. 78-79, senza dedicare particolare attenzione all'oggetto del pagamento del 1473, ne aveva fatto l'induttivo sbarramento cronologico del polittico. L'equivoco fra cassa e cornice è stato invece ben evidenziato agli studenti di De Marchi, *Dal paliotto al polittico*, cit., p. 184 e in G.A. Calogero, *Marco Zoppo ingegno sottile. Pittura e umanesimo tra Padova, Venezia e Bologna*, Bologna, Bononia Univ. Press, 2020, p. 143, nota 12. Si spera che anche grazie all'intervento di M. Fanti, *La famiglia Griffoni e la Fabbrica di San Petronio: motivazioni familiari e politiche nella committenza del*

Negli *Ampliamenti all'Officina* (1940), poco dopo la pubblicazione del documento, Longhi aggiungeva alla ricostruzione dell'altare Griffoni una

---

polittico Griffoni in *Il polittico Griffoni rinasce*, cit., pp. 61-69: 62-64 (dove si giustifica perché gli *officiales* di San Petronio potessero essere i finanziatori della sola cassa), venga definitivamente superato l'equivoco, nato anche per pura inerzia bibliografica, ma con ricadute improprie sulla cronologia della parte pittorica. Che la cassa richiedesse comunque una commissione suppletiva, può essere attestato dal contratto sottoscritto nel 1498 da Tomaso e Paolo Sacca (O. Mischiati, *Documenti inediti sulla pittura a Cremona nella prima metà del Cinquecento*, «Paragone», XLII, 1991, n.s. 23-27 (493-495), pp. 101-133, doc. 2). In generale sulle casse e sulle connesse cortine De Marchi, *Dal paliotto al polittico*, cit., pp. 27, 177-184. Sulla «capsa» a Bologna e in ambiente emiliano, alcuni casi sono indicati da Cavalca, *La pala d'altare a Bologna*, cit., p. 60. Va ricordato, in aggiunta, quello dell'altare di Girolamo Genga a Cesena, dove è già sintomatico di una precisa gerarchia visiva che per la cassa il contratto prevedesse azzurro ed oro «grosso», mentre per il manto della Madonna l'azzurro avrebbe dovuto essere del «più fino» (A. Colombi Ferretti, *Girolamo Genga e l'altare di S. Agostino a Cesena*, Bologna, Nuova Alfa, 1985, pp. 7-10). Per le casse d'altare in altri contesti regionali: lungo la costa adriatica e in territorio senese-aretino A. De Marchi, *Norma e varietà nella transizione dal polittico alla tavola quadra*, in *Storia delle arti in Toscana. Il Quattrocento*, a cura di G. Dalli Regoli e R.P. Ciardi, Firenze, Edifir, 2002, pp. 199-222: 215-216; in area veneta Humfrey, *The Altarpiece*, cit., pp. 51, 321, nota 60, e A. De Marchi, *Polyptiques vénitiens. Anamnèse d'une identité méconnue*, in *Autour de Lorenzo Veneziano. Fragments des polyptyques vénitiens du XIV*[e] *siècle*, Catalogo della mostra (Tours, Oct. 22, 2005-Jan. 23, 2006), Tours-Cinisello Balsamo, Musée des Beaux-Arts de Tours-Silvana editoriale, 2005, pp. 33-44: 27; in area friulana, ma non solo per essa, è illuminante Frucco, *«Unam capsam*, cit. Una panoramica su cassa e annnessi si ricava dai rinvii *ad indicem* di Gardner von Teuffel, *From Duccio's*, cit., p. 690 (che a p. 523 ricorda in modo appropriato quella pagata ad Agostino de' Marchi): in particolare è importante il caso, approfondito dalla studiosa, della cassa dello smantellato altare del Perugino per San Pietro a Perugia. Riguarda ancora un'opera di Perugino – il *Beato Giacomo della Marca* oggi alla Galleria Nazionale dell'Umbria (P. Scarpellini, *Perugino*, Milano, Electa, 1991, p. 123, scheda 195), allora nella confraternita di San Girolamo a Perugia – quanto si legge in un inventario del 1532): «con la cassa sua et tenda con sua predola con un paramento de panno schachato» (S. Nessi, *La confraternita di San Girolamo a Perugia*, «Miscellanea Francescana», LXVII, 1967, pp. 78-115: 110). Si aggiunga, in area umbra, quello dell'*Incoronazione della Vergine* dello Spagna in San Martino a Trevi (ora nella Pinacoteca Comunale), di cui all'indomani dell'Unità Guardabassi faceva a tempo ad individuare la decorazione attorno all'ancona: ne resta l'intavolato superiore con i due tondi dell'*Annunciazione*, visibilmente di mano – non di epoca – diversa (*Giovanni di Pietro. Un pittore spagnolo tra Perugino e Raffaello*, a cura di G. Sapori, Catalogo della mostra (Spoleto, 28 maggio-1 agosto 2004), Milano, Electa, 2004, p. 134). Questo episodio di cassa figurata resta comunque distinto da quello dell'altare bolognese (a meno che non si voglia pensare alla predella vaticana come parte della cassa: *infra*). A proposito di casse figurate, è ancora più importante – come ha messo in evidenza C. Gardner von Teuffel, *La pala d'altare maggiore di Perugino per San Pietro a Perugia: struttura, collocazione e programma*, in *Pietro Vannucci, il Perugino*, Atti del convegno internazionale di studio (25-28 ottobre 2000), a cura di L. Teza, Perugia, Volumnia, 2004, pp. 351-371: 353, il caso dell'altare (1531) di Defendente Ferrari nell'abbazia di Sant'Antonio di Ranverso, dove in luogo dell'eventuale cortina si aprono due ante con all'interno dipinti quattro riquadri, soluzione che quasi sposta gli equilibri fra cassa ed altare nel senso del *Flügelnaltar*. Ed è morfologicamente diverso il rapporto fra cassa e altare in area ligure: come in Spagna, l'altare fa corpo, strutturalmente, con la cassa che lo alloggia, vi è 'immerso' assieme alle sue incorniciature. In Sardegna, come in Spagna, l'altare è spesso racchiuso entro argini dischiusi e dipinti con figure, che ne sono dunque parte integrante. Per il modello iberico, che serve di riferimento ai casi regionali italiani, J. Berg-Sobré, *Behind the Altar Table. The Development of the Painted Retable in Spain, 1350-1500*, Columbia, University of Missouri Press, 1989. In breve, dove la cassa non era così integrata all'altare, come nel caso bolognese, era fatale che non sopravvivesse.

delle tavolette che stavano nei pilastri e i due tondi dell'*Annunciazione* Cagnola. Non aveva incertezze su che cosa s'intendesse per «cassa», ma le cose debbono essergli sembrate un po' più complicate di prima. A riprova che il suo interesse per la ricomposizione degli altari non era di tipo 'archeologico' e per così dire investigativo (come sarà poi, tipicamente e fin dagli esordi, per Federico Zeri) e, soprattutto, che era lontanissimo da preoccupazioni di remoto *Historismus* degli stili, subito provvedeva ad aggiornare la ricomposizione (Fig. 6). Ma lo faceva eliminando ogni indicazione grafica e dicendo chiaro e tondo: «Io non disegno però cornici cremasche del Quattrocento e mi limito a presentare la disposizione approssimativa dei vari membri del polittico su un fondo neutro che l'osservatore rianimerà secondo il suo gusto».

Avvertimento alla discrezione che rimane ancora buono oggi, quando è diventato così facile elaborare un *rendering* al computer. Chi leggerà queste pagine si troverà a condividere la scelta di non volersi sostituire a

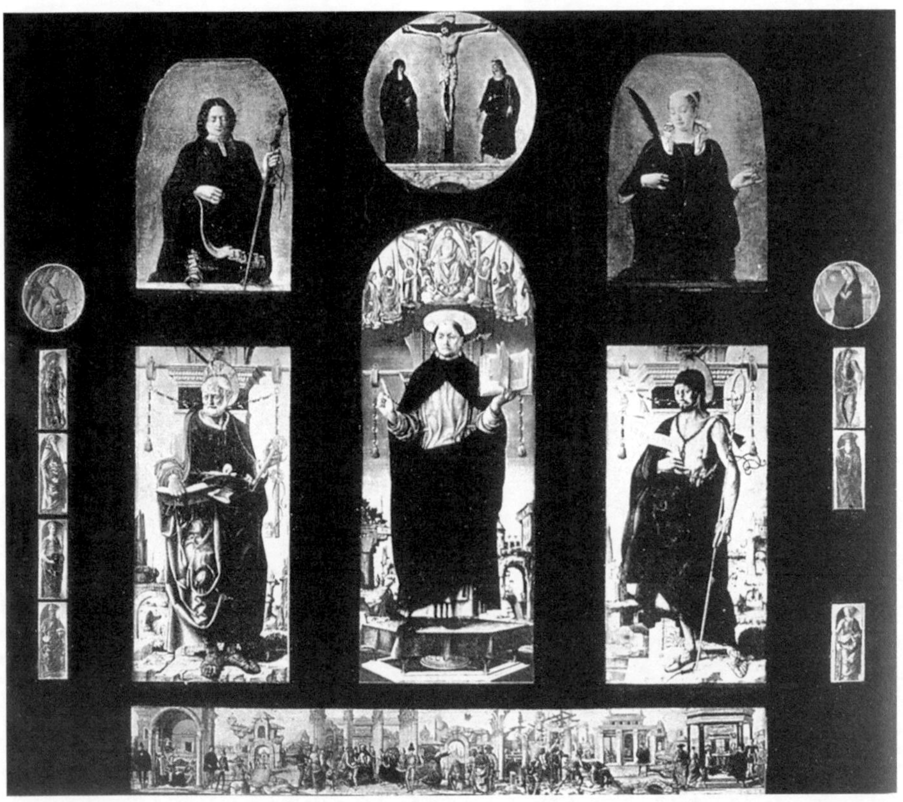

Fig. 6. Ricostruzione del polittico Griffoni di Roberto Longhi (1940).

Francesco del Cossa e al responsabile della carpenteria del polittico Griffoni; intento deliberato, dal momento che anche nella nostra nicchia specialistica si sta correndo il rischio, direbbe Marc Augé, che «l'immagine [subentri] all'immaginazione».[22] Contentiamoci dunque delle nostre facoltà cognitive: non libere da ogni controllo, ovviamente, ma fondate su quanto del polittico ci rimane e sui possibili confronti tipologici, sfruttando quella tardiva testimonianza grafica che Longhi non poté conoscere. Tanto più che dai suoi tempi non sono emersi nuovi pezzi del polittico (il rinvenimento si limiterebbe ad alcune tavolette laterali). Benché le sue parti pittoriche siano largamente superstiti, più largamente che in tanti altri casi, e che ne siano state proposte ricostruzioni che variano in modo non radicale da quella di Longhi (la più suggestiva è naturalmente quella grande al vero della mostra odierna), l'aspetto complessivo del polittico Griffoni merita ancora ogni tentativo di approfondimento: il prodotto figurativo compiuto era quello. Ma in fondo è anche il segno di quanto fosse sempre fluido il rapporto fra attese del committente, pittore e maestro di legname, e di come si ridefinisse quasi ogni volta. Solo la tavola quadrata toscana, come si ricava dalle *Ricordanze* di Neri di Bicci (la nostra fonte più ricca), implica una composizione di quel triangolo che meglio risponde alla stabilità tipologica e alla committenza a distanza, offrendo una più forte leva alle commissioni *ad similitudinem*.[23]

3. Nel 1984 irruppe un fatto nuovo. Del polittico Griffoni ancora integro e sul punto di essere smembrato, si scoprì il disegno eseguito nel 1725 dal pittore-ornatista Stefano Orlandi; un disegno sintetico, ma sufficiente a consacrare la ricostruzione di Roberto Longhi (Fig. 7).[24] La reazione immediata e naturale fu quella di dire che Longhi aveva visto giusto nell'aggiungere un

---

22 M. Augé, *Rovine e macerie. Il senso del tempo*, Torino, Bollati Boringhieri, 2003 [ed. or. Paris, Galilée, 2002], p. 59. D'altra parte, in una fase ancora aurorale della nostra disciplina, il direttore del Kupferstichkabinett di Berlino, Friedrich Lippman, raccomandava: «per l'amor del cielo, figli miei, quando volete dimostrare qualcosa, non la illustrate» (lo riferisce E. Panofsky, *Early Netherlandish Painting. Its Origins and Character*, Cambridge (MA), Cambridge Univ. Press, 1953 [New York, Icon-Harper & Row, 1971], p. 256).

23 Per una sintesi sull'emergere della pala quadra toscana, nel contesto di altri tipi di altare, De Marchi, *Norma e varietà*, cit. (più estesamente nelle dispense universitarie Id., *La pala d'altare. Dal polittico alla pala quadra*, dispense dell'a.a. 2011-2012, Firenze, Art & Libri, 2012: si spera che possano evolvere nella forma vera e propria di un libro, assieme al corso del 2008-2009, *Dal paliotto al polittico*, cit.).

24 Lo pubblicò Benati, *La pittura rinascimentale*, cit., pp. 166-168 (su segnalazione di Francesca Montefusco; ma informa ora D. Benati, *Quanti erano i santini del polittico Griffoni*, in *Il polittico Griffoni. Un dono*, cit., pp. 59-75: 74, nota 2, che a riconoscere nel disegno il polittico Griffoni fu Renato Roli, presente nello stesso cantiere scientifico-editoriale su San Petronio).

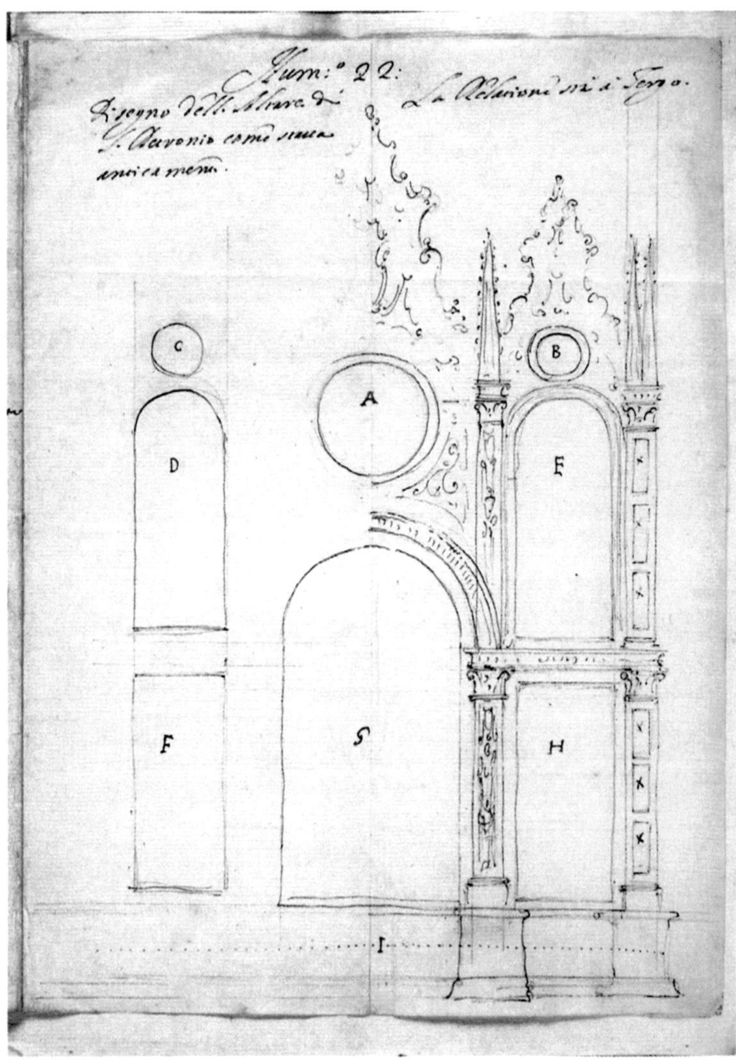

Fig. 7. Stefano Orlandi, «*abozo della forma*» *del polittico Griffoni* (1725), Bologna, Archivio di Stato.

secondo registro a fondo oro e a porre dei santini lungo i pilastri; un entusiasmo comprensibile e che si spiega anche meglio pensando che continuavano a girare i cacadubbi.[25] Davanti ad una conferma così insperata e clamorosa

[25] A. Wallert, scheda n. 36 (*Ercole de' Roberti, De H. Antonius Abt*), in *Aan de oorsprong*

sarebbe stato difficile sottrarsi alla fascinazione per Longhi mago.[26] Si arrivò persino ad affermare che aveva previsto «punto per punto» quale aspetto avesse il polittico – che forse era troppa grazia.[27] Grazia, appunto, che ha finito per riguardare Longhi più che Cossa (e Orlandi).

Dopo il 1984 il disegno è stato infatti riprodotto non so quante volte, senza mai essere considerato davvero utile ad una ricomposizione ideale del polittico. Quale valore gli è stato dato, oltre a quello della piena conferma dell'intuizione stilistica di Longhi? Pubblicandolo, Benati ne parlava come di un «disegno sia pure sommario» (va anche bene, basta intendersi), ma già l'anno dopo alternava tale definizione a quella di «schizzo».[28] Anche per Joseph Manca si trattava di uno «schematic drawing» (non è scorretta la definizione, di nuovo occorre intendersi).[29] Ma l'apprezzamento del disegno sembra fermarsi a questo punto. Non gli si è più dato fiducia già quando si è trattato di avanzare ipotesi diverse (diverse anche da Longhi) in merito alla distribuzione dei santi nei pilastri, proponendone anche un numero maggiore.[30] Cecilia Cavalca, che in catalogo ha affrontato il problema del disegno di Orlandi, è stata impietosamente sicura:

---

van de schilderkunst. Vroege Italiaanse Schilderijen in Nederland bezit / The Birth of Panel Painting. Early Italian Paintings in Dutch Collections, onder redactie van / ed. by R. Vos and H. van Os, 's-Gravenhage, SDU, 1989, pp. 258-263: 261-262.

26 M. Laclotte, *Le temps des connaisseurs*, in *Prospettiva Zeri*, a cura di A. Ottani Cavina, Torino, U. Allemandi, 2009, pp. 19-65: 54-55, riproduce il disegno con il commento: «confermé après coup».

27 F. Varignana, *Francesco del Cossa. Le vetrate di San Giovanni in Monte*, in *Tre artisti nella Bologna dei Bentivoglio*, [Cataloghi delle mostre], Bologna, Nuova Alfa, 1985, pp. 45-79: 74 («dà ragione punto per punto della ricostruzione longhiana»). Ma, ad esempio, anche secondo D. Benati, *Per la ricostruzione del polittico Griffoni*, in *Da Borso a Cesare*, cit., pp. 172-174: 173, il disegno conferma «nel modo più assoluto le supposizioni di Longhi».

28 Benati, *La pittura rinascimentale*, cit., p. 167; Id., *Per la ricostruzione del polittico Griffoni*, cit., p. 173 (ed ancora ultimamente Id., *Francesco del Cossa «bolognese»*, in *Arte e umanesimo a Bologna. Materiali e nuove prospettive*, a cura di D. Benati e G.A. Calogero, Bologna, Bononia Univ. Press, 2019, pp. 21-41: 41). Di «schizzo» parlano anche M. Molteni, *Ercole de' Roberti*, Cinisello Balsamo, Silvana editoriale, 1995, p. 41, e più di recente G.A. Calogero, *Il polittico di San Clemente di Agostino De Marchi e Marco Zoppo*, «Prospettiva», nn. 163-164, 2016, pp. 25-36: 42, nota 3.

29 Manca, in *Italian Paintings of the Fifteenth Century*, cit., p. 218 (a p. 219 propone uno schema fotografico, un po' diverso da quello di M. Lucco, *La pittura a Bologna e in Romagna nel secondo Quattrocento*, in *La pittura in Italia. Il Quattrocento*, a cura di F. Zeri, 2 voll., Milano, Electa, 1987, 2003[2], I, pp. 240-255: 244, ma sempre derogante dal disegno di Orlandi).

30 A. Bacchi, *Officina ferrarese «inflammable material»*, in *Il mestiere del conoscitore. Roberto Longhi*, Seminario di studi (Bologna, 24-26 settembre 2015), a cura di A.M. Ambrosini Massari, A. Bacchi, D. Benati, A. Galli, Bologna, Fondazione Federico Zeri-Università di Bologna, 2017, pp. 165-79: 169, forse è il più generoso con Orlandi: «disegna in modo anche un po' corsivo la carpenteria, conferendole un aspetto forse più settecentesco, ma enumera precisamente tutte le tavole».

la carpenteria disegnata nel Settecento si è rivelata decisamente irrispettosa dei rapporti proporzionali tra i diversi elementi, tanto da prospettare per il pannello centrale una dimensione quasi doppia rispetto al reale e una lunghezza spropositata per la predella vaticana.[31]

Già in precedenza ne aveva parlato come di un semplice «schizzo», per di più «sommario»: Orlandi aveva «vistosamente travisato lo scarto proporzionale tra lo spazio assegnato nella cornice ai singoli pezzi e la loro reale dimensione».[32] Nel suo studiatissimo libro sugli altari bolognesi ha poi condotto un'analisi particolareggiata di quello Griffoni, ma l'obiezione di fondo resta quella: il disegno tradisce un improponibile scarto proporzionale.[33] E tuttavia, come possiamo essere sicuri di quello scarto se, per ricostruire il rapporto fra struttura e singole tavole, dobbiamo pur sempre procedere per induzione e nulla più? Non è neppure possibile fare affidamento su serie tipologiche sufficientemente omogenee, come appunto per le «tavole quadre» toscane. In altri termini, potremmo spendere in modo davvero sicuro il termine «approssimativo» solo se *già* conoscessimo la struttura lignea raffigurata.

Non si vuol dire per questo che Orlandi ci abbia lasciato qualcosa di simile ad un rilievo e che il suo abbozzo grafico sia da prendere fiduciosamente nel senso 'positivo' di documento. Occorre però stare attenti a non racchiuderlo in un guscio tutto suo, facendone il preminente riflesso di una cultura figurativa lontana da quella di Cossa come dalla nostra. Quanto a noi, Orlandi aveva un sicuro vantaggio: il polittico lo aveva visto. Noi ne conosciamo quasi tutti gli addendi, non l'organismo architettonico in cui si assommavano. Certo, siamo naturalmente interessati, rispetto a lui e al suo tempo, alle ragioni figurative, funzionali e variamente sociali di quell'insieme. Resta il fatto che lui il polittico lo aveva visto davvero. Non sarà il caso di farne una faccenda epistemica, ma sembra che la geniale intuizione di Longhi, proprio perché rivelatasi prodigiosamente vicina alla realtà, abbia condizionato fin dal primo momento un più approfondito esame del disegno; e che – inconsciamente o meno – si sia dato a quell'intuizione un ruolo paradigmatico, finendo per accantonare in partenza le ulteriori, possibili informazioni che

---

31 C. Cavalca, *Il polittico Griffoni*, in *Il polittico Griffoni rinasce*, cit., pp. 101-119: 112.

32 C. Cavalca, *Francesco del Cossa fra Ferrara, Firenze e Bologna*, in *Cosmè Tura e Francesco del Cossa. L'arte a Ferrara nell'età di Borso d'Este*, Catalogo della mostra (23 settembre 2007 - 6 gennaio 2008), a cura di M. Natale, Ferrara, Ferrara arte, 2007, pp. 367-373: 372.

33 Cavalca, *La pala d'altare a Bologna*, cit., pp. 136-150, 334-336 (a p. 139 il disegno è detto anche «sagoma»: non per attaccarsi alle parole, ma è proprio la descrizione della struttura architettonica che viene così svalutata; a p. 335: «lo schizzo, accurato nella grafia, è nondimeno sommario e irrispettoso dei rapporti proporzionali tra i diversi elementi»).

Orlandi ha dato sulla struttura del polittico. Longhi, che ne era ignaro, geniale ma prudente, nel 1940 aveva preferito fermarsi sulla soglia di una più tangibile restituzione grafica. Noi, ora che possiamo spingerci più in là delle colonne d'Ercole deliberatamente non oltrepassate da Longhi, dobbiamo sforzarci di guardare il disegno come se la ricostruzione del polittico, oltre che dalla realtà materiale superstite, partisse di lì, dal disegno di Orlandi.

Forse l'accusa più limitante che gli si possa rivolgere è d'insistere troppo sul suo *ductus* rococo, non proprio in sintonia con i criteri decorativi del tempo di Agostino de Marchi (se fu lui, come è decisamente probabile, ad occuparsi anche della carpenteria e degli intagli, oltre che della cassa).[34] Ma dove affiora, quel *ductus*, in un disegno che non sembra avere particolari belletti di stile? Affiora dove accenna alle parti cuspidali, quando prevalgono gli intagli lignei. Se lì, per immediatezza stenografica, Orlandi lascia affiorare la sua spontanea pratica dell'arte, è anche perché gli intagli non erano l'oggetto primario delle informazioni da dare al cardinale Aldrovandi. Per il resto, sarebbe davvero difficile sostenere che la sua naturale inclinazione stilistica abbia finito per sovrapporsi alla possibile funzione testimoniale del disegno (qualcosa di simile all'«ideologia della fonte»), al punto da comprometterne in partenza l'attendibilità. E quale che sia il suo grado di attendibilità, innanzitutto occorre considerare lo scopo di Orlandi. Chi cerchi di sondare quale fosse la forma architettonica del polittico, dovrà partire da qui.

Le circostanze in cui Orlandi fece il disegno sono note fin da 1984. In catalogo vengono ben descritte e integrate nel saggio di Angelo Mazza. Riassumiamole soltanto. Nel 1725 il patronato della cappella in San Petronio era passato al cardinale Pompeo Aldrovandi, che aveva in programma il suo complessivo riordino. Ne aveva dato incarico al quadraturista Stefano Orlandi e al pittore Vittorio Bigari, futuro autore del nuovo dipinto dell'altare, anch'esso dedicato a san Vincenzo Ferrer: un tandem ben collaudato. Il disegno risale ad un momento in cui non si erano ancora prese

---

[34] Che la carpenteria dell'altare e relativi intagli siano dello stesso Agostino de Marchi a cui fu pagata la cassa – opinione favorita dall'equivoco lessicale di cui a nota 18 –, serve come punto di appoggio a Biagi Maino, *Il retablo del Collegio*, pp. 65-66, per identificare in modo più che plausibile con il *magister a lignamine* cremasco l'*Agustino* documentato in relazione al polittico del collegio di Spagna (cfr. anche Cavalca, *La pala d'altare a Bologna*, cit., pp. 65, 371; Calogero, *Il polittico di San Clemente*, cit., p. 42, nota 3; oltre alle belle considerazioni fatte in Id., *Marco Zoppo ingegno sottile*, cit., pp. 148-151); ma per quanto plausibile, la responsabilità di Agostino in ordine alla carpenteria del polittico Griffoni non è documentata e non c'è bisogno di avvertire come i confronti stilistici (su opere a forte impronta tipologica come gli intagli lignei) non possano risultare definitivi in base a quanto conosciamo soltanto attraverso il disegno di Orlandi. Questo punto è stato ben ricapitolato da A. Serrani, *Agostino de Marchi in San Petronio*, in *Il polittico Griffoni. Un dono*, cit., pp. 93-111:101-102 (in sintesi «l'ipotesi più plausibile»).

decisioni definitive. Non sta a sé, ma è parte integrante della lettera che il 14 febbraio 1725 Orlandi inviò al cardinale. Sul retro del foglio ci sono gli scioglimenti iconografici corrispondenti alle lettere che nel disegno contraddistinguono le singole tavole (l'aver scambiato san Floriano con san Paolo, a causa della spada, o santa Lucia con Rosalia non invalida la testimonianza, come fu subito osservato giustamente da Benati). In un disegno del genere non c'era alcuna ragione per descrivere l'antica 'maniera': bastava indicare, dei dipinti che componevano l'altare, il numero e la grandezza, mettendo in didascalia i soggetti. Non c'era neppure la necessità di rappresentare con maggiore precisione l'intero organismo dell'altare: quello, almeno nella sua integrità, era già condannato. Difatti, nella lettera, Orlandi informa il cardinale che, prima ancora di progettare la nuova decorazione della cappella, ha ritenuto di «fare un picolo abozo della forma che si ritrova la tavola di detto altare a ciò veda che per fare un ornamento moderno, quello non potria servire». Lo dice – si può presumere – anche per conto del socio pittore. Si giustifica quindi che il «picolo abozo» riguardi la sola «forma» architettonica dell'altare, non la «maniera» delle sue parti dipinte: per quella, specialmente, ci sarebbe voluto un disegno vero e proprio. E se il cardinale lo avesse richiesto, Orlandi era pronto a «trasmet[tere] subito a Roma un disegno a cio posi risolvere quello che più li agrada».[35] La questione che si poneva in quel primo momento era se si potessero reimpiegare o meno le tavole dipinte del vecchio polittico. E quelle soltanto, debitamente ricomposte entro un nuovo allestimento, non tanto dell'altare, ma dell'intero spazio della cappella, spazio liturgico da intendere in senso barocco.[36] Con quell'allegato grafico Orlandi stava appunto caldeggiando il no.

Se avesse prevalso il parere contrario, le tavole dell'altare Griffoni ci sarebbero giunte entro un'ambientazione del tutto nuova, come accadde al trittico di Giovanni Mazone a Savona, ora ad Avignone (Fig. 8);[37] o a quello

---

[35] Ringrazio Daniele Benati per avermi fatto conoscere nella sua integrità la lettera di Orlandi del 14 febbraio 1725 (in anticipo rispetto a *Quanti erano i santini*, cit., pp. 61-62). Le parole citate nel testo erano state omesse nella più riassuntiva nota di Benati, *La pittura rinascimentale*, cit., come nell'organica *Appendice documentaria* di Cavalca, *La pala d'altare a Bologna*, cit. L'aggiunta – dove l'ornatista si dice pronto a fare un «disegno», «solo che Vostra Signoria [...] esponghi i suoi comandi» – è invece importante sia per capire meglio le sue intenzioni, sia alla luce delle precisazioni lessicali fatte qui di seguito.

[36] Una lettura prudente richiederebbe d'intendere «ornamento de l'altare» solo come (nuova) «cornice», ma il fatto che allo scopo fosse già stato arruolato anche un pittore (Bigari, oltretutto), basta a suggerire quale tipo d'incorniciatura e di contestualizzazione decorativa si avesse in animo di realizzare.

[37] L'illustrazione è il rimontaggio virtuale del trittico di Mazone entro l'organismo de-

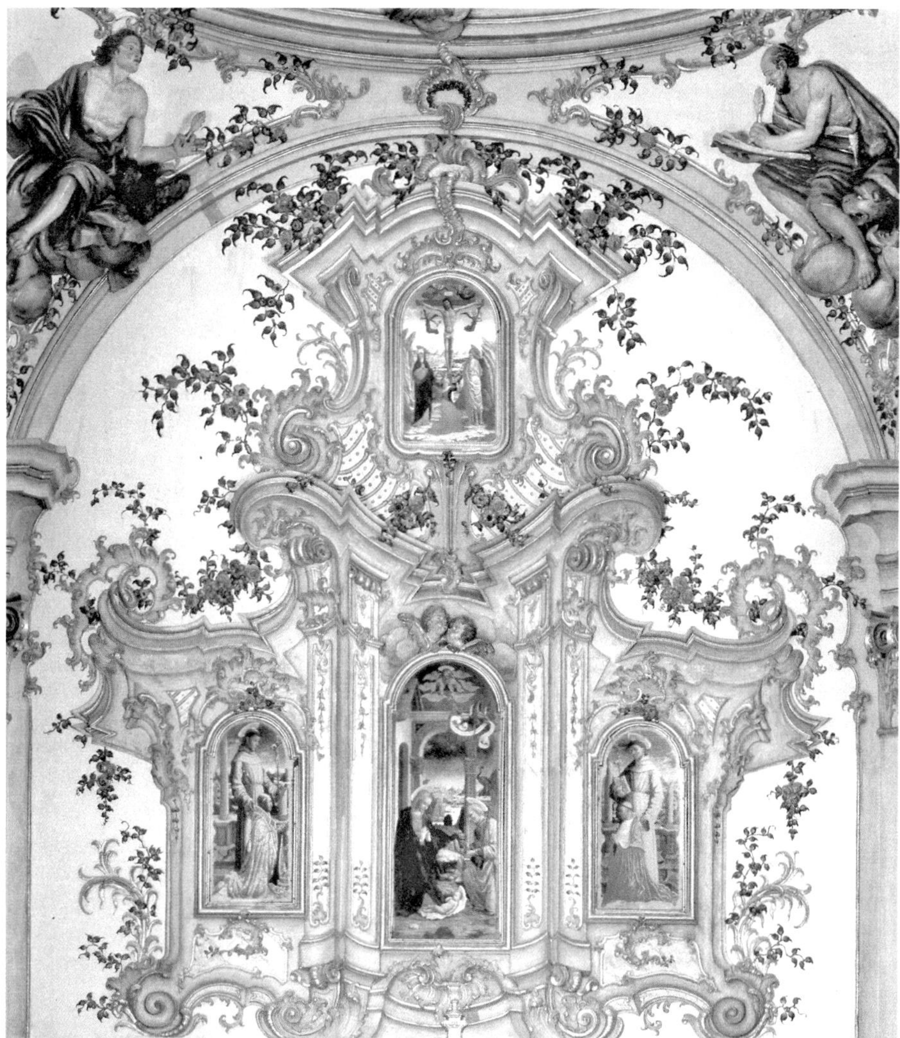

Fig. 8. Ricollocazione virtuale di parti del trittico di Giovanni Mazone (oggi ad Avignone e nella Pinacoteca Civica di Savona) all'interno delle cornici a stucco settecentesche della Cappella Sistina di Savona (da Rotondi Terminiello, 2001).

---

corativo in cui venne ricollocato prima che Vivant Denon lo facesse acquistare e che ancora sopravvive a Savona (è stata tratta da G. Rotondi Terminiello, *1762-1764: un «moderno costume» per la Cappella Sistina*, in *Un'isola di devozione a Savona: il complesso monumentale della Cattedrale dell'Assunta, Duomo, Cappella Sistina, Palazzo Vescovile, Oratorio di N. S. di Castello*, a cura di G. Rotondi Terminiello, Savona, Marco Sabatelli, 2002, pp. 295-313: 316).

di Gandolfino nel Duomo di Asti, le cui parti furono disperse e ricombinate dentro ad una gran macchina d'altare, dove stanno ancora;[38] o al polittico di Cima da Conegliano a Miglionico (Tav. II).[39] O magari che venissero scontornate, profilate alla moda e ricollocate fra marmi policromi, come accadde al polittico di Varallo di Gaudenzio Ferrari (Tav. III) o all'altra sua tavola di San Cristoforo a Vercelli, quando fu trasferita nell'abside.[40] E ci sarebbe andata bene, a noi posteri. Poteva capitare che da un antico altare si estraesse la sola tavola centrale, per i devoti quella più importante, e la si ponesse in un nuovo ornamento dorato: così si fece per la *Madonna col Bambino* al centro del terzo polittico orvietano di Simone Martini (Fig. 9).[41] Ed è solo sullo sfondo tutto particolare dell'immagine devota e borromaica del pittore che si può spiegare come l'intero altare di Gaudenzio Ferrari in San Gaudenzio a Novara venisse inserito, sostanzialmente intatto, nella rigonfia mostra lignea di un altare di Controriforma.[42]

Il polittico Griffoni sarebbe così diventato uno di quei casi di riallestimento di cui ci si rammenta solo in presenza dell'originale (nel caso che

---

38 Per le tavole del polittico Pelletta di Gandolfino 'disperse' all'interno della grande macchina dell'altare del SS. Sacramento, nella Cattedrale di Asti si faccia il confronto con il loro rimontaggio virtuale (*Gandolfino da Roreto e il Rinascimento nel Piemonte meridionale*, a cura di G. Romano, Torino, Fondazione CRT, 1998, pp. 183 e 109; a pp. 274-275 la scheda di Simone Baiocco). Altro esempio piemontese è l'altare piramidale di San Martino a Roccapietra, dove vennero inglobate anche le parti del vecchio altare gaudenziano (per cui cfr. l'opuscolo pubblicato nel 2007 in occasione della mostra alla Pinacoteca di Varallo, a cura di M. Caldera e C. Falcone, *L'altare di Roccapietra restaurato*). Sul complessivo fenomeno dei riallestimenti in questa area regionale, O.M. Piavento, *Tra memoria e conservazione: pale d'altare antiche ricomposte in Piemonte tra età barocca e XIX secolo*, «Studiolo», n. 9, 2012, pp. 27-50.

39 Per l'altare del 1499 di Cima da Conegliano, più tardi giunto a Miglionico, in Basilicata, P. Humfrey, *Cima da Conegliano*, Cambridge, Cambridge Univ. Press, 1983, pp. 118-119, e Id., *Cima e la pala d'altare*, cit., pp. 34, 36.

40 Per il polittico di San Gaudenzio a Varallo, le schede nn. 40-45 di Orso M. Piavento, in *Il Rinascimento di Gaudenzio Ferrari*, Catalogo delle mostre di Varallo-Vercelli-Novara, a cura di G. Agosti e J. Stoppa, Milano, Officina Libraria, 2018, pp. 282-290 (oltre a G.R. Perino, *La tecnica costruttiva di due polittici gaudenziani a confronto*, «Bollettino d'arte», VII s., CII, 2017, 35-36, pp. 135-150); per la tavola di Vercelli, la scheda n. 56 di Stefano Martinella, *ivi*, pp. 366-375. Altro esempio di sagomatura mistilinea dei laterali di un polittico poi smembrato è quello delle due tavole di Nicolò Corso all'Accademia Ligustica di Genova, appartenute all'altare di San Girolamo a Quarto (illustrazioni accompagnano la scheda n. 7 di Laura Martini in *Nicolò Corso, un pittore per gli Olivetani. Arte in Liguria alla fine del Quattrocento*, Catalogo della mostra (La Spezia, Palazzo della Provincia, Le Grazie di Portovenere, Refettorio dell'ex Monastero olivetano, 14 settembre-16 novembre 1986) a cura di G. Rotondi Terminiello, Genova, Sagep, 1986, pp. 110-112).

41 Esempio precoce e ben noto di incorniciatura cinquecentesca di un altare del Trecento è quello di Ambrogio Lorenzetti nell'abazia di Roffeno, oggi al Museo di Palazzo Corboli ad Asciano (*Ambrogio Lorenzetti: il* Trittico di Badia a Rofeno. *Studi, restauri e ricollocazione*, a cura di M. Ciatti e L. Gusmeroli, Firenze, Edifir-Opificio delle pietre dure, 2012).

42 Scheda n. 33 di Orso M. Piavento in *Il Rinascimento di Gaudenzio*, cit., pp. 247-257: 247 (riproduzione).

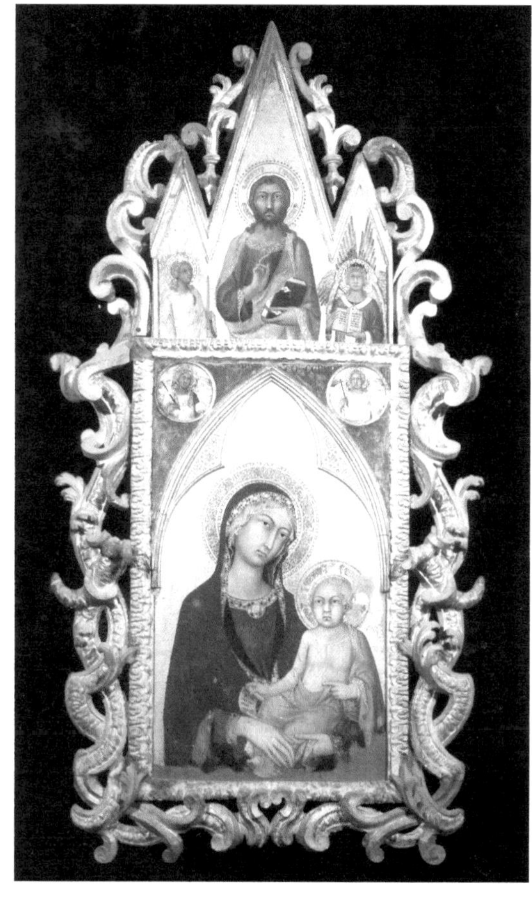

Fig. 9. Simone Martini, *Madonna col Bambino, Redentore ed angeli*, Orvieto, Museo dell'Opera del Duomo.

siano sopravvissuti a più recenti restauri). In genere, nelle riproduzioni dei nostri libri, le nuove incorniciature sei e settecentesche vengono scontornate. Sempre che il fotografo e lo storico dell'arte «al suo fianco» (deliberato calco di Longhi, ma in senso capovolto) si preoccupino d'includerle nella riproduzione.[43] Con il suo disegno Orlandi riferisce dunque al cardinale che a suo parere non si potrà servire del vecchio «ornamento» per farne uno che funzioni entro la tessitura decorativa che s'intendeva realizzare. Per ragioni di gusto o di parziale degrado, e forse anche per una consuetudine regionale che appare diversa da quella ligure, piemontese o lombarda, non se ne intravvedeva una rinnovata funzione liturgica e decorativa. La sorte del polittico Griffoni era segnata.

Si badi bene che Orlandi non soltanto dice che potrà fare un *disegno*, se richiesto. Non dice neppure di aver fatto uno *schizzo*, come viene inteso ai nostri giorni, ma un «*abozo*». I tre termini non sono equivalenti, neppure quando

---

[43] Per inciso, è il punto critico nella definizione degli altari di età tardo-gotica e del primo Rinascimento (*infra*): non è ad esempio lecito considerare la struttura lignea dell'*Adorazione dei Magi* di Gentile da Fabriano come una cornice in senso post-prospettico («ornamento»), tant'è vero che il fondo della pagina non riesce più a svolgere minime funzioni di nuova cornice, come per un più tardo dipinto riprodotto senza 'ornamento'. Mi sembra che tale distinzione non sia sufficientemente chiarita nel saggio storico introduttivo e nelle illustrazioni del pur molto opportuno *La cornice. Storie, teorie, testi*, a cura di D. Ferrari e A. Pinotti, Monza, Johan & Levi, 2018, dove sono ben inquadrate alcune memorabili riflessioni teoriche fra Otto e Novecento.

si riferiscono a qualcosa che sia in via di realizzazione. E qui, a parlare di *abbozzo*, è uno del mestiere, uno che aveva lavorato fuori Bologna, anche in Toscana.[44] Se si apre il *Dizionario* del fiorentino Filippo Baldinucci, la distinzione fra *abbozzo* e *schizzo* è chiara: «*bozza* si dice ad alcuni piccoli modelli, o quadri, che conducono gli artefici, per poi farli maggiori dell'opera»; «*schizzo* dicono i Pittori quei leggerissimi tocchi di penna o matita con i quali accennano i loro concetti senza dar perfezione alle parti» (mentre la prima accezione di *disegno* è concettualmente impegnativa).[45] Ora, scrivendo che il suo è un «*abozo*», Orlandi esclude coscientemente che sia uno *schizzo*. Se poi si consulta il *Vocabolario* della Crusca, il significato del termine *abbozzo* è ancora più aderente al grado di finitura grafica del nostro caso: è una «forma non ripulita e non condotta a perfezione».[46] Ed allora, per quanto in modo abbreviato (*bozza*, appunto), Orlandi riferisce la *forma* dell'antica 'tavola'. Non i dettagli dell'ornato, non le pitture, soltanto la *forma*.

Mancano le misure, nel disegno. Se ne può prescindere, non trattandosi di un rilievo o di un progetto operativo. È però rivolto a chi sia minimamente pratico delle convenzioni grafiche degli architetti o degli stipettai: la metà destra è quella informativa e meglio rifinita, la metà sinistra può restare sintetica. Il criterio del ribaltamento sull'asse di simmetria già di suo sollecita chi disegna a seguire il principio di proporzionalità delle parti. Oltretutto, Orlandi disegna sì a mano libera, ma su un telaio grafico di cui sono ben visibili i tracciati geometrici. Non è proprio piccolo, il suo disegno, sta su una carta in-folio piegata a metà. Insomma, non è un appunto ad uso personale, fatto per memoria o in viaggio. Non è così stringato come, ad esempio, quello dell'altare di Lippo di Dalmasio a Ceretolo che Malvasia interfoliò nei suoi appunti, o dello schema del vecchio altare di Francesco Pelosio che s'incontra nei manoscritti di Marcello Oretti.[47] Non è una di quelle annota-

---

44 L'unico intervento monografico (E. Landi, *Stefano Orlandi (1681-1760): incontro per un centenario*, «Il Carrobbio», VIII, 1981, pp. 207-217) richiama le fonti e gli studi che misero capo alla mostra del Settecento bolognese del 1979. Per la parte di Bigari&Orlandi in palazzo Aldrovandi, A.M. Matteucci, *I decoratori di formazione bolognese tra Settecento e Ottocento. Da Mauro Tesi ad Antonio Basoli*, Milano, Electa, 2002, p. 258 (con ulteriore bibliografia). Per un più recente bilancio su Orlandi, la voce di E. Landi in *Dizionario biografico degli italiani*, LXXIX, Roma, Istituto dell'Enciclopedia italiana, 2013, pp. 524-526.

45 F. Baldinucci, *Vocabolario toscano dell'arte del disegno*, Firenze, per Santi Franchi, 1681 [ed. anast. Firenze, SPES, 1984], p. 23 (*bozza*), p. 148 (*schizzo*), p. 51 (*disegno*, che ha come prima definizione: «un'apparente dimostrazione con linee di quelle cose che prima l'uomo con l'animo si aveva concepite e nell'idea immaginate»).

46 La definizione compare nell'edizione veneziana del 1623 (p. 129) ed è ripresa nella terza edizione del 1681 (II, p. 1681). L'edizione comparata dei vocabolari è *on line* sul sito dell'Accademia della Crusca, <https://accademiadellacrusca.it/>.

47 Lo schema dell'altare firmato *Lipus Dalmaxij pinxit 1409* interfoliato negli *Scritti Originali*

zioni grafiche che si facevano sui taccuini, il disegno di Orlandi. Potrà anche darsi – concediamo – che sia stato fatto in studio, ma in base ad opportune annotazioni dal vivo; e questo non è indice di approssimazione.[48]

Si è già detto: che bisogno c'era di dettagliare le figure, se il disegno serviva ad informare il committente sull'ordine e la grandezza delle parti pittoriche del vecchio altare, bastando indicare i nomi dei santi? Non c'era la necessità (quella che premeva all'erudizione ecclesiastica) di trascrivere le antiche formulazioni iconografiche. Né era in questione l'antica 'maniera' dei dipinti. E non perché gli occhi del Settecento fossero del tutto ciechi davanti ad Ercole de' Roberti (l'unico asterisco con cui nelle *Pitture di Bologna* Malvasia contrassegna, al modo del Baedeker, un'opera precedente la stagione di Francesco Francia, è quello usato per il paliotto di Ercole de' Roberti in San Giovanni in Monte, opera che già da tempo era andata per le stampe).[49] Semplicemente, non sarebbe stato in forza di quell'antica ma-

---

(Bologna, Bibl. dell'Archiginnasio, B 16, f. 245bis *r* e *v*) è così essenziale da poter essere riferito con una griglia tipografica in C.C. MALVASIA, *Felsina pittrice. Lives of the Bolognese Painters*, A critical edition and annotated translation, Turnhout-Washington, Brepols, 2012-, I, *Early Bolognese Painters*, introd. and transl. by E. CROPPER, critical ed. by L. PERICOLO, p. 316, dove (p. 296, nota 227), se ne riconosce la parte centrale nella più che ridipinta tavola nella collezione di Walter Pollen a Norton Hall (Gloucestershire), sulla quale l'accurata scheda di F. BOGGI e R. GIBBS, *Lippo di Dalmasio («assai valente pittore»)*, Bologna, Bononia Univ. Press, 2013, pp. 85, 163-164 (amplia l'ed. di Lewiston-New York, The Edwin Mellen Press, 2010, p. 123). Quanto a Marcello Oretti, si allude al puro schema del polittico di San Vitale e Agricola di Francesco Pelosio (fatto conoscere da Angelo Mazza in *San Giorgio e la principessa di Cosmè Tura. Dipinti restaurati per l'officina ferrarese*, a cura di J. BENTINI, Bologna, Nuova Alfa, 1985, p. 156). Il disegno risulta tanto più approssimativo, nelle proporzioni e nella morfologia, se lo si confronta con l'integrazione grafica visualizzata da CAVALCA, *La pala d'altare a Bologna*, cit., pp. 20-21 (più ampiamente commentata a p. 133, con l'avvertenza a p. 247). Per un esempio extra-bolognese di disegno, anche questo settecentesco, attento alla morfologia dell'incorniciatura, va ricordato quello relativo al polittico di Michele di Matteo in Sant'Elena a Venezia, riprodotto da M. BOSKOVITS, *Frühe italienische Malerei*, Berlin, Gebr. Mann, 1987 (Fig. 208, p. 139); anche in questo caso le figure dei santi sono indicate con numeri (lo studio più approfondito, per quanto ne so, resta quello di R. GALLO, *La Chiesa di Sant'Elena*, «Rivista mensile della città di Venezia», V, 1926, pp. 423-520: 448-449).

48 Il foglio è stato piegato: la piega verticale, più marcata, coincide con la linea di bipartizione grafica, e non ci sarebbe stata ragione di fare la piega in studio; quelle orizzontali, in numero di quattro, potrebbero essere dovute alla spedizione a Roma, ma anche al ripiegamento fatto da Orlandi dopo aver disegnato dal vivo.

49 C.C. MALVASIA, *Le pitture di Bologna*, Bologna, per Giacomo Monti, 1686, p. 290 [ed. anast. con note, a cura di A. EMILIANI, Bologna, Alfa, 1969], p. 290 (nella stessa chiesa di San Giovanni in Monte meritavano l'asterisco solo la *Santa Cecilia* di Raffaello, la *Madonna del Rosario* di Domenichino, il *San Francesco* di Guercino, il *Martirio di San Lorenzo* di Faccini; per intenderci, non Perugino o Costa). Dell'incisione dalla *Salita al Calvario* di Ercole de Roberti, fatta da Jerôme David attorno al 1630, riprodotta da L. CIAMMITTI, *Ercole Roberti. La cappella Garganelli in San Pietro*, in *Tre artisti*, cit., pp. 117-224: 135), parla e dà una riproduzione E. BOREA, *Lo specchio dell'arte italiana. Stampe in cinque secoli*, 4 voll., Pisa, Edizioni della Normale, 2009, I, p. 565, II, fig. XXII/39. L'incisione fa pensare che la tavola sia stata tagliata nel senso

niera che l'altare poteva essere convertito, all'interno del grande tempio civico, alle esigenze rappresentative del cardinale. Cavate da lì, invece, le sue parti pittoriche sarebbero state degne di entrare in «qual si volia galeria»:[50] lo sapeva anche la gente di casa del cardinal Aldrovandi. L'occasione non avrà dunque richiesto un'annotazione grafica puntuale (il cardinale non sembra averla chiesta), ma non era neppure di quelle per cui bastasse un ragguaglio generico o distratto.

Andrà dunque verificata meglio la possibilità che il disegno rispetti in qualche modo le proporzioni dell'altare e delle tavole che lo componevano. Occorre insomma attendere prima di liquidarlo in base ai 'nostri' dati materiali, pur sempre tali da non consentirci d'incastrare le parti superstiti come in un *puzzle*, si è già detto. Il disegno non può essere preso in considerazione quando dà conferma delle nostre certezze (quelle acquisite con Longhi) e messo immediatamente da parte quando non la dà. Piuttosto, occorre interrogarsi su questa compresenza, cercando di comprendere anche per via di confronti esterni se possono giustificarsi quelle che appaiono irrimediabili incongruenze interne.

4. Mettiamo ora la testimonianza grafica di Orlandi, con l'altare ancora integro, a confronto delle tavole superstiti. Ci mancano soltanto le più piccole (in base al disegno ne mancano cinque, sette nella ricomposizione

---

della lunghezza (Manca, *The Art of Ercole*, cit., p. 126). Cosa che rende forse più appropriata l'indicazione di paliotto (e non predella) usata nel testo. R. Longhi, ripubblicando *Officina ferrarese* 1934 seguita dagli *Ampliamenti* 1940 e dai *Nuovi ampliamenti* 1940-55 [«Opere complete», V], Firenze, Sansoni, 1956 [d'ora in poi: Longhi 1956], p. 180, accennava alla «predella di Ercole a San Giovanni in Monte come ad «un gradino a sé stante». Le più antiche testimonianze di Lamo e Vasari hanno fatto spesso pensare che servisse effettivamente da predella della più tarda (1501) tavola con l'*Incoronazione della Vergine e santi* di Lorenzo Costa, ma la tavola di Ercole è più lunga di quella di oltre un metro. Lamo sembra quasi voler distinguere fra il Costa che «è all'altar magior» e le «doe instorie» di Ercole che stanno «sopra l'altar magiore» (Lamo, *Graticola*, cit., p. 62); nella Giuntina Vasari, *Le vite*, cit. (ed. Barocchi-Bettarini, III, p. 422) parla di «predella dell'altar maggiore» senza nominare la pala. Per l'opportuna distinzione fra le opere di Ercole e di Costa, non fosse altro in base ad un così sensibile scarto dimensionale, Cavalca, *La pala d'altare a Bologna*, cit., p. 169. Un secolo dopo Masini e Malvasia, senza più parlare di predella, la descrivono «dietro dell'altare». La costruzione del nuovo e più profondo abside, con il coro intarsiato del Sacca (1517), aveva mutato la funzionalità liturgica: ora le storie della *Passione di Cristo* erano visibili solo ai monaci in preghiera). Tale spostamento si giustifica forse anche con la sua particolare morfologia, prossima a quella di un vecchio dossale (del resto, sappiamo da Du Cange, VII, p. 169, che con questo termine si indicava anche il retroaltare, la retrotabula). Suona dunque un po' strano che una studiosa sempre molto attenta al lessico dell'arte parli per due volte di «predellina» (G. Perini Folesani, *Luigi Crespi storiografo, mercante e artista attraverso l'epistolario*, Firenze, Olschki, 2019, pp. 75-76, rinvio importante per le sue vicende posteriori). Al momento in cui migrò a Dresda, e la *Pietà* al centro prese un'altra via, si trovava in sacrestia.

50 Cavalca, *La pala d'altare a Bologna*, cit., p. 383.

di Cecilia Cavalca, cresciute a nove quando è stata allestita la mostra).[51] Un tempo sarebbe stato necessario prendere un compasso e lavorare su una fotocopia ingrandita del disegno, oggi è facile mettere nella memoria di un computer le riproduzioni dei riquadri sopravvissuti, rispettandone le proporzioni (Tav. IV). Nella medesima scala è stata messa una riproduzione del disegno in cui è stata ribaltata specularmente la parte più dettagliata (Fig. 10). A questo punto sarà un po' come attaccare delle figurine nei riquadri vuoti di un album. Sappiamo in partenza che le grandezze indicate nel disegno non potranno essere del tutto precise: se riportiamo alle misure reali dei dipinti il tratto libero e a volte ripassato del disegno, è facile capire che nasce immediatamente un qualche minimo scarto dal vero. Ma non è in discussione questo grado di attendibilità: il disegno non è un rilievo su carta millimetrata e in fondo noi non stiamo rimontando il tempio di Abu Simbel. Stiamo cercando di capire fino a che punto la testimonianza grafica settecentesca può derogare dalle proporzioni originarie della perduta carpenteria. Andrà allora fissato, nella verifica, un criterio di gradualità, di validazione progressiva: inizieremo il controllo da quelle tavole che conservano con ogni certezza le dimensioni originali. E questa certezza non potrà essere stabilita in base al disegno (la verifica andrebbe subito in cortocircuito), ma al loro stato fisico. Cominceremo dunque con quelle che hanno margini non ammanniti e dipinti, perché destinati a rimanere sotto l'incorniciatura.

Iniziamo dai tre tondi. È facile vedere che il disegno settecentesco ne rispetta in sostanza dimensioni e proporzioni relative. Orlandi mette in vista la fascia che correva intorno ad essi, almeno in parte corrispondente al bordo non dipinto (nei tondi Cagnola fu poi integrato ad oro, equivocamente); ma questo tipo di oscillazione, minima, per il nostro discorso non ha peso. Così è anche per i due santi di Brera, anche questi mai rifilati: la sovrapposizione ai campi disegnati da Orlandi non sarà assoluta, ma per l'attendibilità

[51] Lucco, *La pittura a Bologna e in Romagna*, cit., I, p. 242, dice esplicitamente che di santini ne rimangono sette su dodici, ma lo schema di ricostruzione pubblicato a p. 244 è predisposto in modo da alloggiarne due in più. Erano in origine dodici anche per Manca in *Italian Paintings of the Fifteenth Century*, cit., pp. 219, 223. Cavalca, *La pala d'altare a Bologna*, cit., p. 266, ha dapprima pensato che, delle originarie quattordici, ne siano rimaste sette. Passate a cinque dopo che allestendo la mostra è stato riscontrato *de visu* l'effetto della pur contenuta – ma a questa scala inesorabile – diversità di formato della *Santa Caterina* e del *San Gerolamo* della Fondazione Cini. È così che in mostra le loro riproduzioni 1:1 figurano in prossimità della restituzione virtuale del polittico, senza esserne incluse. Gli originali sono invece esposti accanto alle altre tavolette, confermando l'identico punto di stile e di morfologia spaziale (che Ercole de' Roberti avesse dipinto nello stesso momento due polittici dispersi, uno dei quali privo di ogni documento ed eco guidistica, sarebbe chiedere troppo al caso). Nel catalogo l'opinione è condivisa da entrambi i curatori della mostra, cfr. *Il polittico Griffoni rinasce*, cit., p. 24 (Natale, che sospetta in modo esplicito la loro appartenenza ad un diverso complesso), 234-235 (Cavalca).

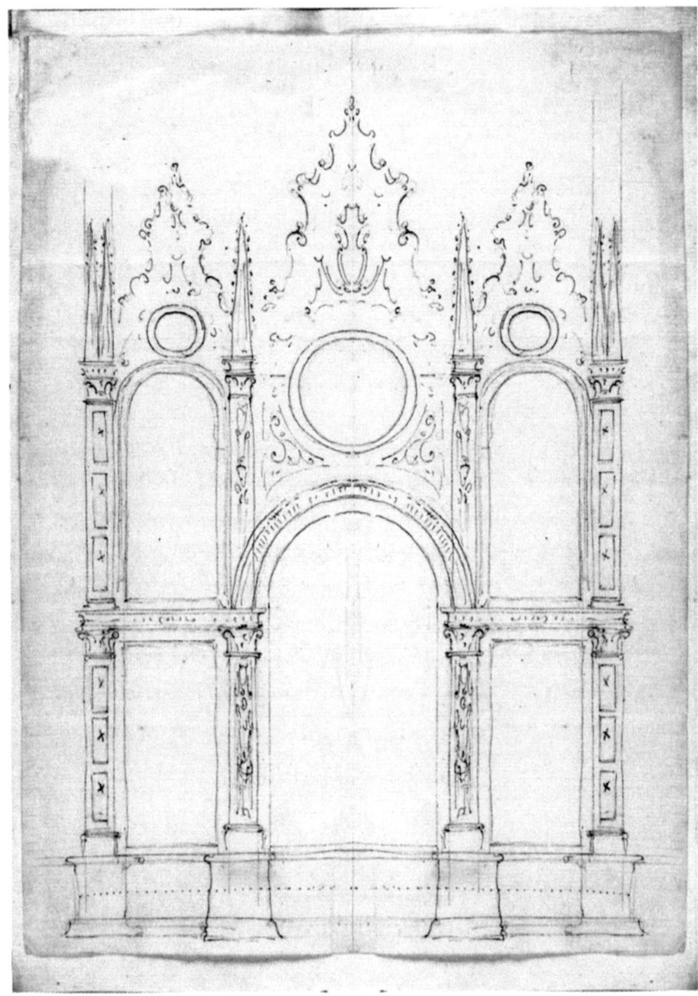

Fig. 10. Elaborazione del disegno di Stefano Orlandi con ribaltamento speculare della parte dettagliata.

del disegno i conti continuano a tornare (Tav. V).[52] Naturalmente dovremo andare un po' più cauti nel valutare la rispondenza al disegno dei santi più piccoli, quelli che stavano lungo i pilastri laterali. Non è in questione la

[52] CAVALCA, *La pala d'altare a Bologna*, cit., p. 142, dove il dettaglio del disegno è particolarmente ingrandito, evidenziando come il montaggio di una delle tavole di Brera non possa corrispondere *ad unguem*, come prevedibile.

loro distribuzione interna, né almeno per ora ce ne vorremmo servire in vista del problema dei due della Fondazione Cini che sono un poco più alti degli altri cinque (e non pochissimo). Semplicemente, queste tavolette hanno dimensioni troppo piccole e non abbiamo indicazioni precise sulla morfologia del loro inserimento, e dunque sono maggiormente soggette ad un arrotondamento grafico da parte di Orlandi. In più, la partizione bilaterale del disegno ne esclude la metà, riducendo così le nostre possibilità di controllo. E tuttavia, anche le tavolette sopravvissute trovano sufficiente conferma nelle proporzioni indicate nel disegno.

Se ci potessimo fermare a questo punto, a circa la metà dei casi, la testimonianza di Orlandi sarebbe in sostanza attendibile: grandezza e proporzioni sono alterate in modo irrilevante (Tav. V). Invece, se ci mettiamo ad 'attaccare le figurine' restanti, i campi predisposti nel disegno risultano irrimediabilmente difformi (Tav. VI). Non si tratta più di oscillazioni, ma di scarti ingiustificabili già a colpo d'occhio. Non si possono più spiegare con le imprecisioni del *ductus* a mano libera o come prevedibile esito delle ridotte dimensioni. Sono tre punti decisivi della registrazione grafica della struttura proporzionale del polittico:

- il primo, e più ostico, è rappresentato dalle dimensioni assegnate da Orlandi alla tavola maggiore, quella con san Vincenzo Ferrer, perno iconografico e strutturale dell'altare;
- il secondo riguarda l'altezza dei santi di Washington e dunque dell'intero registro superiore;
- il terzo è costituito dalla predella continua di Ercole de' Roberti, che non può trovare alloggio in una base architettonica come quella descritta da Orlandi.

Si è visto come si sia fatto presto a perdere fiducia nella complessiva testimonianza grafica settecentesca, accordandogliela tuttalpiù nel puro conteggio delle tavole (più spesso neppure in quello). Occorre chiedersi in modo non sbrigativo come abbia potuto, Orlandi, mescolare registrazioni sufficientemente attendibili con altre tanto distratte da sembrare smaccatamente mendaci. Occorre farlo perché i due 'metri' così diversi non si alternano nel ricordo o nella narrazione, ma nel medesimo foglio, convivono nel corpo dello stesso disegno. Di nuovo, com'è riuscito Orlandi ad accordare l'affidabilità di certe parti con la totale infondatezza proporzionale di altre? Non è una contraddizione astratta, ma una questione di coerenza operativa. È più facile realizzare una trascrizione grafica del tutto approssimativa che non una che lo sia soltanto in parte, alternando oggettività e fantasia, verità e bugia. La corretta osservazione di alcune tavole avrebbe infatti fissato un telaio proporzionale da cui sarebbe stato poi difficile derogare in modo tanto vistoso per altre tavole; avrebbe insomma ristretto il terreno all'arbitrio grafico. Sono contraddizioni che non trovano spiegazione nella natura del disegno («abozo della forma»). E poi, come poteva essere tanto disattento alle giuste proporzioni proprio uno specialista d'ornato, uno che era abituato a ripartire, nei suoi progetti, grandi estensioni murarie?

Di conseguenza, ci si propone di considerare con attenzione questi tre nodi problematici. Tanto più che corrispondono a tavole prive di bordatura non ammannita e dipinta o la cui integrità è già stata messa in discussione. Si tratta di vedere se quei tre punti di netta difformità proporzionale (Tav. VI) possano trovare spiegazione induttiva alla luce di altri confronti, figurativi o tipologici. Saranno possibili solo giustificazioni congetturali, e tuttavia non puramente immaginarie; tali però da condurre ad una diversa ricostruzione del polittico Griffoni. Procediamo in ordine d'inversa difficoltà congetturale, muovendo dal problema della tavola centrale.

5. Ad incollarlo nel campo che gli riserva il disegno settecentesco e all'altezza vincolata di cui si dirà fra poco, il *San Vincenzo Ferrer* della National Gallery di Londra galleggia nel vuoto (Tav. VI). Per quanto la tavola sia stata rifilata (centina a parte), questo effetto di levitazione non ha giustificazione. Si tratta di un'approssimazione troppo marcata, se non di un arbitrio, da parte di Orlandi? Ma perché avrebbe dovuto far crescere fino a tal punto il campo riservato al santo titolare, un santo che non era neppure in grado di riconoscere, fino a fare diventare la tavola più larga ed alta della metà rispetto a quelle laterali?

Lo spessore della tavola è stato sensibilmente assottigliato. In questo caso non ci sono margini privi di preparazione pittorica e destinati a rimanere sotto la battuta dell'incorniciatura. Sulla superficie dei pennacchi esterni alla centina fu passata la rasiera: la copriva qualcosa che faceva corpo con essa, ben più delle incorniciature strutturali.[53] Nel corso di queste manipolazioni della tavola, i margini dipinti debbono essere stati rifilati, ma di un niente. L'evidenza ottica della base su cui posa il santo, soprattutto se vista nella cornice di galleria, sembra come smorzata da un colpo di forbice che abbia tolto un po' di respiro al congegno prospettico (si dovrà tener conto della fascia d'incorniciatura descritta da Orlandi).[54] Che ci sia

---

53 Sulle condizioni del supporto, in particolare, la relazione di Anthony Revee in SMITH – REEVE – ROY, *Francesco del Cossa's* S. Vincent, cit., p. 47.

54 Forse da qui si sviluppò la base del trono – due ottagoni sovrapposti riuniti con genietti-cariatidi – della *Madonna col Bambino* della collezione Thyssen, che a partire da Carlo Volpe è riferita al modenese Bianchi Ferrari (D. BENATI, *Francesco Bianchi Ferrari e la pittura a Modena*

stata una lieve sforbiciatura in basso è provato da un elemento comune alle due tavole che la fiancheggiavano, dietro a *San Pietro* e *San Giovanni Battista*: la barra trasversale che raccorda l'intero registro inferiore del polittico. La evidenziano – non si sa se per *lusus* geometrico o con risvolti significanti, tanto sono manifesti – anelli piatti e larghi, come portatovaglioli, da cui pendono fili di corallo e cristalli. Tale barra consente di intuire quanto possa essere stata ridotta la rifilatura in basso. L'allineamento lungo la barra continua riporta il *San Vincenzo Ferrer* appena più in alto rispetto alla linea tracciata in base ai lati di appoggio delle tre tavole. Eppure, se non si ristabilisce questo riferimento spaziale, affiora un punto di inciampo: lo vediamo nella ricostruzione – anche troppo agghindata – di Ludovico Pogliaghi, dove la grande traversa ha uno sgradevole avvallamento proprio in corrispondenza della figura al centro (Fig. 2).

Anche i lati verticali sembrano rifilati, ma anche in questo caso di pochissimo. Lo suggeriscono le proporzioni della tavola. Rispetto a quelle a fianco, la sola parte dipinta che oggi si vede in quella di Londra è più alta in media di cm 41,5, mentre in larghezza misura cm 4,7 in più. Che la sforbiciatura sia stata minima, ma sempre tale da far rimpiangere quel primario riferimento visivo che è un intatto margine prospettico, lo conferma l'integra *Crocifissione* (Tav. Xa) sovrastante, la cui superficie dipinta misura al diametro solo mm 3 in più. E dunque, se il *San Vincenzo Ferrer* ebbe larghezza almeno pari al tondo, la sforbiciatura lungo i lati lunghi fu men che minima.[55] Lo conferma la linea d'imposta della centina, dando l'impressione che al suo volgersi pieno manchino due sottilissime liste lungo i lati maggiori.

Anche quando si siano mentalmente restituiti al *San Vincenzo Ferrer* i margini rifilati, la tavola resta ostentatamente più piccola del riquadro 'visto' da Orlandi. Nel disegno lo scarto di proporzioni rispetto alle tavole laterali e al tondo sovrastante resta incomprensibile; nella realtà la centina correrebbe troppo distante dall'arco che la incornicia. Tanto che a questo punto sembrerà davvero il caso di prendere commiato da Stefano Orlandi, ringraziandolo a nome dei mani longhiani (a cui restiamo devotissimi). In alternativa,

fra '4 e '500, Reggio Emilia-Modena, Banca Popolare dell'Emilia-Artioli, 1990, pp. 103, 149). Mi pare poi che si possa riconoscere un latente ricordo della pedana del *San Vincenzo Ferrer* nella visualizzazione della ruota – così evocativa della passata stagione prospettica – su cui posa l'*Allegoria dell'Incostanza femminile* (in precedenza identificata non a caso con la *Fortuna*) di Giuliano Bugiardini nella collezione Saibene di Milano, a conferma della datazione al momento bolognese del pittore, 1523-25, già argomentata da Antonio Mazzotta, scheda n. 28, in *Altri quaranta dipinti antichi della collezione Saibene*, a cura di G. Agosti, Verona, Valdonega, 2008, pp. 208-219.

[55] Ho adottato le misure riferite nelle schede del catalogo della mostra del 2020, pp. 212 sgg.

possiamo cercare d'intenderne la forma architettonica, che per Orlandi è tanto coerente in sé quanto è discorde da quella proposta in mostra.

Nel polittico disegnato da Orlandi l'arco centrale ha tutt'altra rilevanza, funziona da punto gravitazionale dell'intera struttura. Ha un risalto anche maggiore dell'arco del polittico Roverella di Cosmè Tura, quale fu ricostruito da Longhi (Fig. 11), dove la tavola centinata si estende quanto quelle laterali, rettangolari; un polittico, questo, al quale fu assegnato un ruolo-guida in ambiente ferrarese che oggi non è più possibile riconoscergli.[56] L'arco trionfale

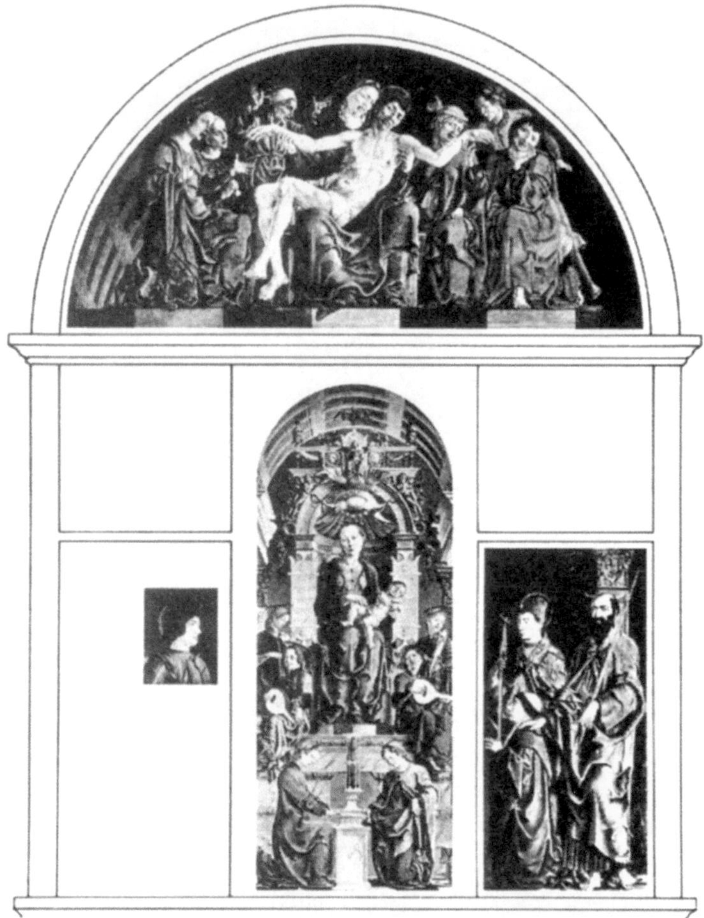

Fig. 11. Ricostruzione del polittico Roverella di Cosmè Tura di Roberto Longhi (1934).

---

[56] La datazione del frammentario e disperso polittico ferrarese, già ritardata rispetto a

'visto' da Orlandi ha una linea d'imposta decisamente maggiore di quella che vediamo nelle ricostruzioni correnti, che lo fanno corrispondere alla centina della tavola con *San Vincenzo Ferrer*. In più, appare impiantata su una membratura che nel disegno risulta maggiormente rilevata di quella simulata in mostra; tanto che nel fregio Orlandi accenna a descrivere una strigilatura (o qualcosa di simile) che non troverebbe facilmente posto, in base alle ricostruzioni. L'effetto del disegno non è però quello di una sgrammaticatura. Il nodo strutturale fra arco e cornice marcapiano è un presagio del trittico dei Frari di Giovanni Bellini, del 1488 (Fig. 12), che ha però dimensioni più ridotte rispetto al polittico Griffoni, oltre ad un'integrazione totale fra incorniciatura tangibile e spazio illusivo della pittura.[57] La sovrapposizione della cornice dell'arco centrale alle semiparaste interne del registro superiore quale è descritta da Orlandi fa pensare ad una ben scandita giuntura tridimensionale, ad un visibile per quanto minimo aggetto dell'incorniciatura al centro.

Il grande sintagma architettonico che domina l'altare disegnato da Orlandi si accosta – ovviamente a passo ridotto – a quello della facciata di Sant'Andrea a Mantova (dove la trabeazione su cui appoggia la grande arcata è attraversata da paraste giganti) (Fig. 13).[58] Anche per l'altare descritto

---

quanto proponeva Longhi, deve ora fare i conti con la sua messa in opera, fissata *ad annum*: E. Peverada, *Vernissage del Polittico Roverella nella chiesa olivetana di San Giorgio (agosto 1487)*, «Analecta Pomposiana», XXXVIII, 2009 [= *Miscellanea di studi per il sessantennio sacerdotale di Mons. Antonio Samaritani*], pp. 369-383, ha avuto il merito di segnalare il passo che riguarda l'opera in G. Ferrarini, *Memoriale estense (1476-1489)*, a cura di P. Griguolo, Rovigo, Minelliana, 2006, p. 274 (= c. 228*v*). In data 18 agosto 1487 il diarista accompagnò il vescovo di Ravenna Filasio Roverella, che era in partenza, «insino ala giesa di frati di santo Zorzi fora di Ferrara et lì stete sua segnoria per alquanto spacio per vedere la anchona facta fare per lo vescovo di Ferrara passato deli Roverelli [Lorenzo, morto il 23 luglio del 1474] vel per frate Nicholao de detto ordine e de li Roverelli anchora lui [morto il 17 giugno 1480, registra lo stesso diarista a p. 114], alo altare grande de santo Zorzi; la quale anchona di questo mese li è stà posta a dicto altare». Girolamo Baruffaldi, che ben conosceva l'opera (l'«ho veduta per molti anni»), era convinto che «il promotore di questa tavola» fosse Lorenzo Roverella (G. Baruffaldi, *Vite de' pittori e scultori ferraresi*, 2 voll., Ferrara, co' tipi dell'editore Domenico Taddei, 1844 [Bologna, Forni, 1971], I, p. 79). Cosmè Tura dovette avviare la realizzazione dell'altare «praticamente dal 1480», come induce Peverara a p. 380. Di un'opera di cui conosciamo solo alcune parti non ha senso azzardare ipotesi sulla cronologia interna: in questa occasione interessa solo il momento progettuale, che in ogni caso segue di qualche anno il polittico Griffoni.

57 C. Bertelli, *Introduzione* all'edizione italiana di O. Pächt, *La pittura veneziana del Quattrocento. I Bellini e Andrea Mantegna*, a cura di M. Vyoral-Tschapka e M. Pächt, Torino, Bollati Boringhieri, 2005 [ed. or. München, Prestel, 2002], p. 14, formula bene la peculiarità dell'altare dei Frari in relazione alla 'serliana'.

58 Se non ricordo male, l'unico a spendere l'aggettivo «albertiano» per l'impianto architettonico descritto nel disegno è stato Benati, *La pittura rinascimentale*, cit., p. 168. Lo faceva in un contesto di attenzione alla forma dell'altare raffigurato da Orlandi che non mi pare aver avuto sviluppo, salvo alcune considerazioni di Cavalca, *La pala d'altare a Bologna*, cit., p. 150, che riconducono ad esperienze architettoniche ferraresi (dove l'incidenza albertiana è cosa na-

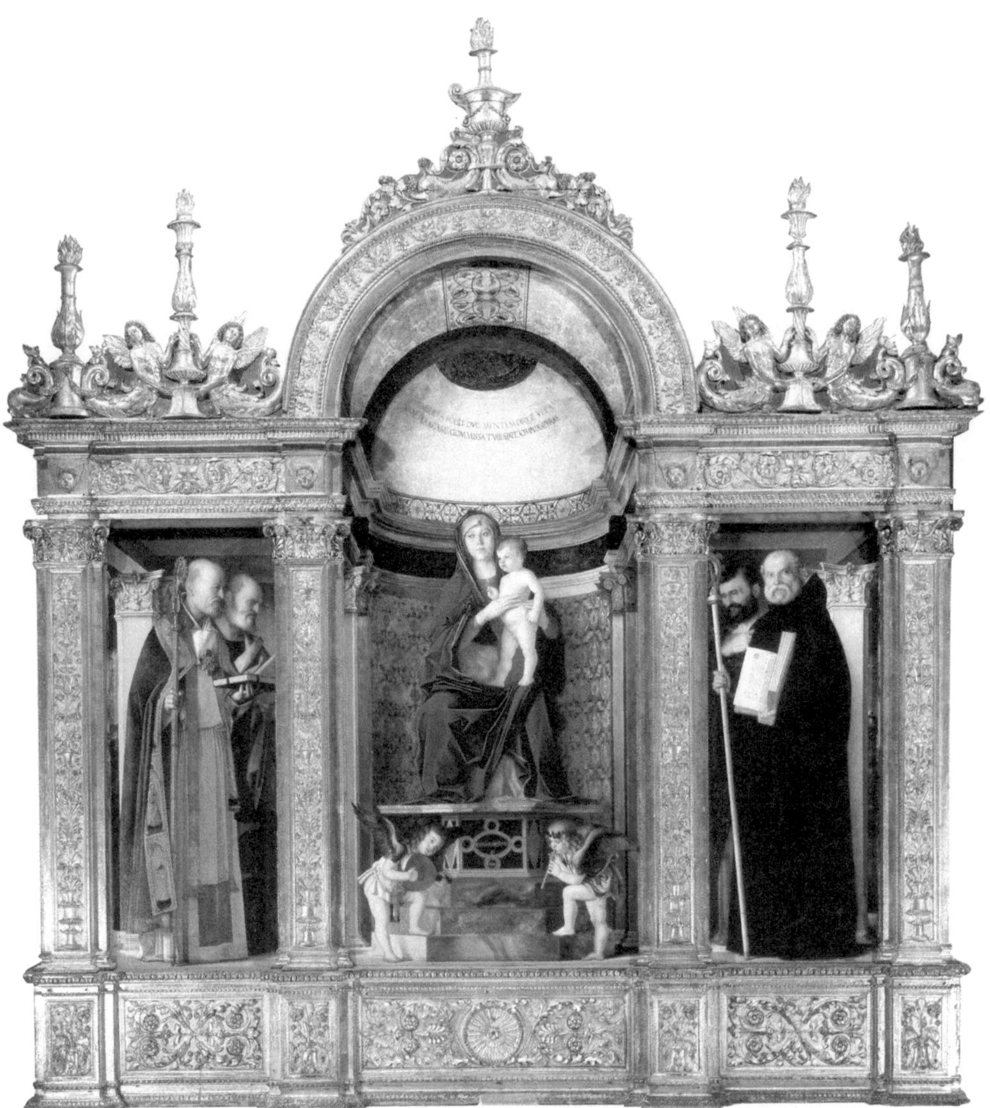

Fig. 12. Giovanni Bellini, *Trittico*, Venezia, Sacrestia dei Frari.

turale); ma proprio l'attenzione, suggeritale da Marco Collareta per il tema dell'arco trionfale, sembra contraddetta dalla decisa svalutazione che la studiosa fa della testimonianza grafica. Per qualche riflessione a proposito dell'organismo architettonico Griffoni, che si vorrebbe però più chiaramente esposta, M. Campisi, *L'impresentabile storia. Misfatti, delitti e cronache su monumenti, collezioni e antichità*, Roma, Gangemi, 2018, pp. 88-90.

da Orlandi si potrebbe dire che «protagonista [...] è l'arco».[59] Non altrettanto per le ricostruzioni del polittico che sono state proposte. Era una soluzione così nuova, per quanto sappiamo della forma dei polittici padani, che è difficile pensare ad un rapporto casuale: nell'ottobre del 1470 Alberti aveva spedito a Ludovico Gonzaga uno schizzo del progetto; e rimaneva un modello ligneo quando la costruzione venne concretamente avviata, dopo la sua morte (1474).[60] Per dire che l'attuazione edilizia non ne derogasse, san Tommaso vorrebbe conoscere *de visu* l'uno e l'altro, come non ci è consentito, ma sembra verosimile che quanto bolliva in pentola a Mantova avesse immediata risonanza nelle corti padane.[61]

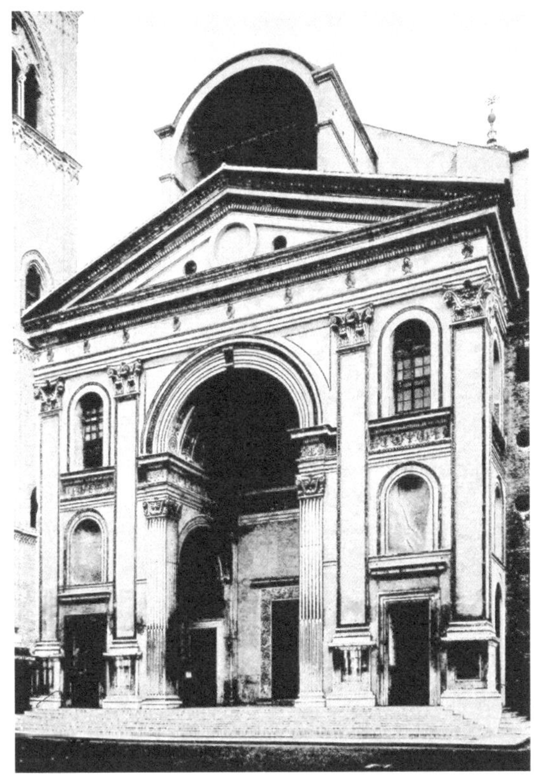

Fig. 13. Leon Battista Alberti, *Sant'Andrea* (facciata), Mantova.

[59] M. Bulgarelli, *Leon Battista Alberti, 1404-1472. Architettura e storia*, Milano, Electa, 2008, p. 192.

[60] *Ivi*, pp. 69, 103.

[61] Mi pare che nella letteratura più recente, e verosimilmente in quella passata (che pure confesso di non avere controllato a puntino) venga sottaciuto il riferimento alla facciata mantovana da parte di chi si è occupato della *Flagellazione di Cristo* che compare in una delle due facce del disegno inv. 6347F degli Uffizi. La relativa scheda di G. Agosti, *Disegni del Rinascimento in Valpadana*, Firenze, Olschki, 2001, pp. 173-180, è davvero eccellente, anche in quell'onesta dichiarazione di bramata spiegazione belliniana e di prudenza. Inoltre, per ultimo Calogero, *Marco Zoppo ingegno sottile*, cit., p. 97, nota 34: «un capolavoro giovanile di Giovanni Bellini». Il riferimento all'«atrio incompiuto del S. Andrea di Mantova» non sfuggiva, nel suo manoscritto belliniano del 1925-26, a R. Longhi, *Escursioni belliniane* [1925-26], in Id., *Il palazzo non finito. Saggi inediti 1910-1926*, a cura di F. Frangi e C. Montagnani, Milano, Electa, 1995, pp. 359-400: 384 (a dispetto di chi parla della sua insensibilità all'architettura), al punto da giustificarne la data «attorno al 1470». Una data che sembrava contraddire l'attribuzione e che non poteva essere riproposta nell'elenco delle cose giovanili di Giovanni Bellini fatto di lì a poco (R. Longhi, *Un chiaroscuro e un disegno di Giovanni Bellini* [1927], citato dalla ristampa in *Saggi e ricerche,*

Può darsi poi che quella serliana *ante litteram* venisse suggerita al *magister a lignamine* dallo stesso Francesco del Cossa, che poco dopo, al centro della *Pala dei Mercanti* (Tav. Xb), ne installerà una più ridotta e massiva, con l'arco mezzo caduto, soltanto dipinta ma non meno strutturale.[62] Del resto, quel sintagma, traslato e semplificato ad uso dei pittori, circolava a Ferrara quando Cossa era giovane: nel tondo con *Salomone e la regina di Saba* oggi a Boston si traduce in una tettonica immaginosa, con più fragile misura cerimoniale. Con sdrucciolamenti e brividi prospettici privi di ogni referenza architettonica lo si trova poi nella *Madonna* Gualino, del pittore che maggiormente pesò nella formazione di Ercole. Ed ancora più tardi lo vediamo sopravvivere nel raggio di Ercole rientrato a Ferrara (la miniatura parigina a lui direttamente riferita da Zeri o la *Deposizione* Blumensthil). Ma nel polittico Griffoni, così come lo 'vide' Orlandi, e proprio per la sua tridimensionale natura di altare, la ragione architettonica di quel sintagma è più immediata, anche se non ci si dovrà certo attendere una trabeazione completa.[63] Ragione architettonica comunque contraddetta se, per far corrispondere alla centina vera del *San Vincenzo Ferrer* l'arco descritto nel disegno, si finisce per comprimerne al computer la linea d'imposta e il raggio

---

1925-1928 («Opere complete», 2), Firenze, Sansoni, 1967, pp. 179-188: 181). Bellini o meno, di quel riferimento ad Alberti e della relativa datazione, occorrerà tener conto. Non mi pare che il disegno fiorentino possa essere considerato una semplice evoluzione del *Cristo davanti a Pilato* di Jacopo Bellini (libro del Louvre, 39: C. Eilser, *The Genius of Jacopo Bellini. The Complete Paintings and Drawings*, New York, Abrams, 1989, tav. 194 e pp. 200, 327). In quello del Bellini *senior*, anche se è basato sull'esempio architettonico dell'arco dei Sergi a Pola, la trabeazione tagliata dalle quattro colonne non risponde ad un plausibile senso strutturale; mentre nel disegno degli Uffizi il traversamento delle paraste e la presenza di nicchie mostrano propositi più coerentemente architettonici. A meno di non pensare che il disegno e la connessa matrice patavino-donatelliana abbiano illuminato Alberti, il suo slittamento cronologico almeno fino al 1470 (o meglio, oltre), sembrerebbe obbligato, compromettendo l'autografia belliniana.

[62] Che ricordi, l'unico ad affermare – anche troppo esplicitamente – che «la cornice» del polittico Griffoni fu «di certo disegnata» da Cossa è Riccomini, *L'arte a Bologna*, cit., p. 117. Al più, a queste date, si sarà trattato di soluzioni concordate.

[63] Pur nel travisamento, un caso di attenzione agli sviluppi dell'architettura da parte di un artista che nessuno vorrà chiamare di avanguardia è rappresentato dal fiorentino Neri di Bicci, quando trasferisce all'interno della tavola quadrata la tripartizione di un'illusiva morfologia edilizia. Dovendo combinare la scena dell'Annunciazione con l'aggiunta di due santi laterali, sia nella tavola dell'Accademia di Firenze, inv. 480 (del 1458: B. Berenson, *Italian Pictures of the Renaissance. Florentine School*, 2 voll., London, Phaidon Press, 1963, II, fig. 915) che in quella di San Francesco ad Arezzo (1460-61: Thomas, *The Painter's Practice*, cit., tav. 6) ricorre a tre arcate, dove quella centrale, più ampia e di senso quasi trionfale, è riservata alle due figure principali; nell'altra dell'Accademia (inv. 8622), un po' più tarda (1464, *ivi*, tav. 7), dove non si pone il problema di far posto ai santi laterali, le due figure stanno in vani chiusi da una cornice orizzontale sulla quale è impostato l'arco centrale, ma striminzito, riflettendo a suo modo una novità come il chiostro della cappella Pazzi, in costruzione dalla fine degli anni Cinquanta.

centrale, correggendo Orlandi con una più improbabile forma di serliana (oltretutto, si terrebbe assieme l'arco pieno della tavola dipinta e quello un po' ribassato della perduta carpenteria).[64]

Torniamo dunque a considerare la tav. VI come se si trattasse di un album Panini non ancora completato, dove l'intatta centina del *San Vincenzo Ferrer* s'inscrive nell'arco disegnato da Orlandi a distanza marcata ma equidistante. Proviamo allora a ipotizzare che non si trattasse di un'unica centina deformata da Orlandi, ma che il quadraturista abbia inteso tracciare soltanto quella dell'arco trionfale, che gli doveva apparire il perno dell'intera carpenteria; e che dunque potesse tralasciare la centina minore, che circoscriveva la curvatura della superficie dipinta. Non sarebbe assurdo, considerando che stava descrivendo la «forma dell'altare», non le sue tavole dipinte. Ci si è invece mossi dall'attesa che non fossero due cose distinte. Se invece, ribaltando questa attesa, inseriamo la tavola di Londra nel disegno settecentesco, ne deriva una sagoma solo apparentemente irregolare (una sorta di semicorona circolare). È formata, in alto, da una semicirconferenza che ne inscrive una più piccola; ed è completata all'esterno da due liste laterali meno grandi e probabilmente da una assai più sottile in basso: tutte quante (tranne l'ultima) assai più consistenti delle rifilature di cui si è parlato prima. Il profilo di questa sagoma è la forma negativa di un vano prospettico coperto dallo scorcio di un intradosso.

La congettura che consegue è che questo vano prospettico incorporasse per così dire la centina della tavola di *San Vincenzo Ferrer*, che lungo gli altri tre lati fu ritagliata. E dunque che la semicorona fosse riservata alla figurazione illusiva, come le volte a botte e cassettoni della *Pala dei Mercanti* (Tav. Xb) o della Madonna del Baraccano; non dipinta però, ma in minimo rilievo, di stucco dorato o in legno o cartapesta, aggettante solo per quanto lo consentiva lo spessore della fascia che Orlandi indica lungo i bordi di ciascun riquadro. La congettura, correlata al ruolo primario dell'arco trionfale, rafforza l'impianto architettonico dell'altare e dà evidenza maggiore al santo titolare. Quel suo alloggiamento prospettico non avrà neppure contraddetto l'illusione di uno sfondo paesistico continuo, nel primo registro: stava davanti al piano delle tre figure, si proiettava verso lo spazio dell'osservatore, come le barre a perpendicolo, nei due laterali, di quella parallela allo sfondo. Sembrerà un'induzione arrischiata, certo la più arrischiata dell'intera catena congetturale che stiamo risalendo, ma è l'unica che possa dar ragione della *crux* nel disegno settecentesco. Cosa la può suggerire, materialmente?

---

[64] Benati, *Quanti erano i santini*, cit., fig. 13 (da cui la nostra Tav. 23).

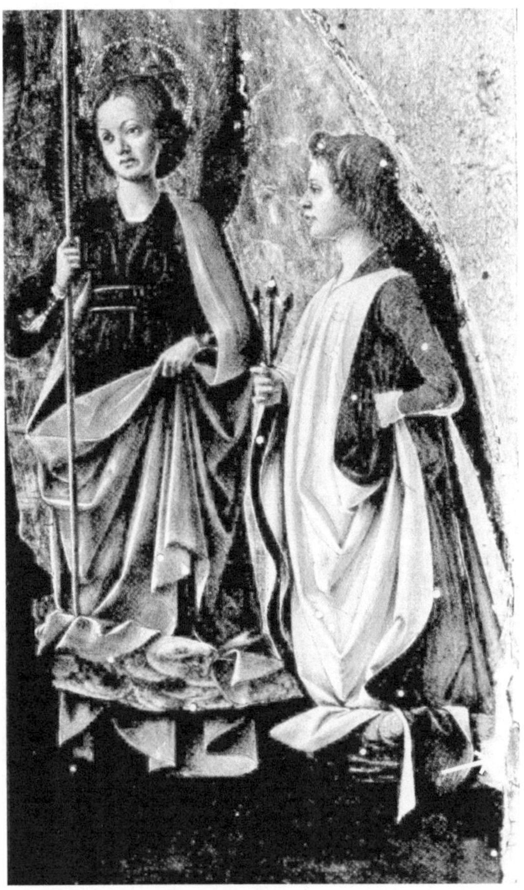

Fig. 14. Francesco del Cossa, *San Vincenzo Ferrer* (part. in corso di restauro), Londra, National Gallery (da «National Gallery Technical Bulletin», 1981).

Viene in soccorso una spia 'archeologica', che a sua volta trova spiegazione nella scomparsa di un'apparecchiatura prospettica di quel tipo. Ci si riferisce alle due piccolissime zone prive di pigmento venute in luce al tempo del restauro (Fig. 14).[65] Fu suggerito che fossero destinate a rimanere sotto il profilo della cornice, che lì si sarebbe sovrapposta in due punti più avanzati, divenuti meno evidenti a seguito della rifilatura. A quel tempo non si conosceva quale disegno avesse la cornice. Grazie a Stefano Orlandi oggi sappiamo che le tavole avevano profili regolari. Si può dunque pensare che ciascuna di quelle piccole, intenzionali lacune di colore corrisponda all'estremità della *cyma* di un cornicione illusorio, minimamente rilevato e dunque da non dipingere. Nello stesso restauro fu accertato che i pennacchi della tavola erano stati piallati (le gallerie dei tarli sono scoperchiate), suggerendo così come non vi si dovesse sovrapporre la vera e propria cornice – come sui margini delle tavole di Brera – poi semplicemente smontata, ma che facessero corpo con un diverso materiale (stucco ecc.), in seguito asportato.

La figura di un santo alloggiato in una scatola prospettica non è inconsueta, ma come immagine a sé, come *pillar picture*, e nello stesso *medium*.

---

[65] Smith – Reeve – Roy, *Francesco del Cossa's S. Vincent*, cit., p. 45.

Ad esempio, il *San Giovanni Battista* di Giovanni Angelo da Camerino ad Avignone (Fig. 15) o il *San Girolamo* (Fig. 16) della Pinacoteca di Ferrara, dove già da tempo si era creduto di avvertire l'eco del *San Vincenzo Ferrer* bolognese.[66] Una volta prospettica che si stringe sulla figura la si trova poi nella xilografia che compare nella *Leggenda di San Maurelio* stampata a Ferrara nel 1489; e il *medium* incoraggia la possibilità che rifletta un caso figurativo di maggior caratura (Fig. 17). Oppure, uscendo dalla nostra orbita geografica e cronologica, il *Sant'Alberto di Sicilia* al Carmine di Bergamo, già ricondotto da tempo

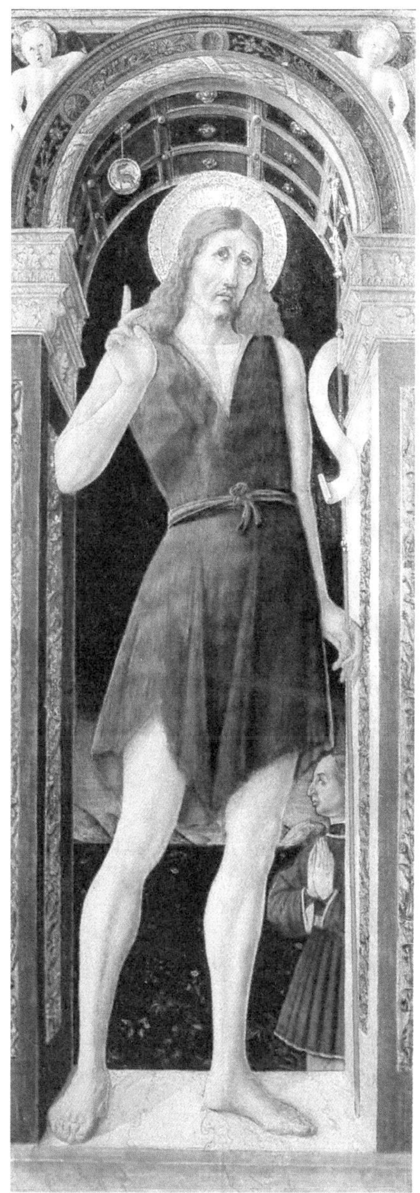

Fig. 15. Giovanni Angelo da Camerino, *San Giovanni Battista*, Avignone, Musée du Petit Palais.

[66] Per il primo caso, scheda n. 20 (di Andrea de Lorenzo), in *Pittori a Camerino nel Quattrocento*, a cura di A. De Marchi, Milano, Motta, 2002, pp. 344-345; per il secondo S. Ortolani, *Cosmè Tura, Francesco del Cossa, Ercole de' Roberti*, Milano, Hoepli, 1941, p. 159 (dove sono richiamati altri casi ferraresi di santi collocati sotto volte prospettiche), che vedeva nel frammento di colonna che regge la base del santo un ricordo di quella del *San Vincenzo Ferrer*; e più di recente la scheda XVI di Giovanni Sassu in *Cosmè Tura e Francesco del Cossa*, cit., pp. 503-504. Di altra natura e non utile al nostro discorso, ma di una sottigliezza che merita di essere ricordata, è l'eco della figura di Cossa avvertita da Federico Zeri nel *San Francesco* di Princeton del Crevalcore (ora in F. Zeri, *Giorno per giorno nella pittura. Scritti sull'arte dell'Italia settentrionale dal Trecento al primo Cinquecento*, Torino, U. Allemandi, 1988, p. 305). Sono invece tutt'altro che evidenti i riflessi del polittico Griffoni in Biagio di Antonio indicati da R. Bartoli, *Biagio di Antonio*, Milano, F. Motta, 1999, pp. 56, 195: francamente non si riesce a riconoscerli né nel pittore fiorentino, né nelle due tavole già della Pinacoteca di Faenza, esposte a Ferrara nel 1933 e a lui riferite solo in seguito (ho espresso la mia opinione in merito in *La scultura nel Quattrocento* – quarto volume della *Storia delle arti figurative a Faenza* –, Faenza, Edit Faenza, 2011, p. 156).

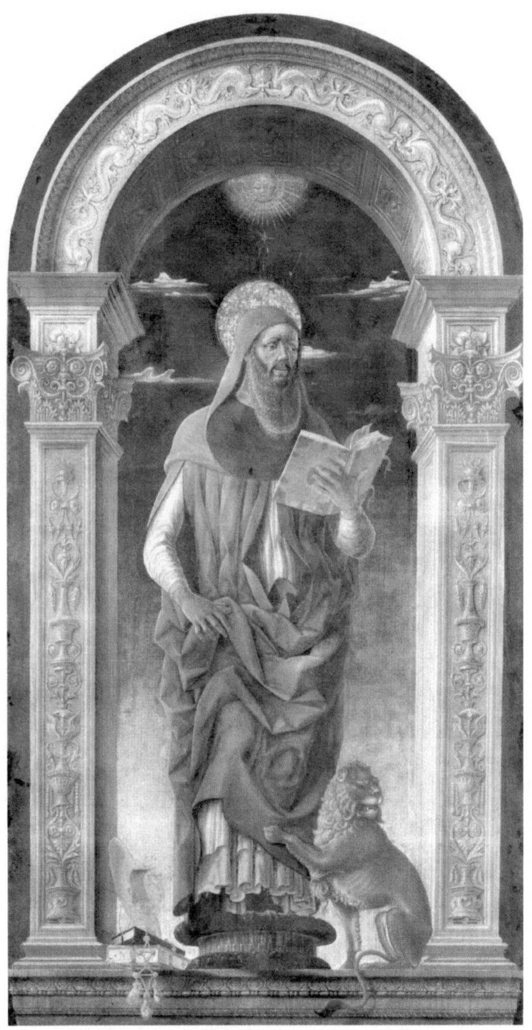

Fig. 16. Vicino da Ferrara, *San Girolamo*, Ferrara, Pinacoteca di Ferrara.

a Bernardo Zenale, che ha un'inquadratura prospettica e dorata, oltre ad uno sfondo naturale (Fig. 18).[67] Conta poi che Cossa fosse propenso a isolare le figure 'protagoniste' entro strutture architettoniche avvolgenti: si è già detto dell'affresco del 1472 o della pala su tela del 1474, ma si pensi anche alla lastra sepolcrale di Domenico Garganelli (Tav. XIII), con quella combinazione di ferro, pietra e serpentino, o di immediatamente corporeo e di tangibilmente geometrico, tenuta assieme in un

---

[67] Purtroppo, «il diaframma architettonico-illusionistico con lesene decorate e sottarco a lacunari» non figura nella bella riproduzione a colori che accompagna la scheda I.7 di Simone Facchinetti in *L'altra Venezia. Il Rinascimento negli anni di Lorenzo Lotto, 1510-1530*, Catalogo della mostra (Bergamo, 4 aprile-8 luglio 2001), a cura di F. Rossi, Milano, Skira, 2001, p. 84 (come Zenale tardo e con ricapitolazione delle vicende anagrafiche, risolte dall'intervento di Gianni Romano). La nostra fig. 18 è tratta da *I pittori bergamaschi dal XIII al XIX secolo. Il Cinquecento*, 4 voll., Bergamo 1975-79, I, p. 166 (p. 131, scheda di Ileana Chiappini, che accoglie invece il diffuso, impossibile riferimento ad Andrea Previtali, ma apre alla possibilità, interessante per noi, che si tratti di «un pannello già appartenente ad una più vasta composizione»). Già in passato, Zenale aveva posto sotto una volticciola a lacunari e rilevato su un piedistallo il *San Bernardino* che fu al centro del polittico la cui ricomposizione virtuale è stata completata da S. Facchinetti, *Estremi di Zenale. Nuovi documenti figurativi* [2005], ora in Id., *Terra di confine. Arti figurative a Bergamo nel Rinascimento (e oltre)*, Milano, Officina Libraria, 2019, pp. 11-26: 15-16, figg. I. 2-3; proposta tanto più rilevante alla luce di quanto si dirà di seguito sul secondo ordine dell'altare Griffoni (Facchinetti: «è molto seducente l'idea che in origine il polittico avesse anche un secondo ordine di tavole», con santi che dovevano essere a figura intera, dal momento che le tavole riunite al complesso sono state tagliate).

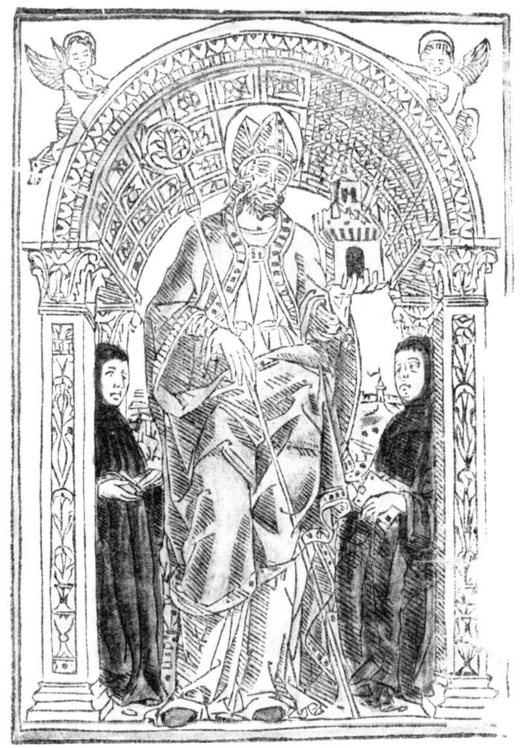

Fig. 17. *San Maurelio* (xilografia), dalla *Leggenda* stampata a Ferrara nel 1489 (Ferrara, Biblioteca Ariostea).

miracolo di energia prospettica (*Postilla B*). Che la figura di san Vincenzo Ferrer non dovesse necessariamente proporsi in piena continuità d'ambiente con le due laterali, è suggerito anche dal fatto – reso evidente in mostra – che la lunetta con Cristo giudice e il coro di angeli con l'*Arma Christi* è scandita da un taglio netto del cielo, che improvvisamente diventa più intenso di quello sublunare comune ai tre santi.

Il fatto che Orlandi non accenni minimamente ad una combinazione del genere di quella ipotizzata, non può essere un punto fragile della congettura: nei riquadri del suo «abozo» è sempre omessa ogni ulteriore informazione. Semmai, potrà sembrare che la presenza di quel vano illusivo proietti verso una stagione un po' più inoltrata, e in una diversa regione padana, dove gli altari compositi continueranno a svolgersi in forme complesse e spazialmente integrate, quando altrove stava prevalendo la semplificazione del campo pittorico ed una sostanziale stabilità tipologica. I raffronti almeno parzialmente utili cadono infatti dopo – come l'altare del 1508 di Bergognone in Santo Spirito a Bergamo (Fig. 19) –, e non prima di quello bolognese, dove al centro di quella sorta di meta-altare ci sarebbe stato il santo 'protagonista'.[68] Dal momento che il raffronto risale a ben più di un quarto di secolo dopo, potrà sembrare che la suggestione sia soltanto tipologica. Resta comunque che il polittico Griffoni, con la reintegrazione congetturale suggerita, trova ascendenze più nell'area

[68] La riproduzione è tratta da *Ambrogio da Fossano detto il Bergognone. Un pittore per la Certosa*, Catalogo della mostra di Pavia, a cura di G.C. Sciolla, Ginevra-Milano, Skira, 1998, p. 321.

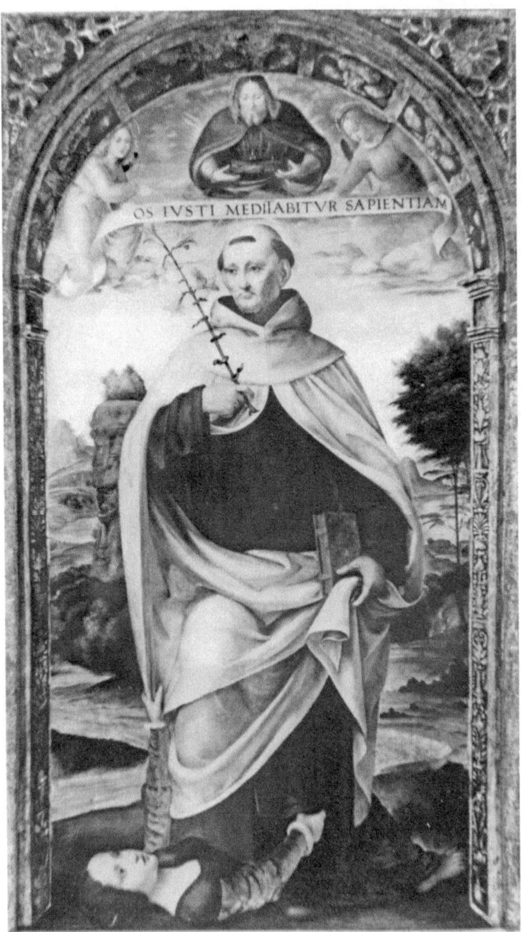

Fig. 18. BERNARDO ZENALE, *Sant'Alberto di Sicilia*, Bergamo, Carmine.

padovana post-donatelliana, incluso Marco Zoppo, che non in Italia centrale. Ma sulla posizione del polittico Griffoni nello svolgimento dell'altare del Rinascimento torneremo quando ne sarà meglio definito l'aspetto complessivo. Soffermiamoci prima sul ruolo che negli altari aveva il santo 'protagonista', posto al centro.

Il problema figurativo che si poneva quando in un altare occorreva mettere in speciale evidenza un santo fu ricordato già nelle lezioni fondative di Jakob Burckhardt.[69] Giovanni Bellini, impegnato nel medesimo caso agiografico con cui si troverà poi alle prese Cossa (ma il suo san Vincenzo Ferrer è in gloria celeste, mentre a Bologna è il predicatore profetico), lo aveva risolto differenziando in modo netto la luminosità ambientale delle tavole maggiori del trittico di San Giovanni e Paolo e addensando di cherubini quella centrale.[70] Più tardi, affrontando il medesimo caso ma entro un altare a campo unificato, quello di Rimini, Domenico Ghirlandaio elaborerà

69 J. BURCKHARDT, *L'arte italiana del Rinascimento. La pala d'altare. Il ritratto*, a cura di M. GHELARDI e S. MÜLLER, Venezia, Marsilio, 1994, p. 54 (osserva che in questi casi l'altare tende a somigliare a quello che ha al centro una Madonna).

70 In ordine a tale considerazione, è di fatto inessenziale stare qui a discutere dell'esatta grandezza ed incastro della tavola centrale del polittico veneziano, di cui comunque nella scheda di Mauro Lucco in M. LUCCO – P. HUMFREY – G.C.F. VILLA, *Giovanni Bellini. Catalogo ragionato*, Treviso, ZeL, 2019, p. 330.

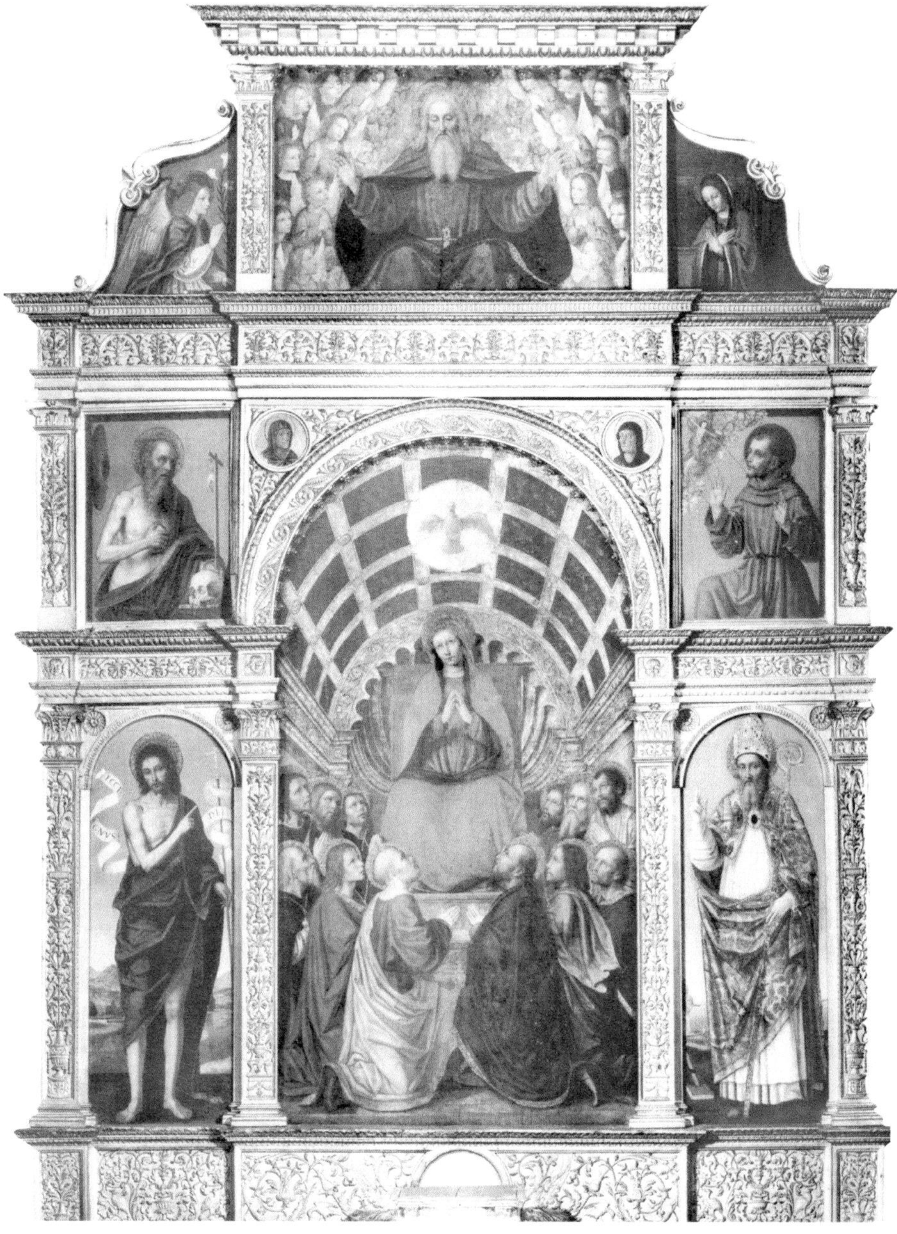

Fig. 19. Ambrogio da Fossano, detto il Bergognone, *Polittico*, Bergamo, Santo Spirito.

una macchina scenica inusuale, non complicata però: tre santi sopra ad un palco con il predicatore spagnolo al centro, in corrispondenza dell'apertura luminosa di un arco (una delle colonne su cui è impostato tornò utile per legarvi il martire Sebastiano). Ed anche quando la tavola unificata avrà avuto il sopravvento definitivo e non sarà tanto facile fingervi apparati scenici pretestuosi, ovvero in quel probabile allegato contrattuale finito poi nel libro dei disegni di Vasari, Raffaellino del Garbo evidenzierà il santo che più importava con un semplicissimo listello dorato, destinato forse a rimanere soltanto illusivo nel dipinto.[71] Ma più spesso il santo al centro era una scultura lignea (come il san Bartolomeo nel polittico di Cima da Conegliano ad Olera), e in tal caso sarebbe stato naturale che campeggiasse all'interno di una nicchia. Ed è a questa matrice tipologica, diffusa da tempo, che si dovrà ricondurre l'origine della simulazione prospettica che è stata congetturata per il san Vincenzo Ferrer del polittico Griffoni.

Il nome di Cima non è caduto a caso. E non perché nell'«indimenticabile pergolato di vite» (Longhi) dell'altare vicentino si voglia vedere a tutti i costi l'eco naturalistica dell'alloggiamento spaziale che si è presunto al centro del polittico bolognese. O perché proprio a questo pittore sia tante volte capitato di organizzare attorno alla figura di un santo protagonista la gerarchia visiva di un altare.[72] C'interessa invece il suo smembrato trittico di Mestre, e per due ragioni. La prima, in sé meno rilevante, è che santa Caterina è inquadrata da una struttura architettonica, oltre che innalzata su una base di marmo lavorato (Fig. 20); e che non era parte, in origine, di un altare a campo unificato, ma stava al centro di un trittico. La seconda e forse più attraente ragione riguarda le posteriori vicende materiali di quell'inquadratura prospettica. Quando il trittico ancora integro fu inciso da Antonio Baratti (Fig. 21), la tavola centrale poteva forse aver subito una prima sforbiciatura. Difatti, per raccordarsi alla vera cornice lignea che doveva correre sopra le tavole laterali (oggi a Strasburgo), i pilastri illusivi di fianco alla santa Ca-

---

71 Per ultimo, una bella riproduzione in *Libri e album di disegni 1550-1800*, a cura di V. Segreto, Roma, De Luca, 2018, p. 7, fig. 9.

72 Nelle tavole a campo unificato Cima lo risolse in modo diverso: con un trono, quando la circostanza agiografica lo consentiva (il san Pietro dell'altare di Brera, il san Lanfranco del Fitzwilliam Museum); con una base marmorea elaborata (altare di San Pietro Martire oggi a Brera); con una base arcadicamente povera, fino a diventare un ciglio erboso, se si trattava di san Giovanni Battista (rispettivamente alla Madonna dell'Orto e a San Fior di Sopra); con l'elaborata pedana marmorea che dà risalto al protagonista nelle tavole con sant'Antonio abate (New York, Metropolitan) e con santa Giustina (Berlino). Se ne veda le riproduzioni o in *Cima da Conegliano poeta del paesaggio*, Catalogo della mostra di Conegliano a cura di G.C.F. Villa, Venezia, Marsilio, 2010, pp. 215, 212, 191, 117, 197, o, sempre nell'ordine in cui sono state ricordate nel testo, in Humfrey, *Cima da Conegliano*, cit., figg. 127, 160, 37, 161, 140, 162, 163.

terina sembrano richiedere larghezza maggiore. È certa invece l'ulteriore sforbiciatura della costruzione prospettica in alto, fatta quando il trittico venne scomposto, in un momento successivo all'incisione.[73] Nello stato

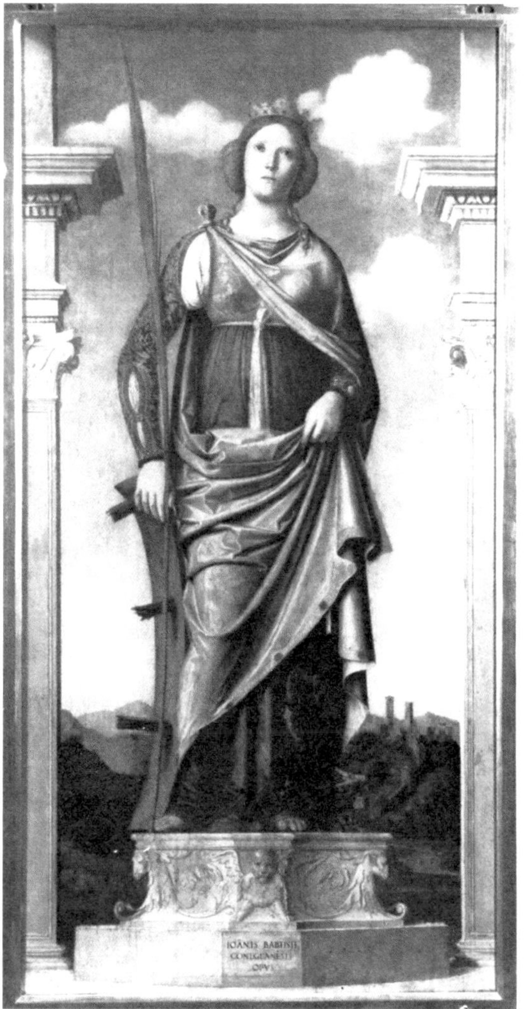

Fig. 20. CIMA DA CONEGLIANO, *Santa Caterina* (dal trittico di Mestre), Londra, The Wallace Collection.

---

[73] Per le vicende del disperso trittico di San Rocco a Mestre, *ivi*, pp. 115-116, dove Humfrey inferisce giustamente un primo taglio, probabilmente avvenuto quando fu rinnovato l'altare dove si trovava (1726), cfr. le schede di Annalisa Perissa Torrini in *Cima da Conegliano poeta*, cit., pp. 156-160 (la fig. 29, a p. 157, è una ricomposizione virtuale della parte centrale, dove la parte tagliata al momento della dispersione è tratta dalla copia del trittico rimasta a Mestre, ma trasferita in Duomo). Nella carpenteria originaria la cornice tridimensionale doveva proseguire quella illusiva che si vede nella tavola centrale. La cornice *rocaille* dell'incisione di Antonio Baratti (1724-1787) potrebbe essere un 'vezzo' decorativo introdotto dall'incisore. Ma si rammenti, in senso contrario, che sono prossime le incisioni della *Venezia pittrice* di Giovanni Maria Sasso, con i cresciuti interessi di matrice antiquaria per l'aspetto tridimensionale degli antichi dipinti (E. BOREA, *Per la fortuna dei primitivi: la* Istoria pratica *di Stefano Mulinari* e la Venezia pittrice *di Gian Maria Sasso*, in *Hommage à Michel Laclotte. Études sur la peinture du Moyen Age et de la Renaissance*, Milano-Paris, Electa-Réunion des Musées Nationaux, 1994, pp. 503-521; EAD., *Lo specchio*, cit., pp. 616-618, 623, n. 49). La pratica d'includere nelle stampe la cornice originaria sarà sempre poco frequentata, anche al tempo di Francesco Rosaspina, nel primo Ottocento. Sembra emergere come riflesso di una *forma mentis* antiquaria. La si incontra nell'atlante di Séroux d'Agincourt soprattutto per le cose di piccolo formato (ma anche per il polittico già allora erratico di Giovanni [di Pietro] da Pisa, approdato poi al Museu d'Art de Catalunya di Barcellona, che aderisce alla cassa *more* ligure: II, p. 115, V, tav. CXXVIII/4, da confrontare con G. ALGERI, *Nuove proposte per Giovanni da Pisa*, «Bollettino d'arte», LXXIII, 1888, pp. 35-48: 38, o C. DI FABIO, *Giovanni di Pietro, un pittore pisano a Genova nel primo Quattro-*

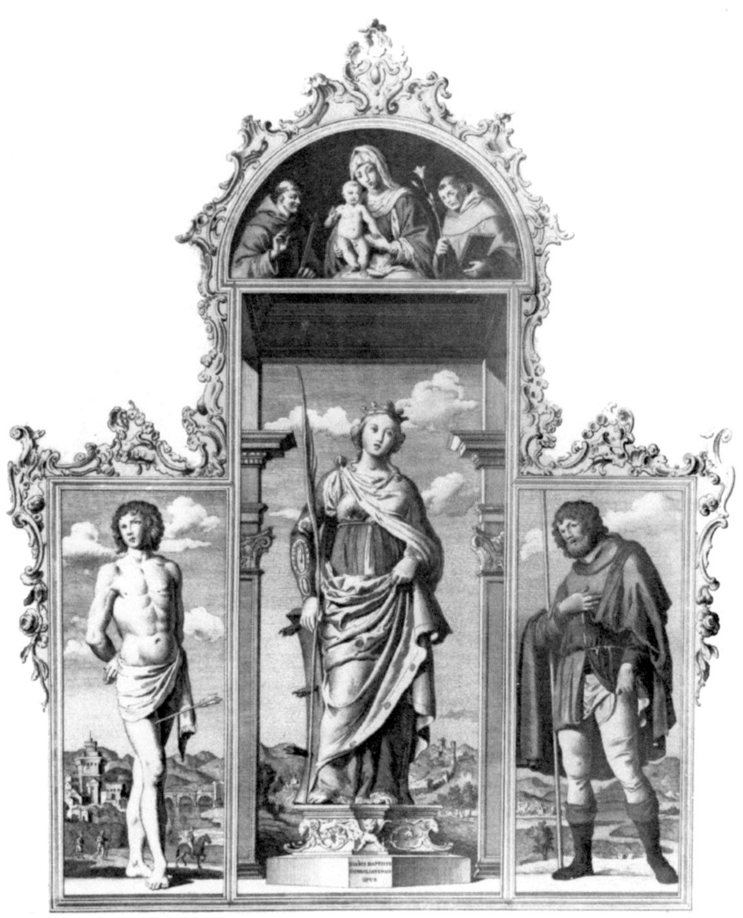

Fig. 21. Antonio Baratti, *Incisione del trittico di Mestre di Cima da Conegliano*.

testimoniato dall'incisore, la *Santa Caterina* di Cima non è soltanto un caso esemplificativo che serva a rafforzare la congettura avanzata per risolvere la più imbarazzante incongruenza fra il disegno di Orlandi e le parti superstiti del polittico Griffoni. Rappresenta un persuasivo parallelo della postuma sorte materiale e figurativa capitata all'altare di Cossa. Estratta dall'altare, quell'inquadratura illusiva della tavola maggiore non era più

cento. Approfondimenti, inediti e questioni di contesto, «Predella», XXXIX, 2016, pp. 81-107: fig. 1). Della consuetudine d'ignorare la cornice nelle incisioni di traduzione, si lamentava in un passo memorabile J. Burckhardt, *Quadro e formato* [1886], in Id., *Arte e storia. Lezioni 1844-87*, Torino, Bollati Boringhieri, 1990, pp. 408-442: 408-409.

necessaria al complessivo funzionamento figurativo. Anche il 'tabernacolo' prospettico che doveva alloggiare san Vincenzo Ferrer non aveva probabilità di sopravvivere intatto, tanto più che non formava un campo pittorico continuo con la figura del santo.

Non è mai stato facile passare il guado di una diversa cultura visiva, materialmente. Le tavole tre-quattrocentesche tolte dalla loro originaria struttura, nell'età del collezionismo sono diventate 'quadri' in senso moderno, figurazioni autonome che non fanno più riferimento agli elementi decorativi e architettonici assieme ai quali erano nate. Hanno bisogno di una nuova cornice che ne faccia «un organismo che esiste per sé stesso ed è sufficiente a sé stesso».[74] D'altra parte – per rammentare quanto siano persistenti e profonde le radici di quell'inconscia censura visiva, e senza neppure andare lontano – basta aprire il *Cima da Conegliano* di Luigi Coletti, pubblicato nel 1959 da un editore che pur aveva una propria esperienza figurativa: nell'impaginare assieme le tre parti del trittico di Mestre, della *Santa Caterina* sono quasi scomparse le inquadrature laterali (Fig. 22).

6. Passiamo alla seconda grossa difficoltà posta nel disegno di Orlandi nel discostarsi in modo troppo marcato dalla situazione superstite: l'altezza del registro superiore, al quale appartennero le tavole con i due santi di Washington. Esse misurano almeno mezzo metro in meno di quanto suggerito da Orlandi, mentre in base al disegno dovrebbero essere alte quanto quelle di Brera, se non maggiori (di circa un decimo): scarto tanto più sorprendente perché nel disegno la loro larghezza coincide con quella dei laterali inferiori (Tav. VI). Orlandi avrebbe così dilatato il lato lungo di un rettangolo di cui stava tracciando in modo corretto il lato corto. E non si tratta di una distrazione momentanea, perché nel disegno vengono distribuiti con uguale cadenza tre santini per l'ordine superiore e altrettanti per quello inferiore (Fig. 7), confermando così che il registro superiore gli appariva alto quanto quello inferiore. In mostra (come nella precedente ricostruzione di Cecilia Cavalca) si è ritenuto che di tavolette ce ne dovessero essere tre in alto e quattro in basso, per ciascun piliere. Orlandi si sarebbe allora sbagliato anche a contarle: cosa improbabile, nel caso che l'alternativa alla dispersione fosse stata un radicale riallestimento del polittico. Derogando dalla testimonianza grafica e confidando nelle superstiti condizioni materiali, si è dunque dato per certo che l'ordine superiore dovesse essere meno alto. Ed ora lo ritiene anche Daniele Benati, che peraltro conta sulla documentazione

[74] G. Simmel, *Roma, Firenze, Venezia*, a cura di F. Corecco e Ch. Zurcher, introduzione di A. Pinotti, Milano, Meltemi, 2017, p. 54.

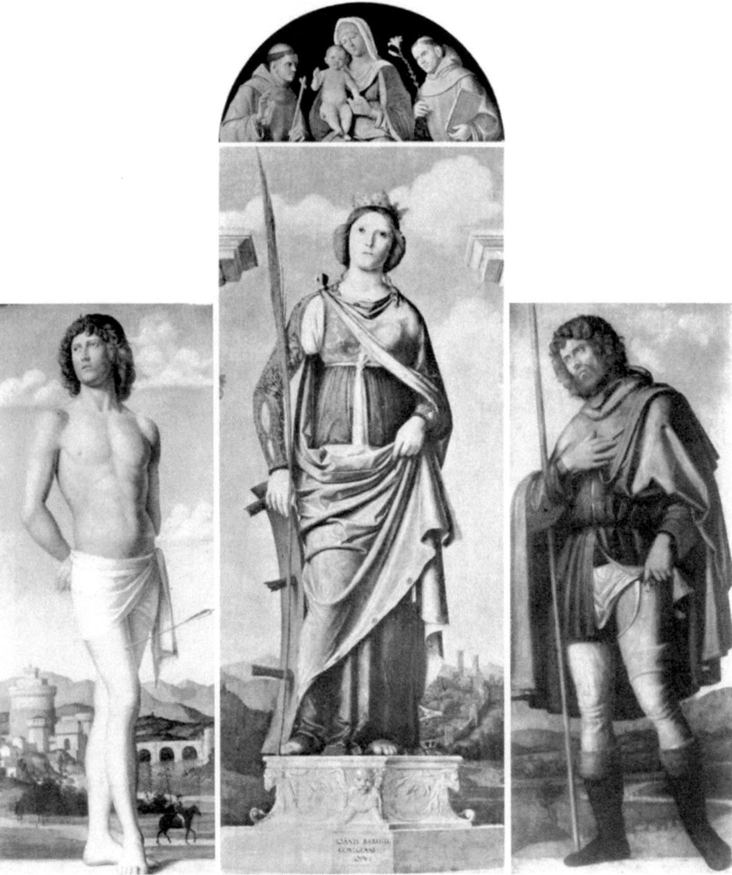

Fig. 22. Cima da Conegliano, *Ricomposizione del trittico di Mestre* (tavola centrale con lunetta alla Wallace Collection di Londra, laterali al Museo di Strasburgo (da Coletti, 1959).

settecentesca (grafica e inventariale) che parla di dodici tavolette.[75] La sua elaborazione del disegno fatta con *photoshop* (Fig. 23), meglio ancora della ricostruzione in mostra (che ne derogava in pieno), viene proposta con sensata cautela, quasi con titubanza. Mettendo però sotto gli occhi il disegno senza quella sorta di *lapsus calami*, quasi in forma emendata e corretta, riesce efficacissimo nell'argomentare *e contrario* l'interna coerenza di proporzioni dell'altare disegnato da Orlandi. Ma discutiamo prima la ricostruzione fatta in mostra (Tav. Ib, dove se ne vede a destra lo schema architettonico).

---

75 Benati, *Quanti erano i santini*, cit., in partic. p. 74.

Se l'altezza delle tavole laterali superiori fosse stata quella che conosciamo oggi, le due figure di san Floriano e santa Lucia dovrebbero avvicinarsi alla membratura-marcapiano che spartiva il polittico. Di conseguenza l'arco al centro si contrae, perdendo assieme alla cadenza metrica del disegno quel senso 'trionfale' su cui ci siamo soffermati in precedenza. Si tratta allora di rinunciare alla lettura che si è cercato di darne? Di fatto scompare anche il campo d'intagli compreso fra i pilieri interni e il tondo con la *Crocefissione*. Attorno alla quale non ci sarebbe più spazio per intagli e per la fascia che lo racchiudeva, né più né meno come per le altre tavole del polittico. Sono cose pur descritte da Orlandi, cose che avevano una loro necessità figurativa. Ed allora non può essere un *lapsus*, averle disegnate. Nel disegno l'altezza del secondo registro si connette coerentemente all'impianto dell'intero altare: un organismo composto di piani dipinti (che in qualche modo sopravvissero) e di intagli lignei (destinati a perire). Credendo di correggere quel *lapsus* in forza dei riquadri Griffoni a noi noti, corriamo il rischio di sgangherare l'intera struttura che fu sotto gli occhi di Orlandi.

Gli occhi di Orlandi. Si sa bene fino a che punto ci si debba fidare dei testimoni oculari, ma in questo caso si tratta di partire dall'interna coesione del polittico da lui disegnato. Potrà anche mancare un millimetro o più a far conto esatto, ma Orlandi 'vede' che nel registro inferiore la distanza fra il punto di appoggio sul basamento e il colmo della cornice marcapiano è uguale a quella, nel registro superiore, fra il punto di appoggio di tale cornice e il colmo esterno della fasciatura delle centine. Il ruolo dell'arco trionfale si definisce in questo rapporto fra i due ordini del polittico. La correzione proposta da Benati (Fig. 23) non emenda il disegno, ma visualizza in modo efficace la perdita di coerenza del polittico senza quella grande legatura sintattica al centro. In più, l'impaginazione delle tavolette nel piliere superiore manca di ogni respiro, le schiaccia addosso al capitello in modo troppo difforme da quelle nel piliere inferiore. La fioritura di intagli attorno alla *Crocefissione* si riduce a poca cosa, trascurando la parte di competenza del *magister a lignamine* (o correndo il rischio di incoraggiare il pregiudizio moderno del primato della pittura).

L'equivalenza fra i due registri del polittico è dunque confermata dall'uguale numero di santi di piccolo formato indicati da Orlandi. In modo quasi impercettibile, ma costante, nel disegno i campi loro destinati sono più alti nel registro superiore che nell'inferiore. Può darsi che in questo modo Orlandi aggiustasse la minima differenza che gli fosse scappata di mano nel tracciare il registro superiore. O che il suo occhio esperto registrasse un'oggettiva differenza, nata per empirica correzione ottica, utile anche a bilanciare l'assenza di una cornice architettonica posta a chiusura del registro

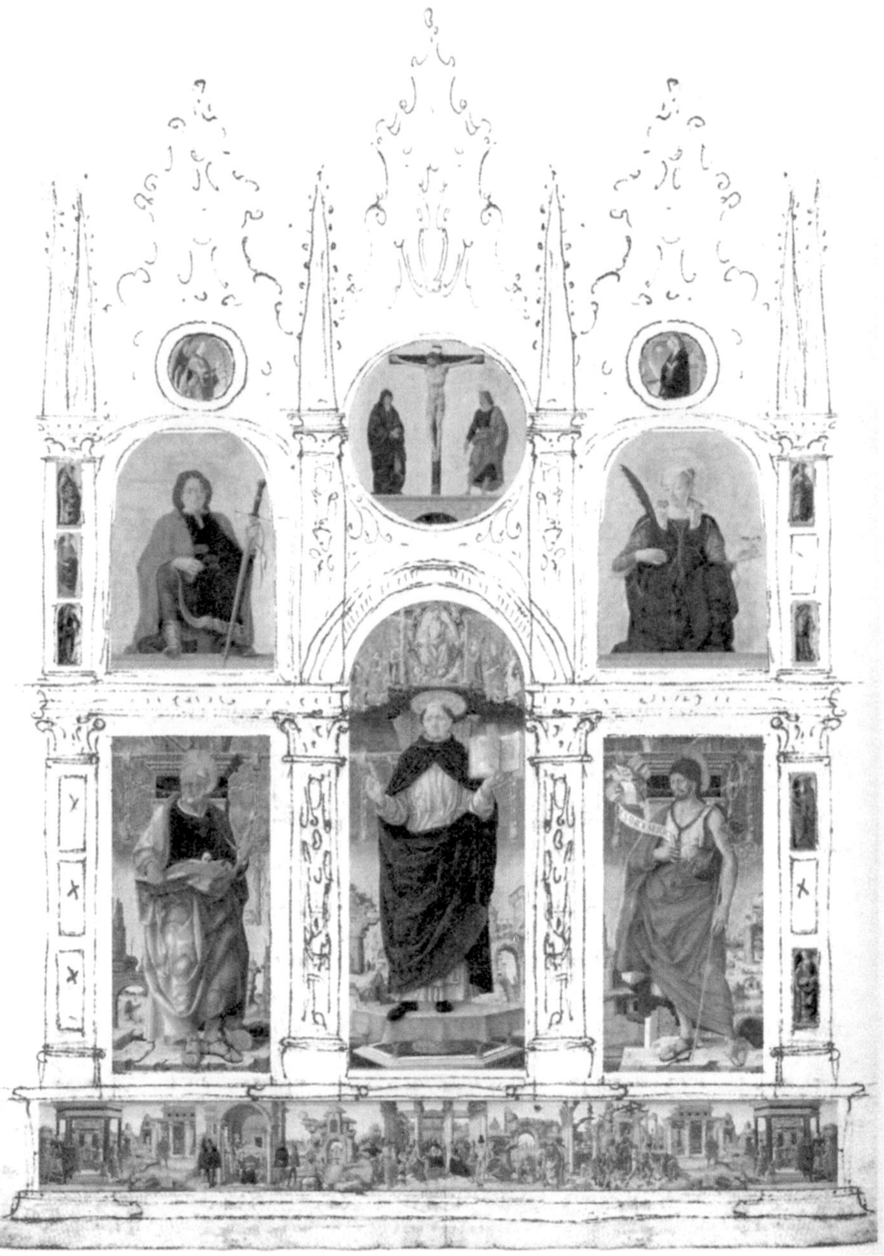

Fig. 23. Ricostruzione del polittico Griffoni di Daniele Benati in base al disegno di Stefano Orlandi elaborato con *photoshop* (2020).

superiore (non si chieda però all'altare Griffoni una regola architettonica che ancora non poteva essere nell'aria). Nel secondo caso le tavolette del piliere superiore avrebbero potuto essere davvero poco più alte di quelle sottostanti. Ci si è spinti anche troppo in là: non ci si vuole certo servire del disegno come di un preciso rilievo, esponendolo ai rischi di eccessive attese testimoniali.[76]

Tutte le considerazioni sull'altezza originaria del secondo registro hanno senso solo se le due tavole di Washington nel 1725 furono tagliate in basso. Che lo siano state, lo suggerisce la banda di circa 2 cm applicata sotto san Floriano, con quella sciatta integrazione pittorica che in prossimità del bordo inferiore l'accomuna a santa Lucia.[77] Resta però da vedere se si trattò di un taglio limitato o meno; e dunque se l'originaria illusione pittorica facesse leva su quel davanzale (o poco più) che oggi vediamo o su un più largo campo figurativo, come farebbe credere il disegno di Orlandi.[78] S'incappa subito in un'altra difficoltà: le due figure si presentavano come illusivamente intere o erano inginocchiate?

---

[76] Questa impressione converge con il dato di fatto che due dei santini della collezione Cini risultano più alti dei restanti. Tant'è che in occasione della mostra bolognese sono stati esposti al margine della ricostruzione, come estranei all'altare Griffoni (Tav. Ib). E tuttavia, appare altamente improbabile che Ercole de' Roberti dipingesse nello stesso preciso momento di stile un polittico tipologicamente analogo a quello di San Petronio, tale da alloggiare le due tavolette in questione. Occorre dunque trovare all'interno del polittico Griffoni una spiegazione di questa anomalia materiale. Non è possibile pensare ad una collocazione delle due tavolette Cini sulle facce esterne dei pilieri – come ha suggerito in un'impegnata recensione giornalistica T. MOZZATI, *Torna o non torna il puzzle felsìneo?*, «il manifesto/alias», 20 giugno 2020, p. 12 – dal momento che il polittico avrebbe dovuto inserirsi nella *capsa* e dunque non sarebbero risultate visibili. In passato avevo pensato che la diversa altezza delle due tavolette, così come risultava dai cataloghi dei rispettivi musei, potesse essere riassorbita dal modo in cui erano incastonate nel polittico. La visione simultanea dell'intera serie consentita dalla mostra ha scoraggiato questa soluzione. L'idea di porre le tavolette più in alto nell'ordine superiore potrà sembrare subito contraddetta dal fatto che quattro delle figure che, di conseguenza, andrebbero ad occupare quello inferiore sono orientate nella stessa direzione (eccedendo le tre previste per ciascun lato da Orlandi). L'obiezione non è insormontabile, senza che ci sia bisogno di ricordare alcuni di quei tanti casi in cui la gestualità delle figure diverge dal lato della loro collocazione. Sicuramente più seria è la constatazione che *Santa Caterina* è l'unica figura posata su un piano scorciato dall'alto. Ogni discussione in merito alla distribuzione delle tavolette dovrà essere affrontata con cautela commisurata al fatto che alcune di esse ci mancano. La questione non sembra comunque toccare la sostanza del discorso che riguarda l'attendibilità del disegno settecentesco e dunque la Fig. 24 andrà considerata come puramente orientativa. Sulla distribuzione delle tavolette lungo i pilieri – ovviamente connessa al loro numero e alla presenza o meno delle due ora messe in dubbio – altri si sono impegnati: CALOGERO, *Marco Zoppo ingegno sottile*, cit., pp. 166-167, nota 16, e BENATI, *Quanti erano i santini*, cit., risultano più convincenti di CAVALCA, *La pala d'altare a Bologna*, cit., pp. 141, 333.

[77] MANCA, in *Italian Paintings of the Fifteenth Century*, cit., p. 215.

[78] Dà piena fiducia al disegno, su questo punto, P. VENTUROLI, *Architettura dei polittici e delle ancone*, cit., p. 123 («sicuramente decurtate in basso»).

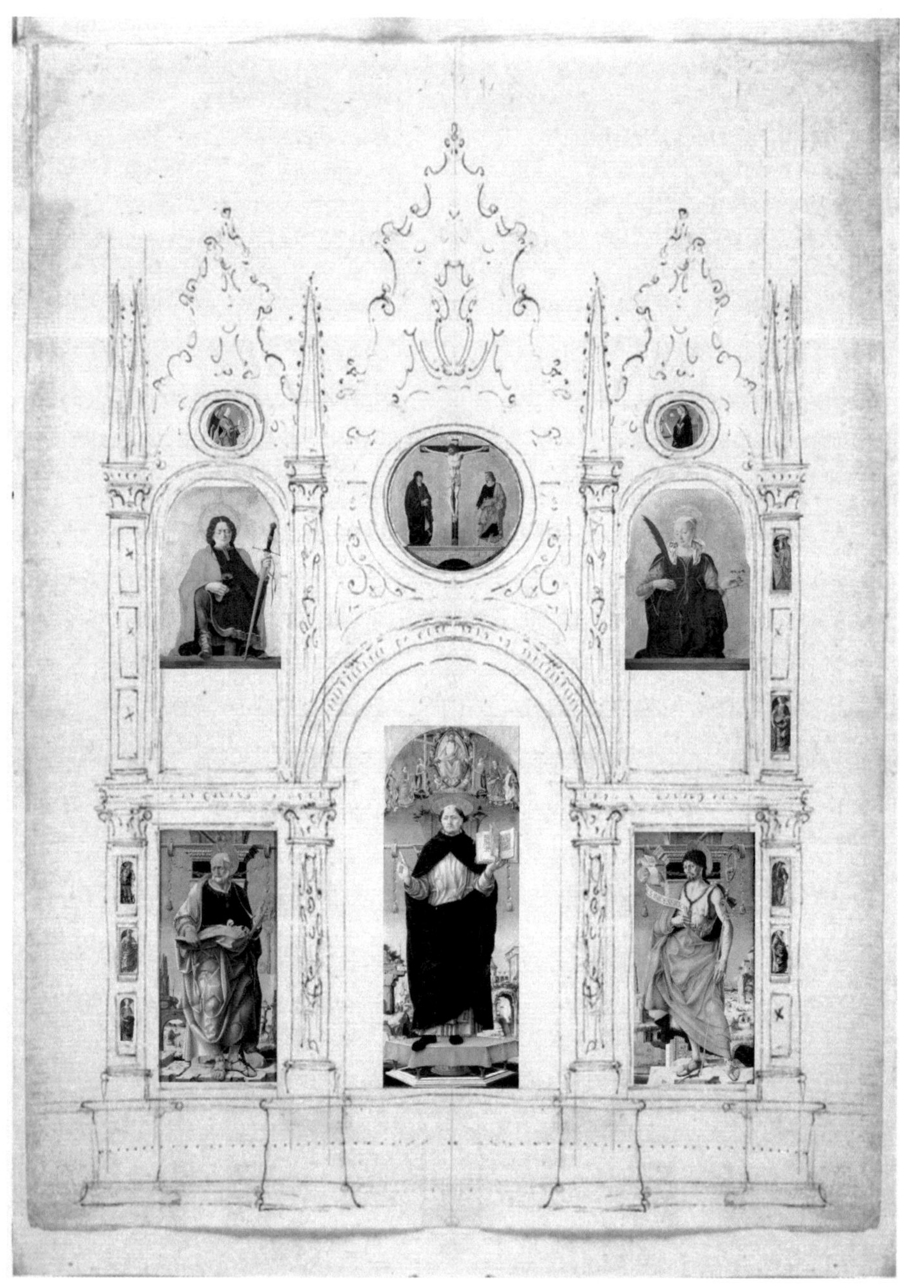

Fig. 24. Ricostruzione del polittico Griffoni in base al disegno di Stefano Orlandi, mettendo in scala le misure delle tavole superstiti.

Per Daniele Benati i due santi non stanno dietro una balaustra, in piedi, ma sono genuflessi.[79] Si appoggiano sul ginocchio sinistro, come di rito; il piede destro di san Floriano sporge prospetticamente, mentre quello sinistro di santa Lucia si nasconde negli svolazzi della veste. Di conseguenza, la parte tagliata delle tavole fu davvero ridotta. Senza stare a ripetere quanto già è stato detto prima a proposito delle tavolette che verrebbero a stiparsi nei pilieri superiori – cosa che basterebbe ad escludere tale assetto –, in effetti quel gesto di pia dedizione sembrerebbe appropriato a santi che fungono da criptoritratti dei committenti (su cui s'insiste anche troppo nel catalogo: *Postilla D*). Ma l'argomento sembra ritorcersi contro: non sarebbe facile conciliare quell'atto di umiltà con il tono spavaldamente cavalleresco con cui Floriano esibisce il fiore o con il mondano sussiego di Lucia.[80]

Non ci sarà bisogno di aprire una questione di ermeneutica gestuale, di quelle che verrebbero risolte da studiosi di educazione prammatica pubblicando le fotografie di un allievo e di un'allieva con un ginocchio piegato o con un piede su un muretto. Meglio rifarsi a Cossa. Anche lui, dipingendo santa Lucia, avrà ripensato alla figura femminile che nel salone di Schifanoia aveva posto sopra l'Ariete, come uno dei decani di *Marzo* (Fig. 27). Sembra quasi accovacciata, ma visibilmente piega un ginocchio (quello contrario alla prescrizione, dal momento che non appartiene al mondo cristiano). Forse la situazione non combacia del tutto, ma la sua cioppa rossa si distende e posa in modo ben più largo della veste di santa Lucia. Anche l'Angelo e l'Annunciata della pala della Mercanzia (Tav. Xb) s'inginocchiano, ma sono a scala diminuita e in tutt'altro contesto di figurazione (come fossero statue animate). Interessa di più che Cossa le abbia messe in relazione a quella sorta di serliana, compatta e intensamente osservata nella sua apparecchiatura lapidea, attorno alla quale sono disposte le figure più grandi. Il legame prospettico fra forme organiche e inorganiche serve ad intuire – per parziale

[79] Benati, *Quanti erano i santini*, cit., p. 67 (esplicitando quanto già notato in Benati, *Francesco del Cossa «bolognese»*, cit., p. 170, seguito da Cavalca, *La pala d'altare a Bologna*, cit., p. 150). Anche più risoluto è G. Poldi, *Analisi tecniche comparate sui panelli del polittico Griffoni. Evidenze, interrogativi, proposte*, in *Il polittico Griffoni. Un dono*, cit., pp. 166-192: 182 («visibilmente inginocchiati»).

[80] Il primo caso di santi in ginocchio, posti nel registro superiore, che viene a mente è quello del polittico di Legnano di Bernardino Luini (C. Quattrini, *Bernardino Luini. Catalogo generale delle opere*, Torino, Allemandi, 2019, pp. 301-305). Lì, anche santi del registro inferiore stanno in ginocchio; e sono così oppressi dai vani della carpenteria che si è potuto (giustamente) sospettare che essa preesistesse al progetto figurativo del pittore. Per quanto siano sempre raffronti da tarare in base alle differenti ragioni espressive, tali figure possono essere messe a riscontro dei due santi bolognesi per giudicare quale sia l'articolazione dei gesti e soprattutto l'intonazione devota di santi effettivamente inginocchiati.

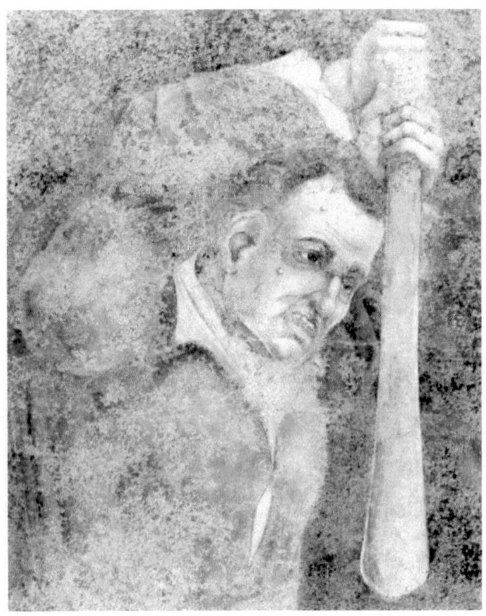

Fig. 25. Leonardo Scaletti, *Pestapepe* (part.), Forlì, Museo.

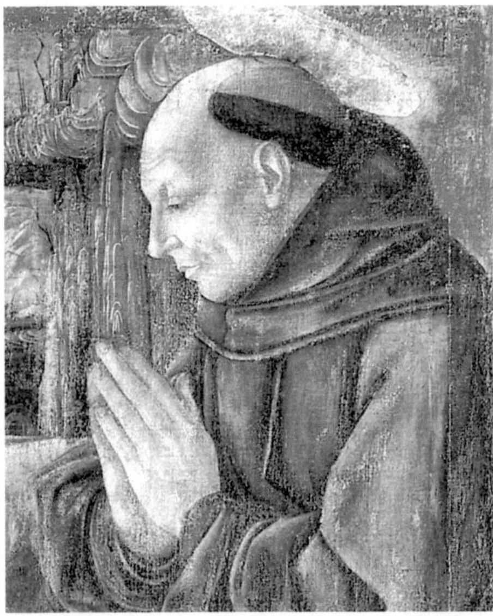

Fig. 26. Leonardo Scaletti, *Pietà con devoto in veste di san Francesco* (part.), Parigi, Museo Jacquemart-André.

analogia – come i santi Floriano e Lucia, visti di sotto insù, entrassero nella struttura spaziale del polittico. Possiamo dunque dubitare del fatto che i due santi stiano in ginocchio e pensarli invece come figure intere solo in parte visibili; ma il nodo della questione figurativa non sta nel fatto che siano su una piattaforma marmorea o in piedi, lui con un piede sulla balaustra, lei con la veste svolazzante. Consiste nel come i loro gesti, la loro fisica presenza si potesse riferire alla spazialità del polittico e al fulcro iconico del registro inferiore. Suggerendoci l'effettiva altezza delle tavole, Orlandi ci pone in modo esplicito l'interrogativo.

Quel modo di connettere linguaggio del corpo ed angolazione prospettica doveva sorprendere, nel registro superiore dell'altare Griffoni, tanto che sembra aver avuto un'eco pressoché immediata nel *Pestapepe* (Fig. 25), l'affresco staccato e mutilo che servì da insegna al Provveditor di Spezerie di Forlì. Quella combinazione tra infinestratura e sottoinsú; quell'energia ottica che dà scatto al gesto e fa sporgere illusivamente gli oggetti nello spazio vissuto derivano dal secondo tempo bolognese di Cossa. Il quale non fu l'autore del *Pestapepe*, come suggerì Longhi: assai più probabilmente fu all'opera lo stesso pittore della *Pietà con devoto in veste di san Francesco* (Fig. 26) del museo Jacquemart André – che del resto per Longhi (e ancora per molti oggi) passava per Cossa; ma si può spiegare meglio come lavoro iniziale del faentino Leonardo Scaletti.[81]

Tornando al polittico Griffoni, si è subito detto che la mensola davanti ai due santi non lascia oggi intravvedere adeguato svolgimento pittorico. Anche se proviamo ad immaginarla un poco più alta (Fig. 23), restituendone mentalmente l'originaria pelle di colore e luce, non riesce proprio a reggere il confronto con le nitidissime forme edilizie su cui è inscenata la *Crocefissione*, lì accanto (Tav. Xa). Pur nelle minori dimensioni, nel tondo Cossa descrive la perfezione di un parato di grandi blocchi lapidei e il culmine di un fornice allusivo ad un arco di trionfo. Sembra lecito pensare che anche davanti ai due santi ci fosse una leva prospettica di questo genere, com'è suggerito dalle proporzioni dei campi tracciati da Orlandi. Di qui la congettura che le figure intere di santa Lucia e san Floriano fossero schermate da un parato di pietre simile a quello e di cui oggi rimane poco più della lastra di copertura. Una congettura che potrà contare sul ricordo di quei blocchi squadrati e apparecchiati (oppure di quelle file di mattoni) che vediamo

---

[81] Una ricapitolazione sulle vicende attributive del *Pestapepe* (Forlì, Pinacoteca) nell'accurata scheda di Mauro Minardi in *Melozzo da Forlì. L'umana bellezza tra Piero della Francesca e Raffaello*, Catalogo della mostra (Forlì, Musei di San Domenico, 29 gennaio-12 giugno 2011) a cura di D. Benati, M. Natale, A. Paolucci, Cinisello Balsamo, Silvana, 2011, pp. 108-109 (si potrà aggiungere – ma solo per un puntiglio bibliografico, non perché abbia mai meritato attenzione – la proposta di E. Ruhmer, *Bonascia (Bonasia, Bonasci), Bartolomeo*, in *Dizionario biografico degli Italiani*, XI, Roma, Istituto della Enciclopedia italiana, 1969, pp. 588-590: 589, a favore dell'artista modenese). Sulla scia di P. Meller, *Drawings by Francesco Cossa in the Uffizi*, «Master Drawings», III, 1965, p. 8, nota 20 (che nella didascalia si arrende al tradizionale «attributed to Melozzo», ma nel testo sottoscrive il collegamento con gli affreschi di Schifanoia) e poi di altri citati nella scheda, Minardi riferisce l'opera ad un «Pittore ferrarese influenzato da Francesco del Cossa». Pur con la cautela imposta dalle condizioni materiali, si è detto nel testo che si tratta dello stesso pittore della *Pietà* Jacquemart André, per cui in genere vige ormai il riferimento a Cossa proposto da Longhi, ma che è già stata ricondotta all'autore della tavola del beato Bertoni nella Pinacoteca di Faenza, Leonardo Scaletti (A. Colombi Ferretti, *Dossier sulla pala Bertoni*, Faenza, Edit Faenza, 2013, pp. 49-53), in una fase precedente. A me sembra che i profili della tela parigina (Fig. 26), incisivi ma un po' laschi, ossia meno pierfrancescamente intesi di quanto sia in Cossa, si possano riconoscere nella smorfia del viso del *Pestapepe* (Fig. 25) e nei «contorni fratti, acri, adunchi» che vi riconosceva il giovane Cesare Gnudi (scheda [anonima], n. 58, in *Mostra di Melozzo e Quattrocento romagnolo*, [Forlì, Palazzo dei Musei, giugno-ottobre 1938], Bologna, tipografia del «Resto del Carlino», 1938, p. 20). Oltretutto, si tratta di un tipo di commissione per cui sarebbe stato naturale ricorrere ad un pittore di una città distante non più di una quindicina di chilometri. Più tardi, al tempo della pala Bertoni e delle cose che ad essa sono più facilmente aggregabili, Scaletti svolgerà quei profili in senso più prezioso, sottilmente pungente (sulla *Pietà* anche *infra* al termine dell'*Appendice B*). Ricorda Minardi che Stefano Tumidei, a proposito del *Pestapepe*, evocava il gruppo di Nicolò dell'Arca a Santa Maria della Vita. L'urlo della sua famosa Maddalena si può facilmente associare a quello della figura di Forlì, non fosse altro sul piano referenziale. E a questo proposito, viene a mente un'occorrenza letteraria: «come fanno a Vinegia quelli che pestano il pepe, che ogni volta che posano il pestatoio il quale hanno levato in alto fanno un certo atto con la gola: – Hao, hao» (*Motti e facezie del Piovano Arlotto*, a cura di G. Folena, Milano-Napoli, Ricciardi, 1953 [poi Milano-Napoli, Mondadori-Ricciardi, 1995], p. 223).

a Schifanoia (Tav. XIa); che troviamo perfino nelle parti minute dell'altare dell'Osservanza (Tav. XIb) o nella *Pala della Mercanzia* (Tav. Xb). Cossa non smette mai di avvertire l'incanto ottico di quelle commessure di pietre (o di mattoni) lucidamente marcate e tirate a filo di prospettiva; di cercare il *lusus* ottico di una pietra mancante o di un concio slittato dall'immorsatura di un arco; di confermare in modo limpidissimo ed accortamente complicato un'illusività nutrita del Donatello padovano (e non) e diffusa a passo ridotto dalle placchette (Tav. XIc) (chissà come avrà dipinto in gioventù, per l'altar maggiore del duomo di Ferrara, i «marmori in campi» tutt'attorno a «tre mezze figure di pietà»).[82] Anche Ercole de' Roberti, nella 'predella' Griffoni come nel *San Girolamo* di Londra, ne sarà affascinato, ma quei motivi sono risolti con altro impasto di disegno, ombre e colore. Si suggerisce dunque d'immaginare che davanti ai due santi del polittico Cossa avesse alzato divisòri di quel tipo, non generici e uniformi ma attentamente materiati. E tuttavia, non sarà per rifare il verso a Longhi (quando diceva di non essere interessato a disegnare cornici cremasche del Quattrocento) che non si vuole visualizzare l'effetto di quel campo aniconico attingendo, per la ricostruzione al computer, ad una delle tante occorrenze cossesche richiamate alla memoria. E del resto, come si farebbe a prevedere l'immaginario di un pittore capace d'inventarsi un pezzo di colonna fra due forme esagonali per il prezioso gradino su cui s'innalza san Vincenzo Ferrer?

Quella finta transenna sembra appropriata alla posa dei due santi, al loro spiovere dall'alto con una presenza così corporea e mondana. Il gesto di Floriano che appoggia il piede in modo che ne sporga la punta invoca

---

[82] L. Chiappini, *Appunti sul pittore Francesco del Cossa e la sua famiglia*, «Atti e Memorie della Deputazione ferrarese di Storia patria», XIV, 1955, pp. 107-120: 109 (correggendo Cittadella, che aveva letto «pietra» invece di «pietà»). Per quanto mi riguarda – se si vuole individuare il primissimo Cossa sullo scorcio estremo degli anni Cinquanta (dunque anche prima della *Madonna* Kress di Washington) – occorre riferire direttamente a lui il tondo di Houston con l'*Incontro di Salomone con la regina di Saba* (una ricapitolazione bibliografica e bellissimi dettagli fotografici nella scheda di C. Wilson, *Italian Paintings. XIV-XVI Centuries in the Museum of Fine Arts*, Houston, The Museum of Fine Arts, 1996, pp. 214-229). Non sto proponendo niente di nuovo, quanto all'autografia: lo aveva già scritto Richard Offner e lo diceva Carlo Volpe. Solo che, in genere, l'opera viene posta attorno al 1470; e di conseguenza non vi si riconosce nulla più che un suo collaboratore (come nella scheda n. 148 di Giovanni Sassu in *Cosmè Tura e Francesco del Cossa*, cit., p. 462, dove pure lo studioso confessa: «la tentazione di fare il nome di Cossa è forte»). L'unica incertezza in merito potrebbe nascere dal fatto che l'evidentissima referenza al tipico codice fiorentino della pittura di cassoni non vada spiegata con la prescrizione di un preciso modello di tale natura da parte di un committente ferrarese; ed allora sarebbe meno garantita una cronologia davvero alta. Ma quella balaustra aerea in primo piano nasce da idee donatelliane (rilievo di Lille, tondi con la storia di san Giovanni della Sacrestia Vecchia) troppo ben comprese per quella che è di solito la pittura di cassoni a Firenze; e soprattutto, la successione anaforica di profili femminili alle spalle della regina di Saba sembra alludere, sia pure a passo ridotto, ad un perduto esempio pierfrancescano che si poteva vedere a Ferrara.

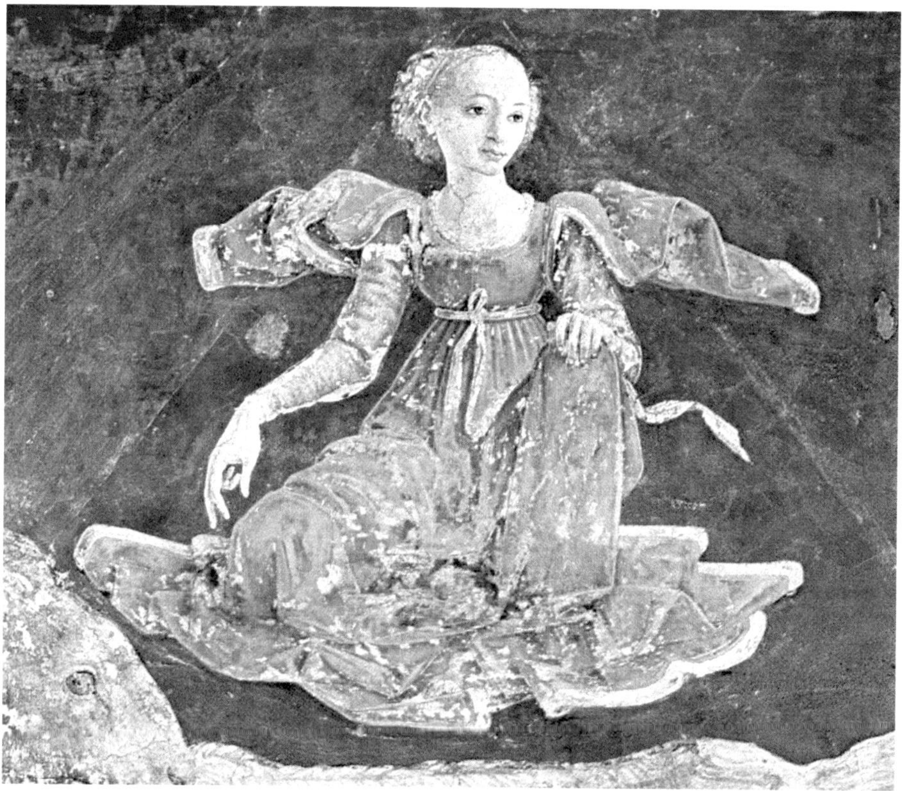

Fig. 27. FRANCESCO DEL COSSA, *Marzo* (part.), Ferrara, Palazzo di Schifanoia, Salone dei Mesi.

una cassa di risonanza spaziale tanto più dilatata di quella oggi visibile. Sullo stesso davanzale il santo posa in punta la spada, sbilanciandone in avanti l'elsa: con l'integrazione presunta si espande l'intervallo prospettico misurato dall'inclinazione dell'arma.[83] Una soluzione che non sorprende: nel salone di Schifanoia soltanto una figura di Cossa si spenzola con tanta nitidezza gestuale sull'intercapedine illusoria fra il piano della finzione pittorica e lo spazio reale (Fig. 28). Collocandole più in alto, non diminuisce

[83] Cecilia Cavalca, in una conferenza tenuta nel corso della mostra bolognese del 2020, ha osservato che la mancanza dell'estrema punta della spada debba essere spiegata con il fatto che la si fingeva appoggiata sulla cornice lignea (lo riferisce, condividendo l'osservazione, BENATI, *Quanti erano i santini*, cit., p. 75, nota 139). A me pare che ogni certezza in proposito sia preclusa dal pesante rimaneggiamento pittorico di quel tratto e che, in ogni caso, la punta della spada dovesse essere negata dalla proiezione di sottinsù.

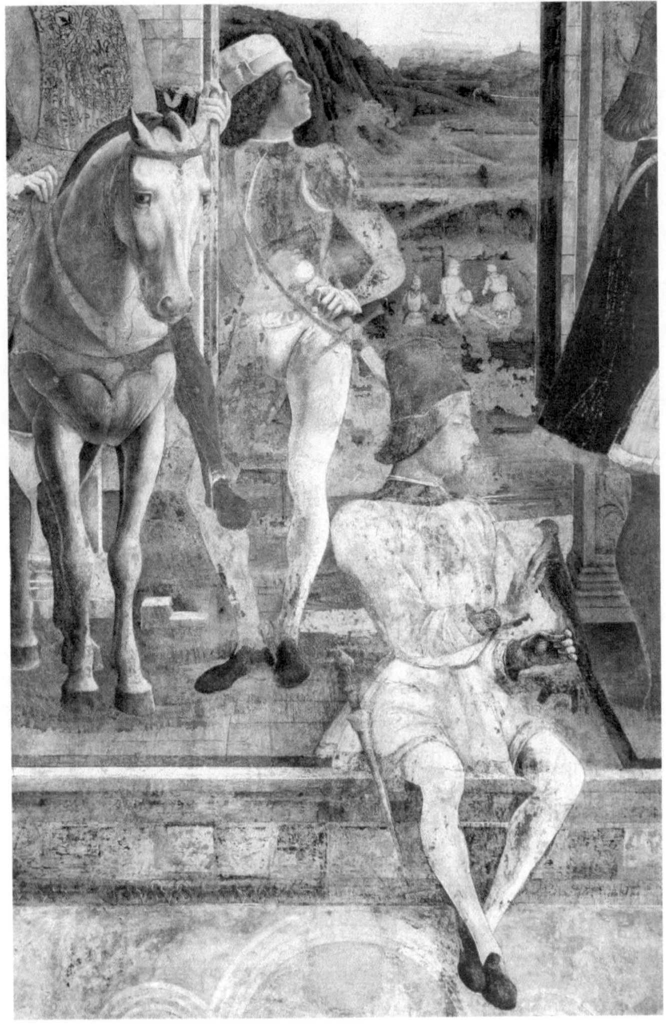

Fig. 28. Francesco del Cossa, *Aprile* (part.), Ferrara, Palazzo di Schifanoia, Salone dei Mesi.

l'intensità con cui san Floriano e santa Lucia si rivolgono verso san Vincenzo Ferrer. Sembrano anzi pensate in vista di un più enfatico colloquio a distanza. L'ipotesi di una decurtazione figurativamente sensibile dei due laterali del registro superiore sembra trovare conferma nelle tavole del registro inferiore. Forse non si è notato a sufficienza la posizione inconsueta dei pilastri dietro le figure di Pietro e di Giovanni Battista: si possono giustificare con la necessità di stabilire un più diretto richiamo al perduto paramento di pietre del registro superiore.

Non ci sarà bisogno di scomodare i nostri archivi fotografici per garantire l'*imprimatur* dell'autorità classica alla formula cerimoniale delle figure poste in alto e schermate da una balaustra protettiva.[84] È più sensato pensare a quei polittici quattrocenteschi a due ordini dove si giocava uno stretto rimando fra pittura e carpenteria. L'origine dell'invenzione di Cossa va cercata all'interno di questo rapporto figurativo. Nel polittico di Arbe (1458) firmato da Antonio e Bartolomeo Vivarini (Fig. 29) o nei due del 1464 per Osimo e per Pesaro – del solo Antonio ed oggi alla Pinacoteca Vaticana – l'incorniciatura taglia di netto le figure del registro superiore, viste con un lieve sottinsù, in un insieme dove l'unitaria coordinazione del polittico non intende prevalere sulle singole immagini dei santi. La presenza della figura intera oltre l'articolazione della carpenteria non è meno avvertita dietro la serie di conchiglie a chiusura del registro inferiore nel polittico di Belforte di Chienti di Giovanni Boccati (Fig. 30). O quando i santi in alto sembrano condividere il campo figurativo delle cuspidi che si sovrappongono, come si poteva vedere anche a Bologna (sempre che si vedesse già allora) nel polittico 'civico' di Tommaso Garelli (Fig. 45).[85] Serve poi pensare – ancora meglio – al polittico oggi depositato a Brera di Giovanni Angelo di Antonio, con le figure del registro superiore che stanno dietro un parapetto, che si finge reale, preziosamente rivestito di tessuto (Fig. 31).[86] Questo modo di presentare una parte per il tutto era

---

[84] Ci si riferisce alla parte superiore della Porta Marzia a Perugia: J. Rykwert, *La colonna danzante. Sull'ordine in architettura*, Milano, Libri Scheiwiller, 2010 [ed. or. Cambridge (MA) 1996], p. 260, ne riproduce una fotografia del 1890 circa, da cui risulta un parapetto 'a giorno'.

[85] Sul polittico di Belforte sul Chienti, l'approfondita scheda di Mauro Minardi in *Pittori a Camerino*, cit., pp. 267-278, e quella, che ha potuto beneficiare delle informazioni materiali offerte dal restauro allora in corso, di Andrea De Marchi in *Fra Carnevale. Un artista rinascimentale da Filippo Lippi a Piero della Francesca*, Catalogo della mostra (Milano, Pinacoteca di Brera, 13 ottobre 2004-9 gennaio 2005; New York, The Metropolitan Museum of Art, 1 febbraio 2005-1 maggio 2005), Milano, Olivares, 2004, pp. 220-222. Sul polittico di Garelli (e sul suo parente fra Umbria e Marche), *Postilla A*.

[86] È vero che il polittico del 'Maestro dell'Annunciazione di Spermento' (ormai definitivamente identificato con Giovanni Angelo di Antonio: M. Mazzalupi, *Finalmente un'opera certa di Giovanni Angelo di Antonio*, «L'appennino camerte», LXXXIII, 2003, 32, p. 3) è oggi considerato l'esito di un assemblaggio fatto sulla scorta delle induzioni di Berenson (cfr. le schede di Andrea Di Lorenzo, in *Pittori a Camerino*, cit., pp. 331-336, e in *Fra Carnevale*, cit., pp. 227-229); ma, anche se provenienti da altro altare, la parte che a noi interessa resta sempre il registro superiore di un polittico, senza che cambi di molto la funzione di quel proscenio pittorico. Avevo aggiunto questo riferimento solo nella versione torinese della mia conferenza; mi conforta il fatto che anche Andrea de Marchi abbia messo in relazione alle tavole di Washington la parte superiore del polittico braidense.

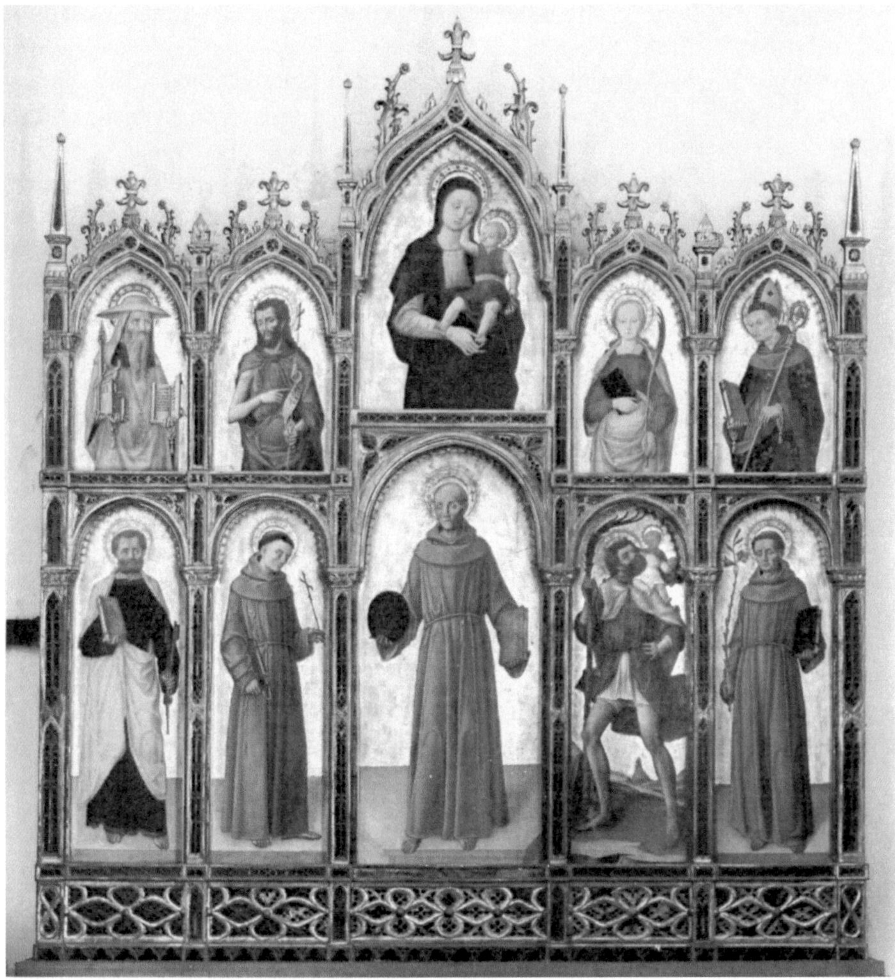

Fig. 29. Antonio e Bartolomeo Vivarini, *Polittico*, Arbe, Convento di Sant'Eufemia.

ormai legata alla forma del polittico a doppio registro. Di conseguenza, non dovrà sembrare assurdo che nel congegno prospettico di Cossa (in tandem con il maestro di legname) Floriano e Lucia fossero raffigurati sul limite di una schermatura dipinta, come se stessero in piedi, su una tavola grande quanto quelle dell'ordine inferiore.

Sequenze sovrapposte di santi a figura intera fanno pensare piuttosto alle grandi vetrate, ma se ne vedono anche in altari dove le figure sono scolpite in legno – che erano pur dipinte –, come quelli del Duomo di Piacenza

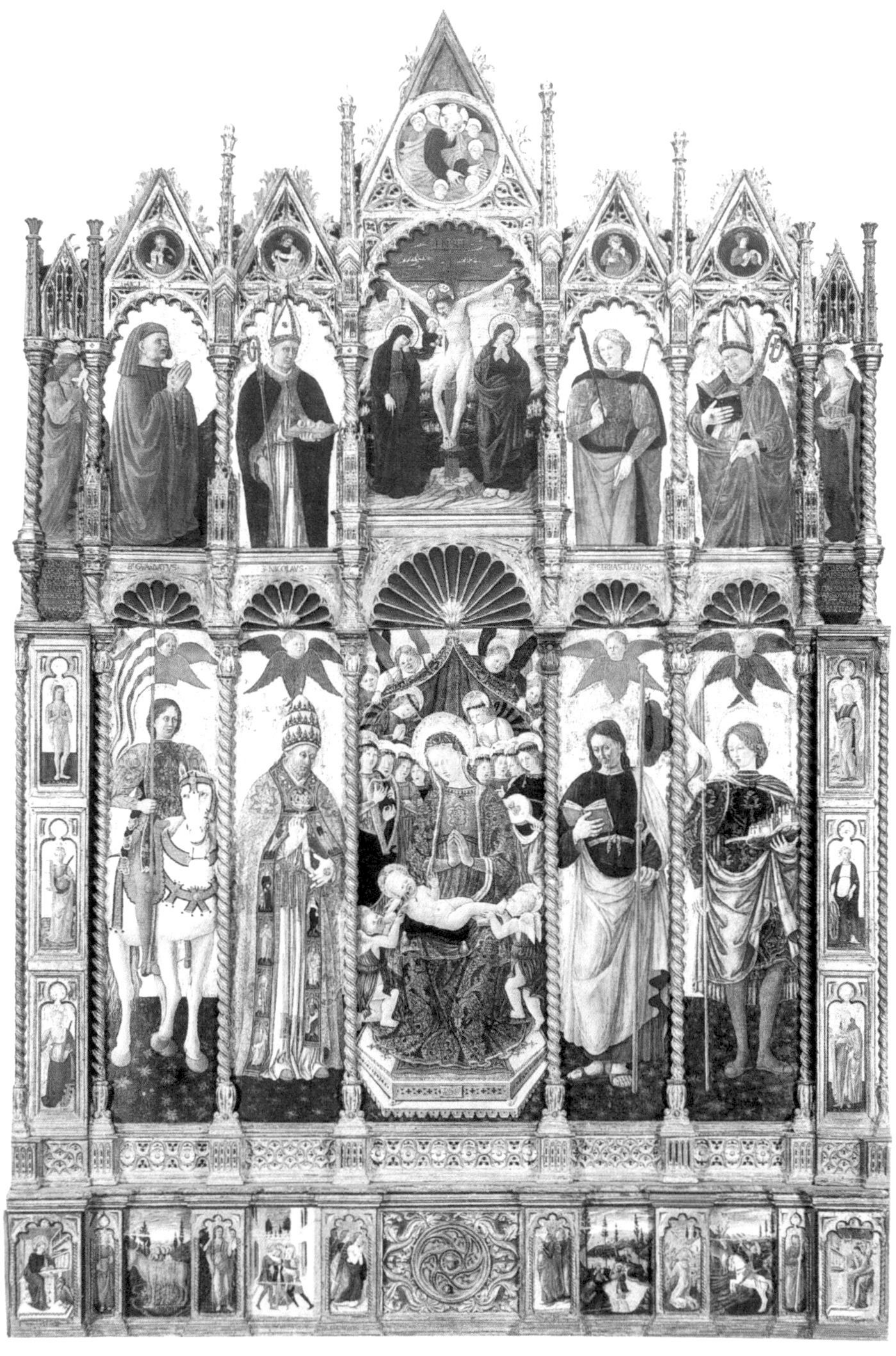

Fig. 30. GIOVANNI BOCCATI, *Polittico*, Belforte sul Chienti, Sant'Eustachio.

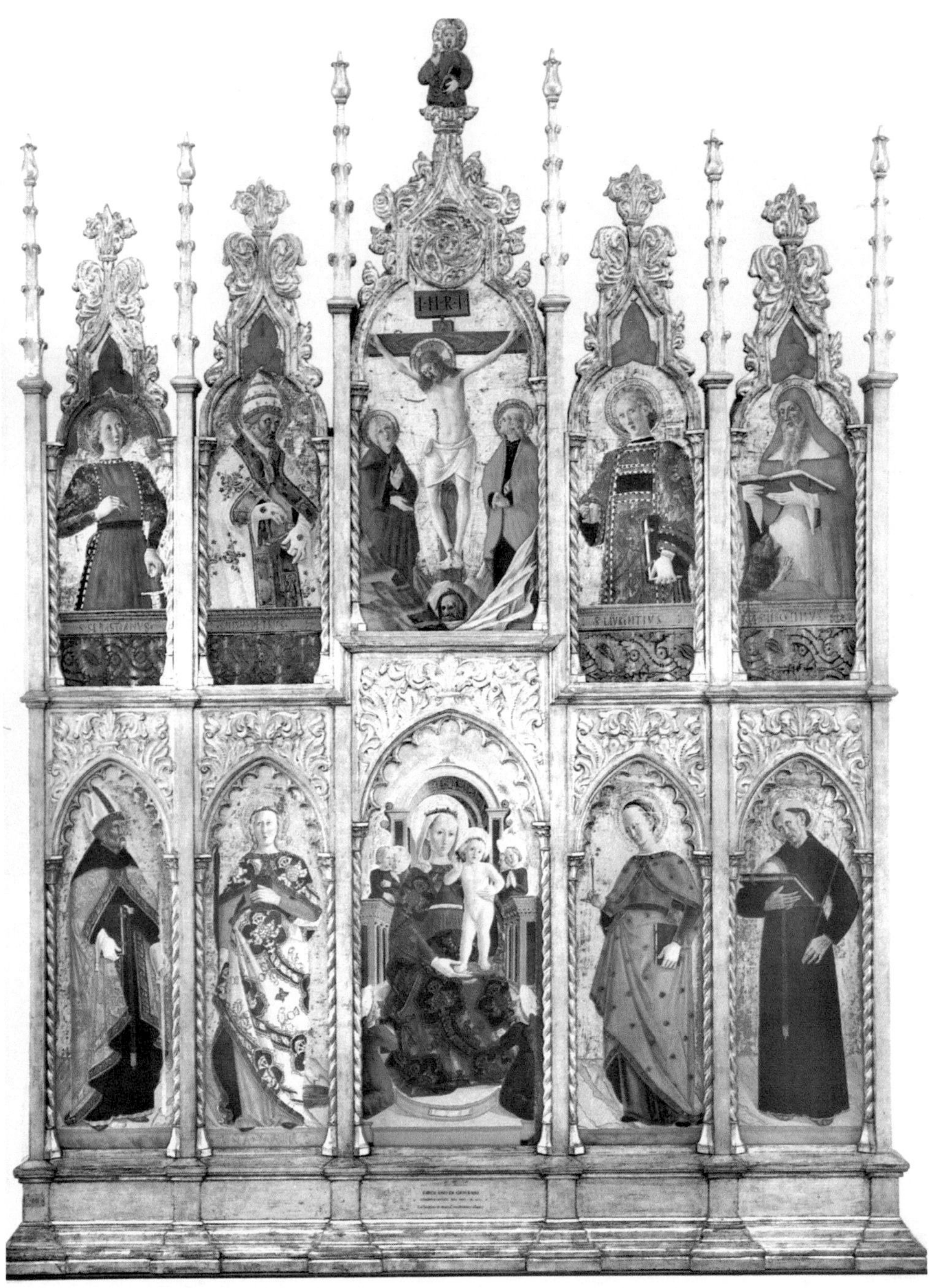

Fig. 31. Giovanni Angelo di Antonio, *Polittico*, Milano, Pinacoteca di Brera.

o di Salò.[87] Sono però figure che occupano distintamente le loro nicchie, in successione paratattica, e tanto riferite allo specifico *medium* da scoraggiare l'avvicinamento alle tavole dipinte di un altare. È però esistito almeno un polittico con santi dipinti a figura intera anche nell'ordine superiore, un polittico che coincide in pieno con l'anno 1473: quello di sant'Agostino in San Giovanni e Paolo di Bartolomeo Vivarini (una vera giornata di grazia, di quelle che non concedeva facilmente ai committenti lontani dalla laguna). Nella basilica veneziana ne rimangono solo tre tavole (Fig. 32): il visitatore potrà pensare che formassero un trittico, in realtà provengono dai distinti registri di un più complesso altare. Se leggiamo la descrizione che ne fece Marco Boschini quando era ancora integro, non ci sono incertezze: i due santi in piedi occupavano il registro superiore.[88]

A Venezia quel tipo di polittico non avrà seguito: incalzava l'unificazione del campo figurativo, sotto una volta prospettica o meno; incalzavano gli sviluppi della Sacra Conversazione.[89] Non avrà seguito neppure a Bolo-

---

87 Per l'altare di Piacenza, D. Gasparotto – C. Mori – S. Ottolini, *La* Maestà *del Duomo di Piacenza. Il restauro*, Piacenza 2004. Per quello di Salò – la cui struttura fu realizzata da Bartolomeo da Isola Dovarese nello stesso momento dell'altare Griffoni, mentre le figure di Pietro Bussolo vennero aggiunte un po' più tardi – M. Ibsen, *Il duomo di Salò*, Brescia 1999, pp. 75-78, e R. Casciaro, *La scultura lignea lombarda del Rinascimento*, Milano, Skira, 2000, pp. 263-264.

88 Sintetizzo le notizie sul polittico di Bartolomeo Vivarini rinviando alla scheda di Deborah Tosato in *La basilica dei santi Giovanni e Paolo, Pantheon della Serenissima*, a cura di G. Pavanello, Venezia, Marcianum Press-Fondazione Giorgio Cini, 2013, pp. 218-221, semplicemente riassunta da Franca Lugato in *I Vivarini. Lo splendore della pittura tra Gotico e Rinascimento*, Catalogo della mostra (Conegliano, Palazzo Sarcinelli, 20 febbraio-5 giugno 2016) a cura di G. Romanelli, Venezia, Marsilio, 2016, p. 140. In entrambe le schede è trascritto il passo di Marco Boschini, che conferma la descrizione di Ridolfi (dove però il superstite san Lorenzo è scambiato per Vincenzo). Più in alto stavano quattro tondi perduti, con santi non indicati (erano a mezza figura, suggerisce opportunamente Humfrey, *The Altarpiece*, cit., p. 344, scheda n. 16, e dunque dovevano occupare un frontone, forse semicircolare). I superstiti san Domenico e san Lorenzo sono ricordati a fianco di una perduta Madonna col Bambino. Nella descrizione seicentesca occupano l'ordine indicato come «primo», mentre al centro del «secondo» stava l'altra figura superstite, sant'Agostino. Se si considera che Boschini ricorda gli ordini del polittico non dal basso, ma continuando la descrizione avviata dai tondi sommitali, il santo eponimo era quello più vicino alla mensa. Ne dànno conferma il cartellino con il nome del pittore, alla base del trono di sant'Agostino, come il più scorciato impianto di san Domenico e san Lorenzo. La tavola con sant'Agostino appare rifilata lungo i lati lunghi (la foglia d'oro giunge al limite). Di quanto lo sia stata, lo si può desumere dall'impronta della carpenteria che si scorge sull'imprimitura: non di molto, ma quanto bastava a sottolineare entro la struttura dell'altare la figura del santo. Un'analisi accurata del complesso è in G. Russo, *Difficoltà di Alvise Vivarini* (tesi di perfezionamento alla Scuola Normale Superiore di Pisa, a.a. 2020-21), pp. 196-198, che suggerisce (pp. 214-216) d'identificare un frammento del primo registro nel san Giovanni Battista del Frances Lehman Loeb Art Center del Vassar College di Poughkeepsie ('elencato' da Berenson, accantonato da Pallucchini).

89 In controtendenza, è il caso tardo e periferico del polittico di Spalato (1549) di Girolamo da Santa Croce (*I pittori bergamaschi*, cit., II, p. 64, dove i santi del registro superiore sono a figura intera, appena rimpicciolita).

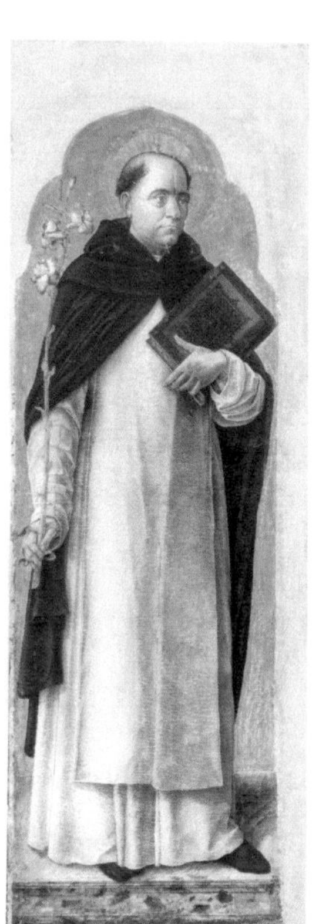
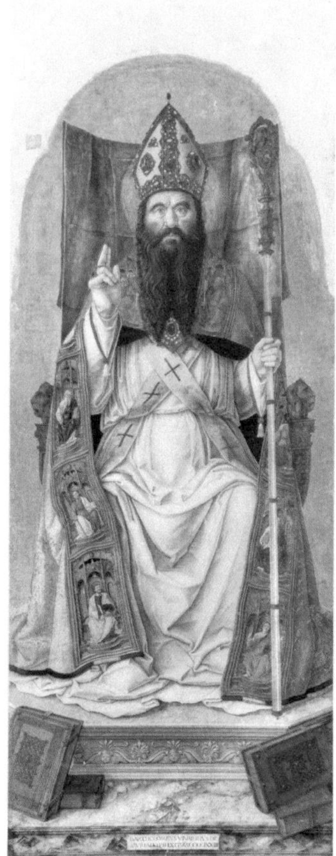
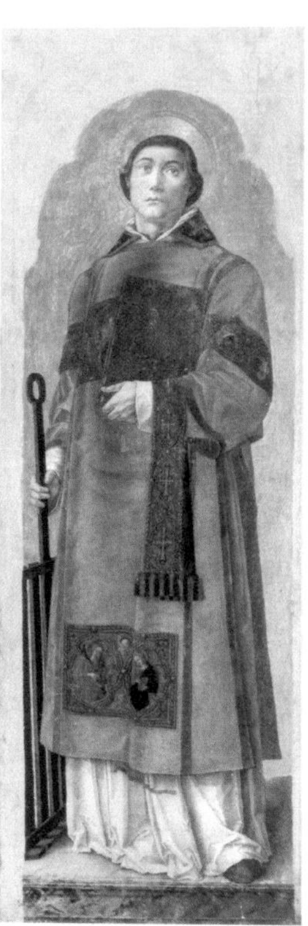

Fig. 32. Bartolomeo Vivarini, Le tre tavole superstiti dell'altare di sant'Agostino, Venezia, Ss. Giovanni e Paolo.

gna e lungo la via Emilia (il *corpus* degli altari sufficientemente integri o virtualmente ricomponibili non consente certezze assolute). La posterità del polittico Griffoni, quale si va inducendo in base al disegno settecentesco, almeno in parte va cercata nel Nord-Ovest della Padania. Sembrerà allora come il primo seme dell'orditura unitaria, magicamente compressa e ultrapreziosa, del polittico di Treviglio; e per via ancor più mediata di quelli di Gandolfino da Roreto nel duomo di Asti (1501, riorganizzato in seguito ma facilmente ricostruibile) e in San Pietro a Savigliano; di Vincenzo Foppa già in Santa Maria delle Grazie a Bergamo ed oggi a Brera (Fig. 33); di Ber-

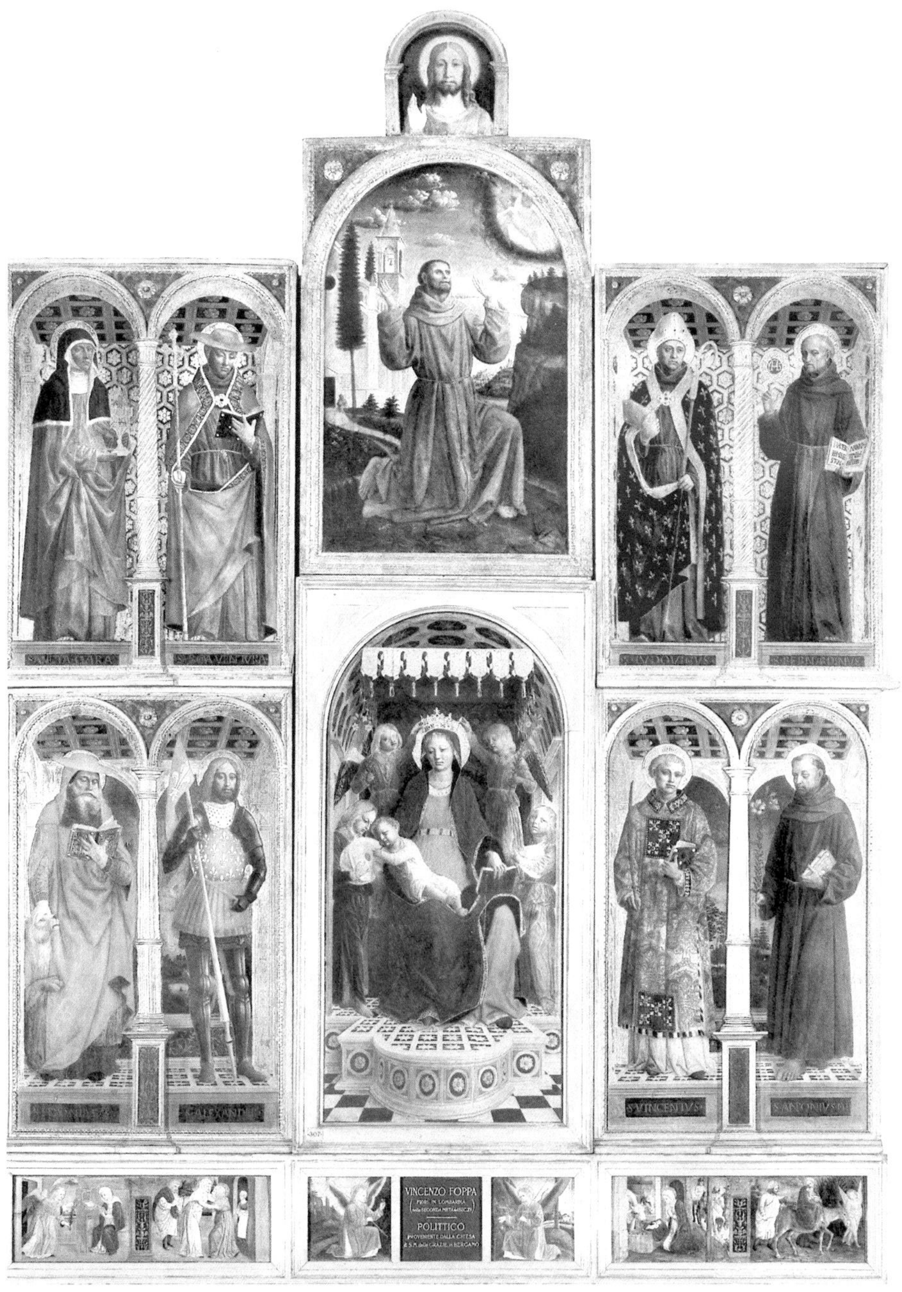

Fig. 33. Vincenzo Foppa, *Polittico da Santa Maria delle Grazie a Bergamo*, Milano, Pinacoteca di Brera.

nardino e Antonio Marinoni a Desenzano al Serio; di Gaudenzio Ferrari ad Arona; del polittico Biffignardi di Bernardino Ferrari a Vigevano; di numerose occorrenze da parte dei Piazza; e su su, in modo sempre più mediato, fino al polittico di Fermo Stella in Sant'Ambrogio ad Omegna, che è ormai in vista della metà Cinquecento.[90] Potrebbe sembrare un'alternativa a tutti questi casi padani (Cossa compreso), il polittico – anch'esso a due registri e con figure intere – che Luca Signorelli si trovò a dipingere nel 1507 per San Medardo dell'odierna Arcevia (Fig. 34); se non fosse che la sua struttura lignea era già stata preparata anni prima da Corrado Teutonico, e non era tale da incoraggiare una più moderna concatenazione spaziale fra i suoi due ordini.[91]

---

[90] Per il polittico di Treviglio, di Butinone e Zenale (e Bramantino?, come ha più volte suggerito Gianni Romano), la bibliografia è ricca: di recente A. Ballarin (con la collaborazione di M. Menegatti e B.M. Savy), *Incursione nel polittico di Treviglio e nella cronologia delle opere di Butinome e Zenale*, in *Leonardo a Milano. Problemi di leonardismo milanese tra Quattrocento e Cinquecento*, 4 voll., Verona, Edizioni dell'Aurora, 2010, I, pp. 705-727, e S. Buganza – G. Poldi, *Il polittico di Treviglio alla luce del disegno sottostante: impostazione del problema e nuove aperture*, «Arte lombarda», n.s., CLVIII-CLIX, 2010, 1-2, pp. 39-68; ma per quanto riguarda la carpenteria, si dovrà comunque risalire al referto di Paolo Venturoli (seguito dalla relazione di Giorgio Rolando Perino) in *Zenale e Leonardo. Tradizione e rinnovamento della pittura lombarda*, Catalogo della mostra (Milano, 4 dicembre 1982-28 febbraio 1983), Milano, Electa, 1982, pp. 185-204. Per i due altari di Gandolfino, cfr. le schede di Simone Baiocco in *Gandolfino da Roreto e il Rinascimento nel Piemonte meridionale*, a cura di G. Romano, Torino, Fondazione CRT, 1998, pp. 274-275 (polittico Pelletta nel Duomo di Asti, con la ricostruzione fotografica a p. 209), pp. 307-309 (polittico di Savigliano, con bella riproduzione a p. 148). Per il polittico di Foppa, finanziato con un lascito testamentario del 1500, la scheda n. 81 di Simone Facchinetti in *Vincenzo Foppa*, Catalogo della mostra (Brescia, 3 marzo-30 giugno 2002) a cura di G. Agosti, M. Natale, G. Romano, Milano, Skira, 2003, pp. 260-263 (p. 59 per una riproduzione dell'intero) e per quello dei Marinoni in San Pietro a Desenzano al Serio la scheda IV.4 di Chiara Paratico, in *Pietro Bussolo scultore a Bergamo nel segno del Rinascimento*, Catalogo della mostra a cura di M. Albertario, M. Ibsen, A. Pacia, Bergamo, Lubrina, 2016, pp. 182-185. Per il polittico di Santa Maria Nuova ad Arona, la scheda n. 21 di Stefano Martinella in *Il Rinascimento di Gaudenzio*, cit., pp. 161-171 (oltre a Perino, *La tecnica costruttiva di due polittici*, cit. Quello di Andrea Previtali in Santo Spirito a Bergamo (1525) è ben riprodotto in *I pittori bergamaschi*, cit., I, p. 161). Per il polittico da lui opportunamente restituito a Bernardino Ferrari, cfr. Francesco Frangi, in *Pittura a Pavia. Dal romanico al Settecento*, a cura di M. Gregori, Milano, Cariplo, 1988, pp. 198, 243-244. Per i Piazza – e in questo caso la tipologia dell'altare può prevedere dimensioni un po' più ridotte per i santi del registro superiore – si farà riferimento alle illustrazioni di *I Piazza da Lodi. Una tradizione di pittori nel Cinquecento*, Catalogo della mostra (Lodi 1989) a cura di G.C. Sciolla, Milano, Electa, 1989, senza entrare nella distinzione fra Martino ed Alberto: scheda n. 13, pp. 126-129 (Lodi, Incoronata); scheda n. 18, pp. 140-145 (Lodi, S. Agnese); scheda n. 19, pp. 146-149 (Castiglione d'Adda); scheda n. 34, pp. 214-220 (polittico della Strage degli Innocenti nella Cattedrale di Lodi, di Calisto). Una riproduzione del polittico di Omegna (datato 1547) accompagna il catalogo delle opere di Fermo Stella redatto da Zeno Birolli, in *I pittori bergamaschi*, cit., II, pp. 213-214, 242-243.

[91] Per una buona riproduzione ed aggiornamenti sulla parte di Corrado Teutonico, T. Henry, *La vita e l'arte di Luca Signorelli*, Città di Castello, Petruzzi, 2014 [ed. or. New Haven-London, Yale Univ. Press, 2012], pp. 240-245 (per quanto firmato, il polittico vede emergere più del consueto la presenza di aiuti). Una documentazione fotografica abbondante anche in *Luca Signorelli. La pala di Arcevia e i capolavori di San Medardo 1508-2008*, Catalogo della mostra (Arcevia 2008) a

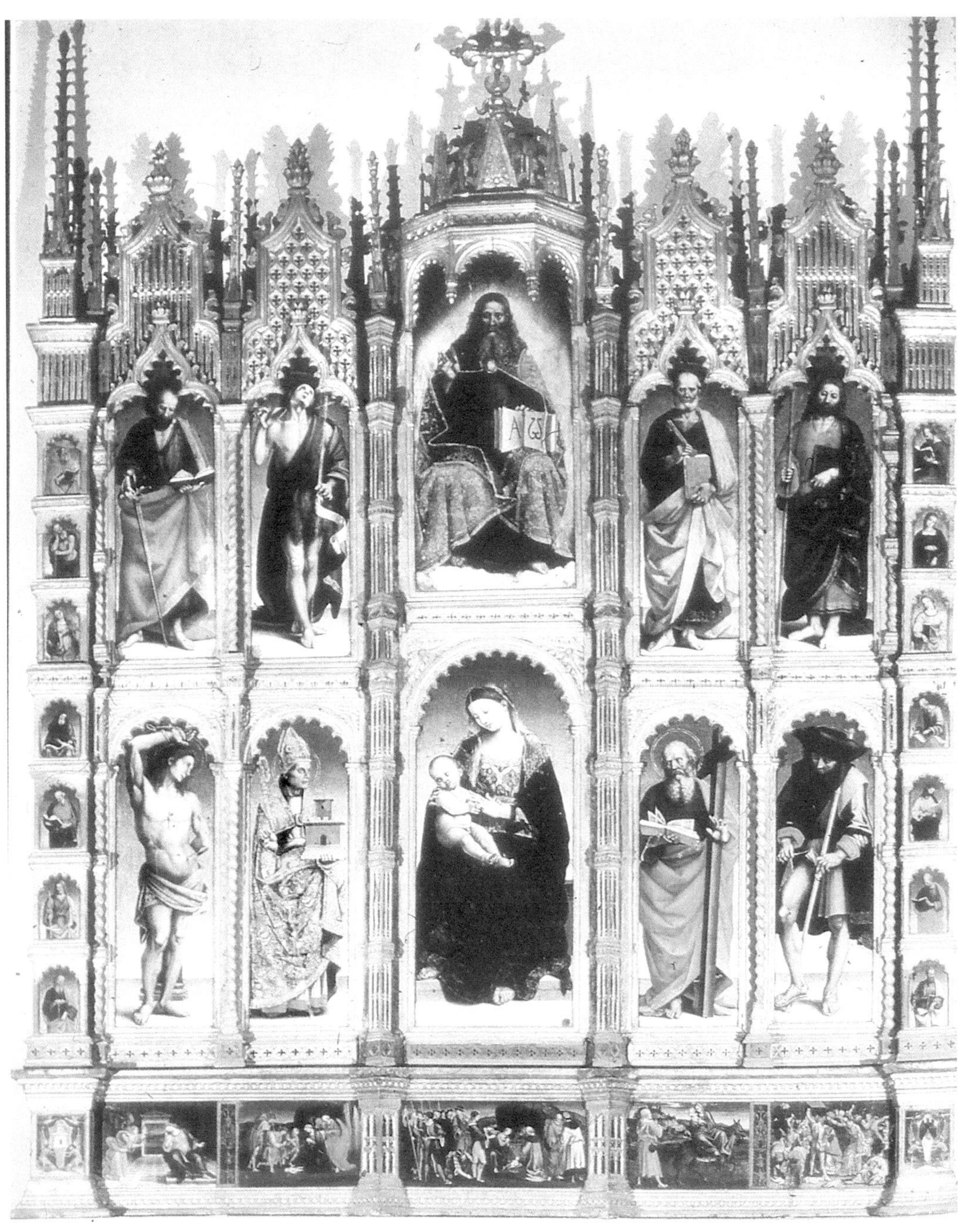

Fig. 34. LUCA SIGNORELLI (e CORRADO TEUTONICO), *Polittico*, Arcevia, San Medardo.

Quei casi padani andavano richiamati anche per distinguere meglio – nell'intuizione germinata dal disegno di Orlandi – la diversa orditura materico-visiva dell'altare bolognese. Cossa non avrebbe certo potuto spingersi fino a quel punto d'integrazione ambientale fra pittura e organismo architettonico: c'era, di mezzo, il pieno sviluppo del Bramante milanese. Eppure, il polittico Griffoni poteva essere entrato nell'ancora abbastanza misteriosa maturazione dell'architetto urbinate.[92] Fu comunque uno snodo fondamentale nella sfolgorante estinzione (prospettica) del polittico ('gotico'). Come fece comprendere Longhi, ad uno sfondo naturale favolosamente aspro si alternavano specchiature d'oro; e in questa stessa direzione espressiva va intesa la possibile aggiunta d'inserti aniconici costituiti da figurazioni lapidee. Alla radice, questa alternanza era un problema posto da Piero della Francesca, che non lo aveva ancora risolto nel trittico di San Giovanni in Afra, di cui realizzò il solo *Battesimo*, ma con cui si era poi confrontato nel disperso polittico agostiniano e nell'apparentemente doppio polittico di Perugia. Certo, nella Bologna di Cossa sarebbe stato difficile ignorare la presenza di Nicolò dell'Arca. Sicché i forbitissimi santi che dal fondo oro entrano nello spazio prospettico hanno una pregnanza di gesto che è in evidente debito con il primo tempo del grandissimo scultore. Ma sembrano anche anticiparne i più ossessivi e immaginosi dettagli degli anni futuri: come nel culmine fisico e metaforico degli occhi strappati a santa Lucia, confezionati da Cossa come confetti di Sulmona.

Potevano sopravvivere, fuori dal polittico, i due santi raffigurati dietro un parato di pietre (o qualcosa di simile)? Il loro destino non sarebbe stato molto diverso da quello della santa Caterina che fu al centro del trittico di Mestre di Cima da Conegliano (Figg. 20-22). «Il tagliare li quadretti» – si legge nel foglio del Baraldi girato al cardinale Aldrovandi – equivaleva a «ridurli al *miglior modo* che si potia».[93] Le tavole del polittico Griffoni, sottratte all'originario organismo, diventavano altra cosa, separatamente considerate; dovevano rispondere ad un funzionamento visivo che non fosse trop-

---

cura di C. Caldari, Milano, Skira, 2008. Una precedente sintesi bibliografica e una ricca campagna fotografica accompagnano la scheda sul polittico in C. Limentani Virdis – M. Pietrogiovanna, *Polittici. Pale d'altare dal gotico al Rinascimento*, Venezia, Arsenale, 2001, pp. 320-329.

92 Che nel bagaglio culturale di Bramante possa essere entrato Ercole de' Roberti, è suggerito – pur con l'avviso che una rondine non fa primavera neppure per gli storici dell'arte – dall'accostamento fra un dettaglio della predella Griffoni ed uno dell'incisione Prevedari fatto da G. Romano, *Un seminario su Bramantino*, «Concorso», I, 2007, pp. 39-69: 57. Secondo M. Ceriana, *Rubriche per la carriera artistica di Bramante*, in *Modernamente antichi. Modelli, identità, tradizione nella Lombardia del Tre e Quattrocento*, a cura di P.N. Pagliara e S. Romano, Roma, Viella, 2014, pp. 217-255: 224-225, per Bramante fu invece «ineludibile» la pala dell'Osservanza.

93 Cavalca, *La pala d'altare a Bologna*, cit., p. 383 (è la lettera che nella sua missiva al cardinale del 24 novembre 1725 Angelo Fontana dice di allegare).

po ostico per le consuetudini visive del tempo. Lo confermò quattro anni dopo Angelo Fontana a proposito non di questo, ma di un altro polittico, quello tardo-trecentesco della cappella Cospi:

> In ordine poi al dipinto che stava sulla cappella dell'altare di San Petronio, non mancarò di abboccarmi col signor Maccaferri per ridurre quello in tanti quadretti *nella miglior forma che si potrà* supponendo che voglia fargli ornare con *cornici proprie* per la campagna e non tralascerò di cercare quadri grandi per coprire muraglie.[94]

Non si saprebbe usare parole migliori di quelle messe in corsivo per dire quale processo di riorganizzazione visiva e materiale fosse allora in corso: occorreva che ogni parte del polittico trovasse forma autonoma, diventasse un 'quadro' suggellato da una cornice. Il processo era solo avviato, si trattava di portarlo a compimento collezionistico. È certo che nel novembre del 1725 le tavole ricavate dal polittico avessero già le dimensioni attuali, ma non vuol dire che prima dello smembramento avessero identiche misure e proporzioni. Se vogliamo dare fiducia al disegno di Orlandi, la regolarizzazione del formato fu praticamente contestuale allo smontaggio delle tavole. E nel momento in cui venivano smontate subentravano le attese di uso diverso, quello collezionistico. Che vi si potesse contare, lo sapeva bene Giuseppe Baraldi: scrivendo al cardinale che occorreva «tagliare li quadretti e ridurli al milior modo che si potia con averli hordinato le cornici lisce», aggiungeva la fatale, già rammentata considerazione che «sono di quei quadri che sono assai considerati per poterli ponere in qual si volia galaria».

Qui, «in qual si volia galaria», le tavole non avrebbero avuto garanzia di sopravvivere intatte. Andavano incorniciate, intanto; e la cosa, assieme

94 Nella più ampia trascrizione dei documenti relativi all'altare Griffoni (Cavalca, *La pala d'altare a Bologna*, cit., pp. 383-384), la data 22 novembre 1731 della precedente trascrizione è stata corretta in dicembre (non si tratta di un errore: si faceva riferimento al «ristretto» dell'intera pratica epistolare, al quale risale il *lapsus calami*). Non è stato invece rilevato che il proposito di sezionare l'altare, espresso al futuro, confligge con la lettera (cfr. nota precedente), risalente a ben quattro anni prima, da cui risulta che il complesso era già stato smontato («è andato in pezzi»). Pare dunque evidente che questa lettera non si può riferire all'altare del Cossa, ma a quello di Simone dei Crocefissi nella cappella Cospi. È vero che i documenti espliciti dell'intervento su questa cappella da parte di Aldrovandi risalgono all'inizio del 1732, ma in data 26 aprile di quell'anno (Bologna, Archivio di Stato, *Aldrovandi-Marescotti*, busta 230, 24, lettera n. 47) Fontana vanta di essere riuscito ad ottenere dal suo falegname quello che in due anni non aveva ottenuto da altri, ossia lo smontaggio del polittico di Simone di Filippo (ne sono inequivocabilmente trascritti i dati iconografici). Per quanto lo si consideri arrotondato per eccesso, quel lasso di tempo include più che comodamente la data del 22 dicembre precedente. Sul polittico Cospi, in ordine alla documentazione settecentesca, G. del Monaco, *Simone di Filippo, detto «dei Crocefissi». Pittura e devozione nel secondo Trecento bolognese*, Padova, Il Poligrafo, 2018, pp. 82-86, 161; A. Mazza, *Smembramento e dispersione del polittico Griffoni: mercato dell'arte, collezionismo, musei*, in *Il polittico Griffoni rinasce*, cit., pp. 121-143: 124, nota 12.

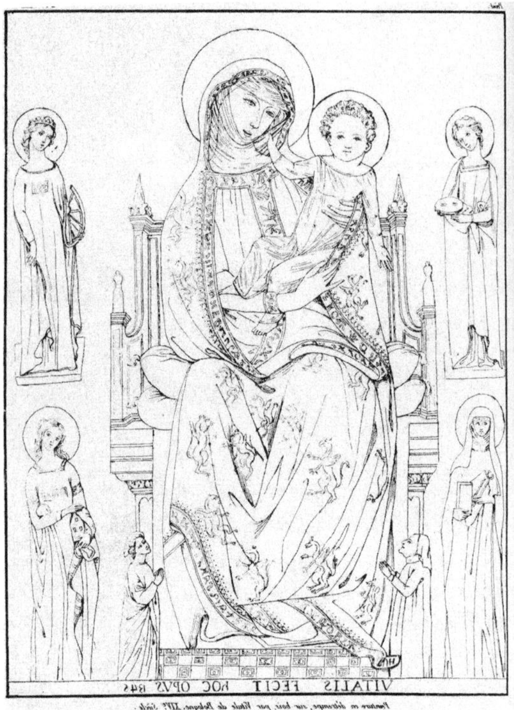

Fig. 35. Vitale da Bologna, *Madonna col Bambino e santi* (incisione da Séroux d'Agincourt).

ad una diversa condizione percettiva, poteva richiedere un adattamento materiale. In genere le sforbiciature più consistenti venivano fatte per omologare le parti di un polittico disfatto al modello del 'quadro', una figurazione perlopiù racchiusa entro quattro angoli retti. Sono le ragioni per cui, in aggiunta ad uno stato di usura che non possiamo conoscere, si sforbiciò il profilo trilobato delle tavole del polittico di San Giacomo di Lorenzo Veneziano, contraendone le proporzioni allungate; o si regolarizzarono le storie di sant'Antonio abate di Vitale in maniera di fatto indifferente alla larga e preziosa bordatura impressa sull'oro e profilata in base al disegno della cornice lignea; o si sezionarono e richiusero le figure della Madonna dei Denti (Figg. 35-36) entro riquadri che imponevano un diverso senso dello spazio e della funzione dell'immagine.[95] Così, per fare un esempio soltanto che non sia bolognese, s'impose un andamento rettilineo alla parte superiore delle tavole Barberini di Fra Carnevale. Quando non fu casuale o inavvertita, la sopravvivenza delle tavole antiche e smembrate fu materialmente condizionata dal moderno paradigma visivo; in questo senso la conservazione fu anche parziale distruzione.

---

[95] Delle sei storie di sant'Antonio abate che nel Settecento risultavano a Marcello Oretti aver fiancheggiato l'immagine del santo «col pastorale in mano», ne rimangono quattro (scheda n. 20 a-d di Daniele Benati, in *Pinacoteca Nazionale di Bologna. Catalogo generale*, I, *Dal Duecento a Francesco Francia*, a cura di J. Bentini, G.P. Cammarota, D. Scaglietti Kelescian, Venezia, Marsilio, 2004, pp. 94-95); l'accenno sul diverso senso figurativo che il sezionamento delle figure ha dato alla Madonna dei Denti è più ampiamente giustificato in M. Ferretti, *Funzione ed espressione nella pittura su tavola del Trecento bolognese*, in *Giotto e Bologna*, a cura di M. Medica, Cinisello Balsamo, Silvana, 2010, pp. 51-77: 69-70.

E poi, perché stupirci se dalle figure che stavano in alto, nel polittico Griffoni, fu scontornata quell'ipotetica apparecchiatura di blocchi di pietra, ora che non aveva più ragione sintattica e figurativa? In aggiunta al già ricordato trittico di Cima da Conegliano (Figg. 20-22) o ai tanti altri esempi che ognuno saprà trovare,[96] basta vedere com'è stata riprodotta l'*Annunciazione* di Cossa in un libro uscito non molti anni fa, dove in alto è tagliato senza il minimo rispetto l'impianto architettonico: proprio quanto, assieme alla lumaca che striscia lungo il margine opposto, evoca con forza l'argine tridimensionale della perduta incorniciatura lignea (Fig. 37)?[97]

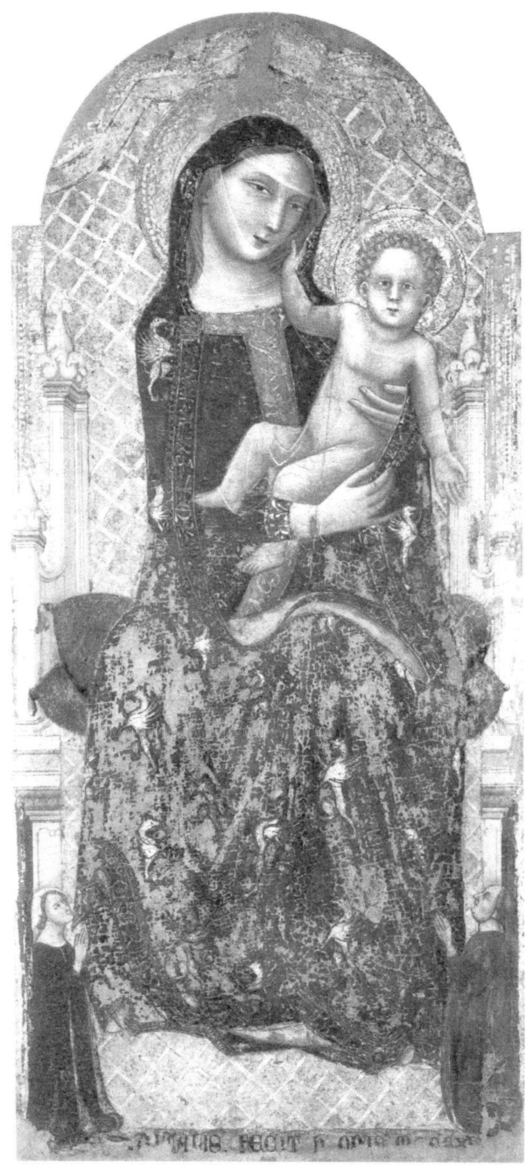

Fig. 36. Vitale da Bologna, *Madonna col Bambino* (*«dei denti»*), Bologna, Museo Davia Bargellini.

[96] Sulla questione generale conviene ancora partire dal paragrafo «tagli e ingrandimenti» di A. Conti, *Storia del restauro e della conservazione delle opere d'arte*, Milano, Electa, 1973, pp. 98-106 (pp. 89-96 nella ristampa 2002 dell'ed. aggiornata del 1988).

[97] A. Uguccioni, *Salomone e la regina di Saba. La pittura di cassone a Ferrara, presenze nei musei americani*, Ferrara, Corno Editore, 1988, p. 111 (Fig. 19), che si cita esplicitamente solo per obbligo di referenza bibliografica, non perché si voglia attribuire all'autrice lo strafalcione grafico. A maggior ragione, posso mettere la mano sul fuoco che l'autore, che conosco bene, non abbia la minima responsabilità nell'analoga castrazione architettonica dell'*Annunciazione* di Cossa che si vede in una collana importante e diffusa (Lucco, *La pittura a Bologna e in Romagna*, cit., p. 248, fig. 331) da cui deriva la nostra Fig. 37. Fra i tanti altri

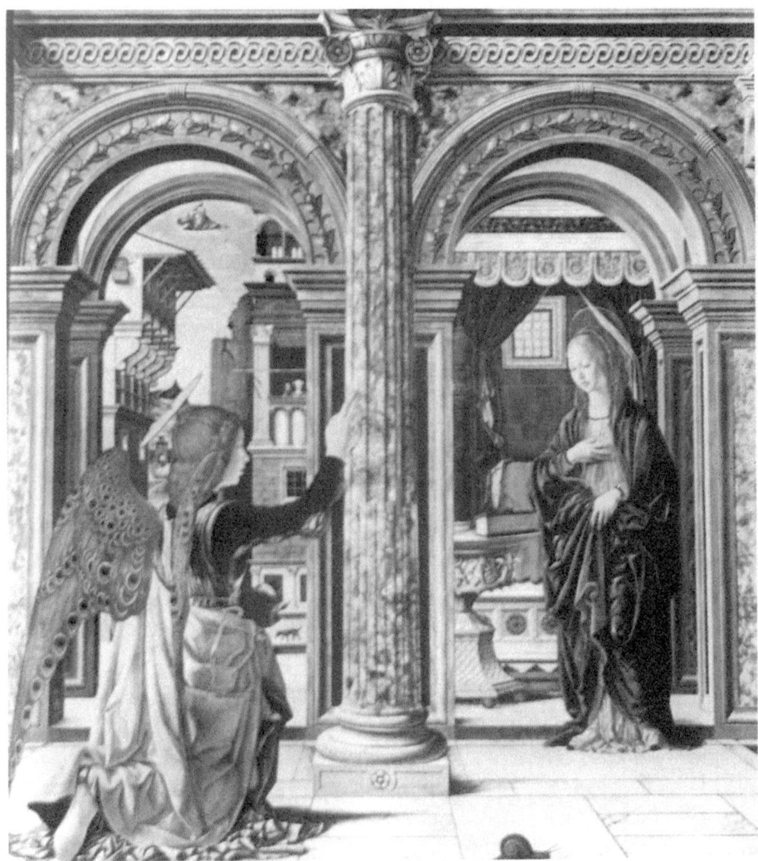

Fig. 37. Francesco del Cossa, *Annunciazione*, Dresda, Gemäldegalerie (da *La pittura in Italia. Il Cinquecento*).

7. Il terzo punto d'incompatibilità fra il disegno di Orlandi e le ricostruzioni vecchie e nuove riguarda la predella (Tavv. VIII-IXb). Ora, però, la bilancia delle incertezze pende a favore del testimone settecentesco. Il quale ci dà due informazioni precise e correlate, entrambe disattese da chi poteva contare ormai sulla sua testimonianza grafica (Fig. 7); e non si tratta

---

spropositi grafici viene a mente lo scontornamento 'accurato' dell'arcatella sotto cui si affaccia la santa Maddalena del duomo di Arezzo nella monografia di uno studioso attentissimo come R. Lightbown, *Piero della Francesca*, Milano, Leonardo, 1992, p. 182. Un caso anche questo della diseducazione ai testi figurativi coltivata perfino da un'editoria d'arte per cui restano prioritarie e assolute le norme della 'gabbia grafica'.

più di mettere in discussione le giuste proporzioni dell'altare, bensì un dato morfologico che è descritto graficamente e confermato *per verba*.

1) Con tratto continuo viene precisato che il basamento è scandito da quattro risalti corrispondenti alle semiparaste, interne ed esterne.

2) Con una linea puntinata, che lo traversa a metà altezza, si indica invece una «storia con figure piccole che copre tutto» (la predella della Pinacoteca Vaticana).

«Copre tutto» completa il significato della linea puntinata: sta per qualcosa che non fa corpo con la struttura, ma ne nasconde la parte inferiore; che sta davanti quasi fosse appoggiata.[98] Era appunto «il sotto quadro di tuti li altri [quadri] del polittico», come dirà ormai *in articulo mortis* Giuseppe Baraldi (con l'aggiunta di un suo apprezzamento: «quelo lo considero più deli altri per l'antichità e gran figure»).[99] «Sottoquadro» – nel lessico liturgico come in quello artistico – aveva un significato preciso, anche se traslato rispetto alla particolare tipologia (un ovale, tipicamente) che si andava diffondendo in quel periodo: non poteva corrispondere all'immagine principale di un altare, ne era distinto. D'altra parte, il basamento architettonico disegnato da Orlandi non è liscio e continuo. La sua articolazione tridimensionale è coerente e necessaria alla struttura lignea che ci si accingeva a disfare. Fosse andato a memoria, per Orlandi sarebbe stato più naturale dimenticarle che inventarsele di sana pianta, quelle sporgenze dal filo continuo del basamento. La distinzione fra i due tipi di tracciato suggerisce invece ricognizione e controllo. Orlandi ha 'visto' la tavola (poi vaticana) come una parte in certo modo distinta dall'organismo strutturale, tale da nascondere («copre tutto») il basamento architettonico.[100]

Le ricostruzioni che si continuano a proporre non solo diffidano di Orlandi quando riferisce le proporzioni del polittico (e si può anche capire, se si prende come punto di partenza lo stato attuale delle tavole); ma eludono i caratteri morfologici da lui descritti (e questo appare più azzardato). Ora, in mezzo a quei quattro risalti sporgenti del basamento, la lunga tavola vaticana non ci potrebbe proprio stare. Su un basamento come quello disegnato da Orlandi ci sarebbe posto per tre predelle: più corte, però, e separa-

---

98 Poldi, *Analisi tecniche comparate*, cit., p. 182, ritenendo «improbabile che la predella fosse sovrapposta alla struttura disegnata», si chiede: «in che modo avrebbe potuto?». Esattamente nel modo illustrato e precisato da Orlandi, che non poteva certo essere quello originario.

99 Cavalca, *La pala d'altare a Bologna*, cit., p. 383.

100 Non sembra proprio che l'espressione «cuopre tutto» possa valere per dire che si estende lungo tutta la lunghezza del basamento (se, sfidando ogni probabilità lessicale, questo fosse davvero il senso, sarebbe la migliore conferma che la predella vaticana fu poi tagliata).

te dai quattro risalti sulle cui facce avrebbero potuto trovare posto, magari, figure di santi. Predelle come le vediamo nel polittico del collegio di Spagna di Marco Zoppo (e Agostino de Marchi) (Fig. 38) o in quello modenese degli Erri (e Bartolomeo della Polla) (Fig. 39), per cercare esempi vicini. Esempi che servono anche a dire quanto fosse più complessa l'organizzazione strutturale di un polittico a due ordini e di come si fosse spostata la

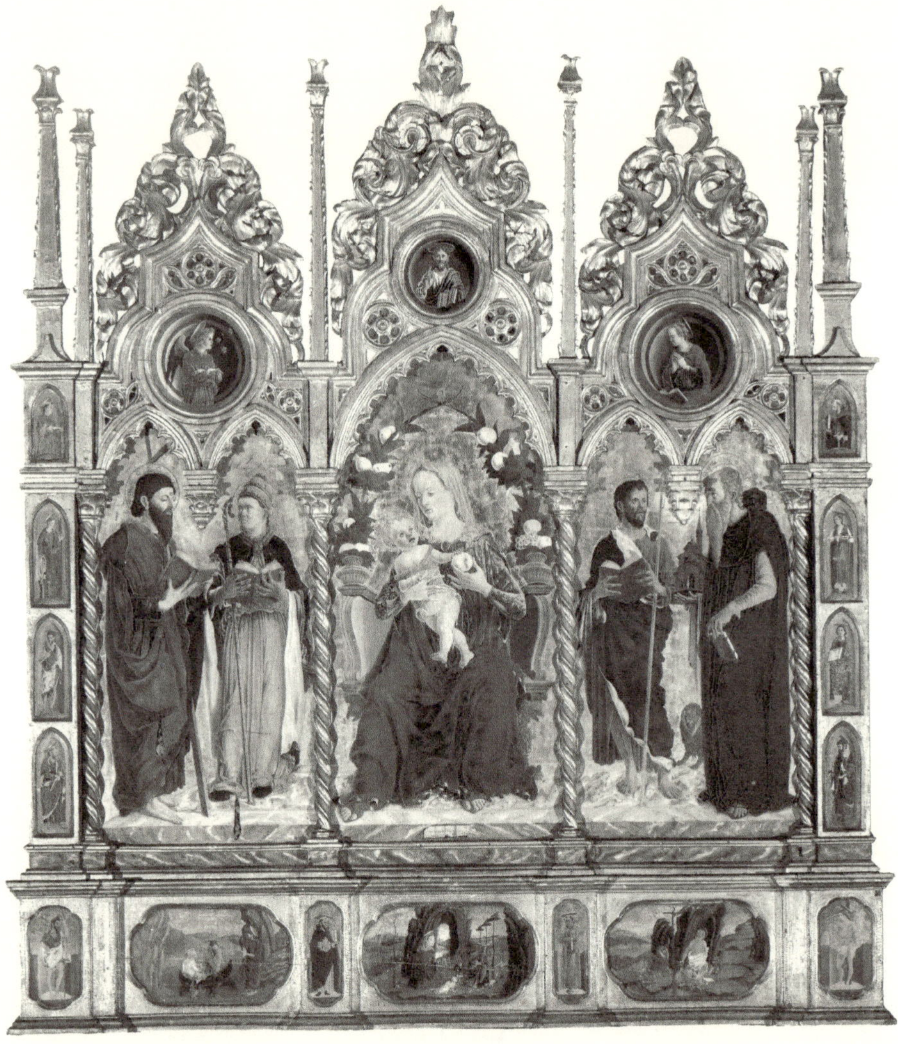

Fig. 38. Marco Zoppo (e Agostino de Marchi), *Polittico*, Bologna, San Clemente (Collegio di Spagna).

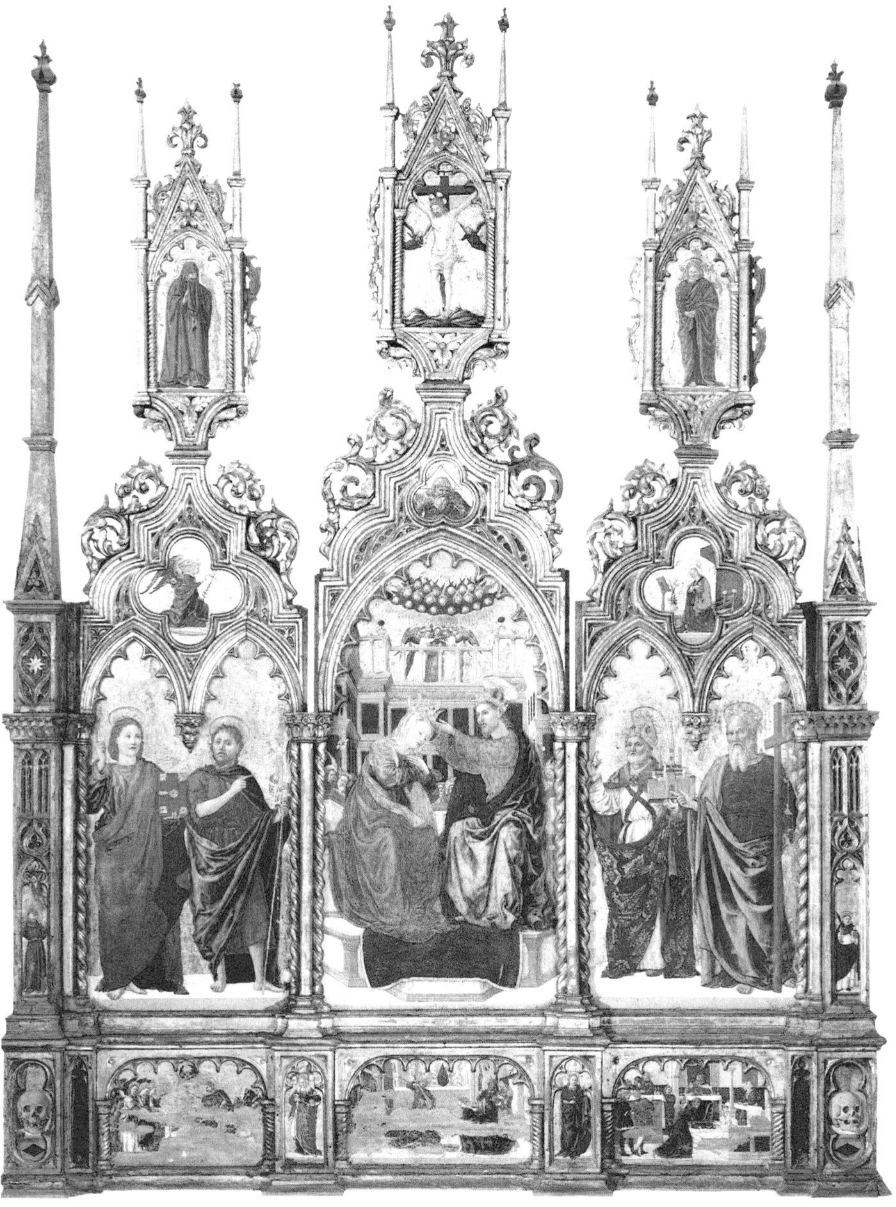

Fig. 39. Agnolo e Bartolomeo delli Erri (e Bartolomeo della Polla), *Polittico della Morte*, Modena, Galleria Estense.

freccia del tempo anche in ordine alla forma degli altari, che non è comunque possibile ridurre ad un'unica tipologia regionale.

Nella ricostruzione del polittico Griffoni fatta in mostra (come in quelle che l'hanno preceduta o seguita) alla tavola della Pinacoteca Vaticana è stato assegnato un posto che a Bologna può contare sull'esempio dell'altare di san Bernardino delle Collezioni Comunali (Fig. 40) e del gemello (soltanto tipologico) di Francesco del Cossa, che almeno per le parti primarie dell'*Annunciazione* e della predella si può ricomporre con sicurezza (Tav. VII).[101] Nell'altare ancora integro la predella è suddivisa in nuclei narrativi distinti, ma il campo destinato alla pittura è continuo e sgombro da divisori aggettanti. Nella predella oggi a Dresda (Tavv. VIII-IXa) Cossa aveva poi saputo sfruttare genialmente l'unità del piano pittorico guardando lo srotolarsi dell'intera scena dell'*Adorazione dei pastori* come attraverso un *fish-eye*. I due altari provenienti dalla chiesa dell'Osservanza sono però di un tipo ben diverso da quello Griffoni. Non soltanto hanno dimensioni più ridotte, sono «tavole quadre» alla toscana; e per loro natura tettonica, corrispondono ad un basamento continuo il cui dado è in genere figurato. Predelle piane di quel tipo, in Toscana e in Italia Centrale, erano diffuse da tempo, ma stavano appunto sotto «tavole quadre», dove le diverse circostanze del racconto sacro venivano distinte senza ricorrere a modanature aggettanti.[102]

---

101 Per l'accostamento fra i due altari provenienti dall'Osservanza, D. Benati, *Carlo Volpe e Francesco del Cossa. Conferme per un'attribuzione*, «Arte a Bologna», III, 1992, pp. 27-34; R. Cobianchi, *«Lo temperato uso dele cose». La committenza dell'Osservanza francescana nell'Italia del Rinascimento*, Spoleto, Fondazione Centro italiano di studi sull'Alto Medioevo, 2013, pp. 130-131; De Marchi, *La pala d'altare. Dal polittico alla pala quadra*, cit., p. 202. Il gemellaggio tipologico non riuscirebbe altrettanto evidente se si accogliesse la ricostruzione dell'altare di Cossa proposta da Cavalca, *La pala d'altare a Bologna*, cit., p. 264, dove due semicolonne simili alla colonna *ficta* nel dipinto sono fiancheggiate da larghi semipilastri: il richiamo al trittico di San Zeno di Mantegna dovrà tenere conto delle diverse dimensioni; così come una simile declinazione del linguaggio architettonico classico si dovrà attendere, negli altari, a date più inoltrate (a p. 332 riferisce il consenso di Matteo Ceriana e il dissenso orale di Andrea De Marchi, esplicitato in De Marchi, *La pala d'altare. Dal polittico alla pala quadra*, cit., p. 202; a cui si aggiunga il mio del 2011, nello studio ripubblicato qui di seguito, ed ora quello di Calogero, *Marco Zoppo ingegno sottile*, cit., pp. 173-174: una ricostruzione «insostenibile da un punto di vista strutturale e senza alcun riscontro tipologico e materiale»).

102 Il punto è decisivo, in vista della predella narrativamente continua. Anche il precedente trecentesco di una predella allungatissima (ma non unica) nella pala carmelitana di Pietro Lorenzetti va ricondotto all'inconsueta proporzione della sovrastante parte centrale del polittico, che è quasi quadrata (10:9). La predella composta da un'unica tavola restava subordinata alla struttura lignea e iconografica sovrastante. Fin dal quarto decennio del secolo Giotto aveva lasciato a Bologna l'esempio (poco frequentato *in loco*) di una predella non sbalzata, ma scandita in distinti nuclei di figurazione, iconica e ornamentale; ma si trattava di un polittico. Così come nel caso del finto polittico che Lippo Vanni dipinse su un muro di San Francesco a Siena (sul caso e su questo genere di pittura, che ci fornisce informazioni di prima mano sugli

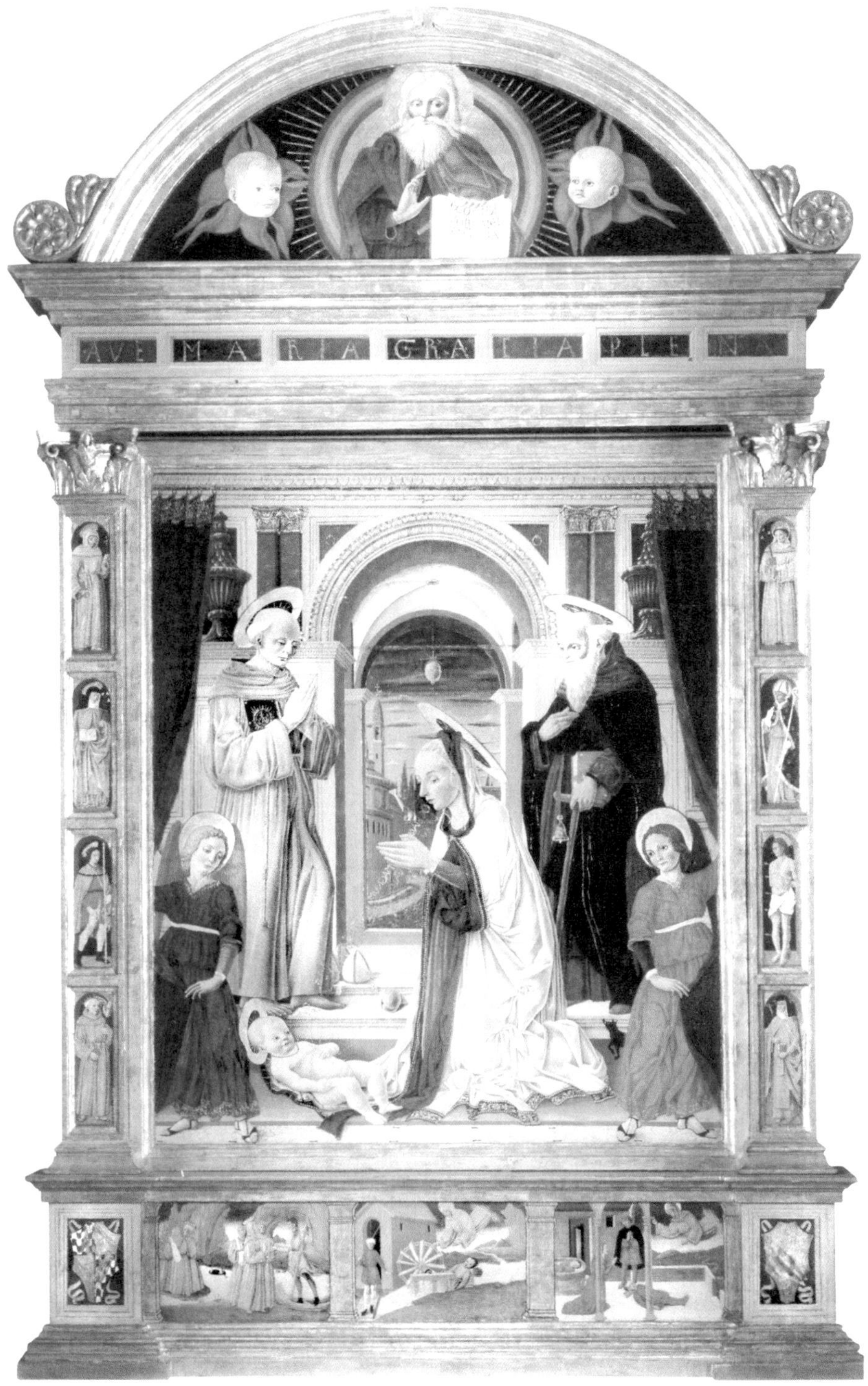

Fig. 40. Anonimo bolognese c. 1475, *Polittico di san Bernardino*, Bologna, Collezioni Comunali d'arte.

L'unitaria soluzione narrativa inventata da Cossa fu per Ercole de Roberti un punto di riferimento determinante. Ma poteva esserlo solo in parte: nel modo di concatenare i diversi luoghi e tempi del racconto; di dilatarli all'estremo, dando continuità allo spazio figurativo. Resta il fatto che le due tavole s'incardinavano in altari del tutto diversi, quanto a struttura.

L'altare Griffoni è un polittico, non una «tavola quadra». Se non può incorporare la predella vaticana, è perché la sua intera struttura è articolata in modo diverso. Se di predelle non ne alloggia più d'una, al modo emiliano di Marco Zoppo o degli Erri, è perché non è concepito in modo simile a quei trittici superbamente tradizionali. Non riesce però incomprensibile, quel basamento descritto da Orlandi in modo tale da non poter includere nel modo più assoluto la tavola vaticana. Lo si trova spesso in Veneto, già prima di Squarcione, poi nei tanti altari dei Vivarini dove il basamento è fatto di intagli e trafori, restando così di competenza del solo marangone, non del pittore.[103] Questo suggerimento vale per la struttura tipologica, non per l'esito figurativo. Piuttosto, il basamento aniconico del polittico, secondo il disegno settecentesco, va in direzione del trittico di Giovanni Bellini nella sacrestia dei Frari (Fig. 12) o del polittico di Cima da Conegliano ad Olera. La testimonianza grafica è preziosa se s'intende collocare il caso bolognese nello svolgimento multilineare e interregionale degli altari rinascimentali: la struttura lignea acquista più forte evidenza rispetto ai campi pittorici, ne organizza la figurazione e al tempo stesso se ne distingue, dando pieno senso architettonico al basamento. Ora, in ordine alla parte basamentale, non si tratta più di guardare il disegno con cautela o sospetto, come è stato fatto per altre. Bisognerebbe attribuire ad Orlandi propositi deliberatamente ingannevoli (e si dovrà spiegare perché).

Di conseguenza, diventa necessario che la tavola vaticana avesse in origine una sistemazione diversa da quella che s'intende in genere con il termine predella; una sistemazione connessa all'altare, così come videro Lamo e Vasari, ma anche sufficientemente distinta. In breve, decorava la

---

altari reali, E. Camporeale, *Polittici murali del Trecento e Quattrocento: un percorso dall'Umbria alla Toscana*, «Atti e memorie dell'Accademia toscana di scienze e lettere la Colombaria», LXXVI, n.s., LXII, 2011, pp. 11-77).

103 Abbrevio con un unico rinvio alle illustrazioni del fondamentale Humfrey, *The Altarpiece*, cit., p. 7 (altare scolpito di Pola, circa 1480), p. 11 (altare dell'*Annunciazione*, 1452, Gazzada, Fondazione Cagnola), p. 37 (altare di San Marco di Bartolomeo Vivarini ai Frari); p. 133 (polittico di Pesaro, del 1464, alla Pinacoteca Vaticana; p. 136 (polittico di Cima già a Capodistria); p. 144 (polittico dei Vivarini a Bologna); p. 164 (Giovanni di Alemagna e Antonio Vivarini a Praga); p. 170 (polittico Morosini di Bartolomeo Vivarini nell'incisione di Sasso); p. 192 (Antonio e Bartolomeo Vivarini, Osimo); p. 217 (Alvise Vivarini, polittico di Montefiorentino, 1476). Per i polittici di primo Cinquecento si vedano i disegni contrattuali illustrati alle pp. 150-152.

faccia esterna dello stilobate, per così dire, dell'altare. Era la parte figurata del suo «peduccio» – se il termine di Lamo serve a distinguerlo dalla predella che entra in pieno nell'organismo dell'altare. L'altare Griffoni aveva un gradino dipinto approssimativamente simile a quello di Gandolfino a Savigliano.[104] C'era una sorta di doppia predella. Alla funzione assegnata al «peduccio» nel congegno liturgico di San Petronio non doveva però corrispondere un'impaginazione troppo svincolata dall'altare sovrastante. Una suggestione di massima la può dare il finto polittico affrescato non troppo tempo prima nella cappella di sant'Ambrogio della stessa basilica (Fig. 41), dove il basamento che include i pilastrini ruotati di 45° appoggia in modo chiaro e distinto su un gradino continuo.[105]

Quanto alla doppia predella, non sarebbe stato un *unicum*, se per predella s'intende sia la base dell'altare usata a scopi narrativi, sia il gradino su cui è posato l'intero altare, usato ai medesimi scopi. Nel caso Griffoni la situazione era un po' diversa: il vero e proprio basamento era aniconico e modanato, quello sottostante illustrato e continuo. Ha comunque senso, in ordine al nostro caso, ricordare senza eccessive distinzioni i precedenti di predella doppia, anche perché si apre una partita almeno in potenza distinta fra Ercole, che fu pienamente responsabile del «peduccio» Griffoni, e Cossa. Si può parlare di precedenti, non essendo vero che l'altare di Piero della Francesca a Perugia – che di predelle ne ha appunto due – sia l'unico di quel tipo nel Quattrocento, dopo quello di Giovanni da Milano a Prato nel secolo precedente.[106] Basta andare a Prato per trovarne un

---

104 Una bella immagine dell'altare di San Pietro a Savigliano in *Gandolfino da Roreto e il Rinascimento nel Piemonte meridionale*, cit., p. 148: nell'elemento centrale della predella c'è una storia dipinta, mentre il gradino sottostante è decorato per tutta la lunghezza con medaglioni di santi.

105 Benati, *La pittura rinascimentale*, cit., p. 151, con bibl., avanza la possibilità che sia opera di Jacopo di Cristoforo Moretti, sulla base di un fondo di stile lombardo piuttosto che veneto (dove però la bella riproduzione a p. 153 è parzialmente sforbiciata proprio in corrispondenza del gradino). L'utilizzo nel nostro contesto di tale testimonianza figurativa va comunque fatto con prudenza: non tanto per la distanza stilistica da Cossa o De Marchi, ma perché la finzione pittorica è riferita in modo volutamente ambiguo ad un altare che può essere ligneo quanto lapideo.

106 C. Gilbert, *Nascita e crescita di un polittico*, in *Piero della Francesca. Il Polittico di Sant'Antonio*, Catalogo della mostra (Perugia 1993), a cura di V. Garibaldi, Perugia, Electa Editori umbri, 1993, pp. 79-88: 83 (non può essere condivisa, inoltre, la proposta di una tanto marcata evoluzione materiale e cronologica del trittico, che dovendo adattarsi ad uno spazio liturgico ridotto e del tutto particolare, non poteva rispondere ad una delle più consuete tipologie). In generale, ma solo fino al termine del sec. XIV, A. Preiser, *Das Entstehen und die Entwicklung der Predella in der italienischen Malerei*, Hildesheim-New York, Olms, 1973 (a p. 326 il caso di Giovanni da Milano a Prato). Un esempio di polittico con doppia predella, più antico di quello pratese di Giovanni da Milano, è quello – non più integro – di Bernardo Daddi per Santa Maria del Fiore (per ultimo Stefano G. Casu, scheda n. 52, in *La fortuna dei primitivi. Tesori d'arte delle collezioni italiane fra Sette e Ottocento*, Catalogo della mostra (Firenze, Galleria dell'Accademia, 24 giu-

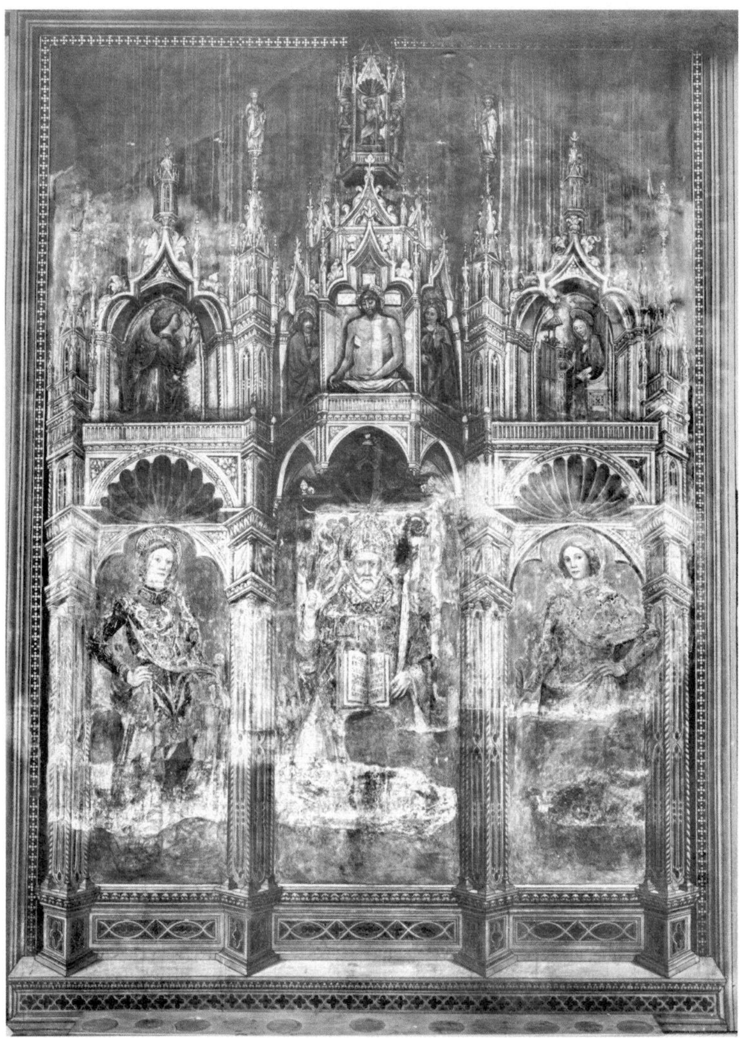

Fig. 41. Jacopo di Cristoforo Moretti (?), *Finto polittico*, Bologna, San Petronio.

gno-8 dicembre 2014), a cura di A. Tartuferi e G. Tormen, Firenze, Giunti, 2014, pp. 320-325). Una doppia predella, a scala assai variata, si vede sotto il trittico dell'Assunta (1401) nel duomo di Montepulciano di Taddeo di Bartolo (De Marchi, *Norma e varietà*, cit., p. 208, G.A. Solberg, *Taddeo di Bartolo*, Catalogo della mostra (Perugia 2020), Cinisello Balsamo, Silvana, 2020, p. 21). E andando avanti nel tempo, il racconto delle storie della Croce richiese di "andare capo" con un secondo registro di predella nell'altare di Luca di Paolo del Museo Piersanti di Matelica (scheda n. 13 di Matteo Mazzalupi in *Luca di Paolo e il Rinascimento nelle Marche*, Catalogo della mostra di Matelica a cura di A. Delpriori, Perugia, Quattroemme, 2015, pp. 84-88).

altro, di Pietro di Miniato; ed altri ancora (non tantissimi) se ne potranno rammentare, con una predella soltanto dipinta o entrambe.[107] La predella-gradino poteva essere un elemento dell'arredo liturgico che si aggiungeva in un diverso momento, per quanto ravvicinato, come nel caso del *Cristo e gli apostoli*, dipinto con mano non fosse altro più greve di quella di Serafino Serafini, sotto il suo polittico (1385) nel Duomo di Modena, che un basamento rilevato e scandito da losanghe aggettanti e dorate già lo aveva (Fig. 42).[108]

Nel 1603 Cavazzoni nomina «la *predella dissoto* de mano di Ercole da Ferrara», come se di predelle ce ne fossero appunto due: specificazione superflua in presenza del termine proprio, mentre, così posposto, l'avverbio prende valore aggettivale.[109] Sotto l'altare Griffoni il *peducio* privo di partizioni rilevate ha un grado di autonomia anche maggiore; la sua unità è la condizione che fa funzionare il racconto biografico affidato ad Ercole

---

107 Sul polittico con doppia predella di Pietro di Miniato, commissionato nel 1413 per legato testamentario di Marco Datini, la scheda n. 7 di Angela Protesti in *Il Museo Civico di Prato. Le collezioni d'arte*, a cura di M.P. Mannini, Firenze, Cassa di Risparmio, 1999, pp. 66-68. Il trittico di San Giovanni Gualberto oggi in Santa Croce a Firenze, opera di Giovanni del Biondo, sta su una predella dipinta circa un quarto di secolo dopo (M. Boskovits, *Pittura fiorentina alla vigilia del Rinascimento 1370-1400*, Firenze, EDAM, 1975, fig. 307, oppure C. Merzenich, *Carpentry and Painting in Florentine Altarpieces of the First Half of the 15th Century*, «Mededelingen van het Nederlands Instituut te Rome», LV, 1996, pp. 111-148: 123). Una situazione inversa a quella indotta per il polittico Griffoni si dà nell'altare di Alvar Pirez (1424) oggi nel Museo di Volterra dove lo scalino aniconico (a stucco e dorato) fu verosimilmente aggiunto, nel gusto dell'acerbo classicismo senese, una cinquantina di anni dopo che l'altare e la predella erano stati dipinti (l'insieme è ben riprodotto in *Álvaro Pirez de Évora. Um pintor portoguês na Itália do Quattrocento*, Catalogo della mostra, Lisboa 1994, p. 94, mentre alla più recente mostra sul pittore portoghese l'altare figurava privo della seconda predella, ritenuta non pertinente: Giulia Scarpone, scheda n. 57, in *Álvaro Pirez d'Évora. A Portoguese Painter in Italy on the Eve of Renaissance*, Catalogo della mostra (Lisboa, Museu Nacional de Arte antiga, 29 nov. 2019-15 mar. 2020), Lisboa 2019, pp. 192-193). La stessa combinazione, ma senza scarti di mano o di tempo, si ha nell'altare di Pellegrino da San Daniele ad Aquileia, nella Basilica Patriarcale (E. Francescutti – N. Buttazzoni, *Considerazioni in margine al restauro del* Polittico di Aquileia *di Pellegrino da San Daniele*, in *La scultura lignea. Tecniche esecutive, conservazione e restauro*, Atti della giornata di studio (Belluno, 14 gennaio 2005) a cura di A.M. Spiazzi e L. Majoli, Cinisello Balsamo, Silvana, 2007, pp. 155-174: 156. M. Salmi, *La pittura di Piero della Francesca*, Novara, Istituto geografico De Agostini, 1979, p. 179, sospettò che avesse avuto doppia predella l'altare di Piero della Francesca per gli Agostiniani di Sansepolcro: ipotesi non necessaria e che non ha avuto seguito.

108 La scheda di Raffaella Cattinari in *Il Duomo di Modena*, a cura di C. Frugoni, 2 voll., Modena, Panini, 1999 («Mirabilia Italiae», 9), pp. 301-303, ricapitola le informazioni documentarie e bibliografiche sull'altare di Serafino Serafini. R. Gibbs, *Tomaso da Modena. Painting in Emilia and March of Treviso, 1340-80*, Cambridge, Cambridge Univ. Press, 1989, pp. 218-219 (e *ad indicem*) ha avuto il merito di non riferire il 'gradino' allo stesso pittore dell'altare (cosa stranamente passata al vaglio di Carlo Volpe), non quello di riconoscervi la mano di Bartolomeo e Jacopino da Reggio.

109 Cavazzoni, *Scritti d'arte*, cit., p. 67.

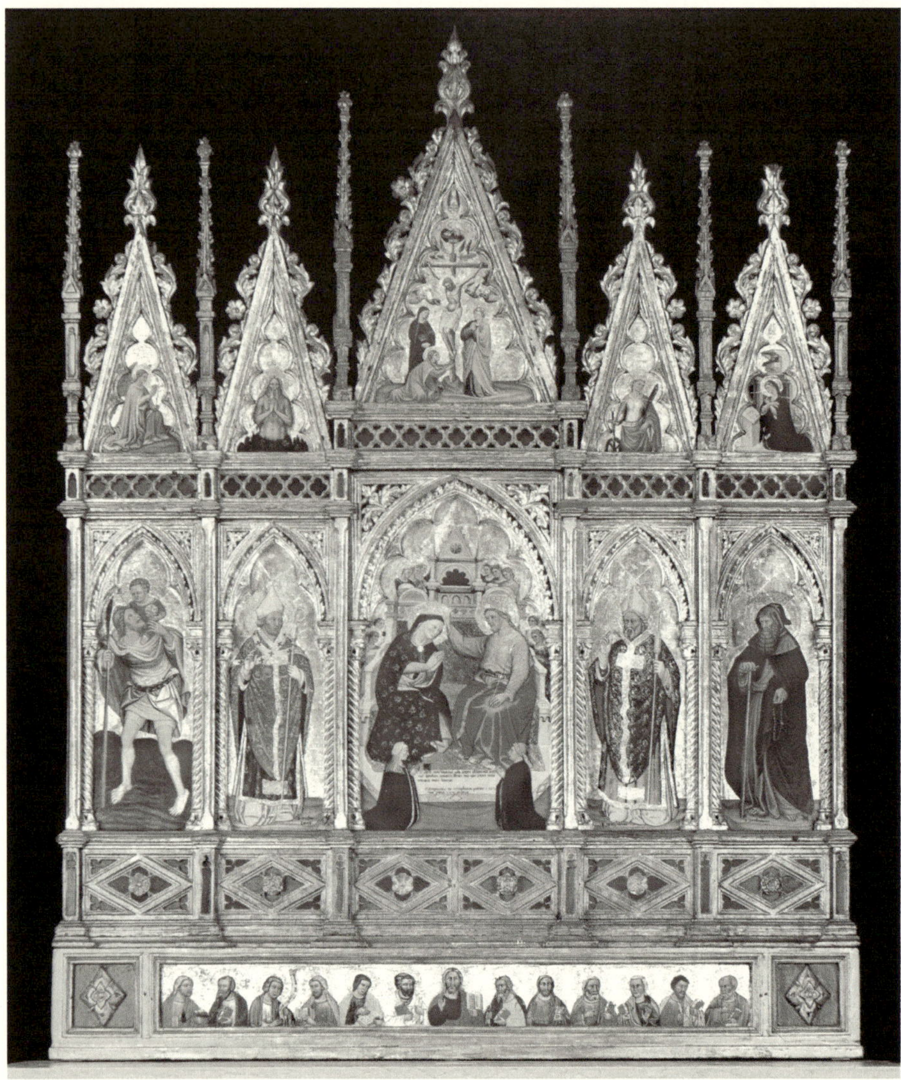

Fig. 42. Serafino Serafini, *Polittico*, Modena, Cattedrale (con peduccio di altro pittore).

de' Roberti: una sequenza di coaguli spaziali e inarcamenti di luogo entro un sistema gestuale continuo. Se gli storici dell'arte hanno insistito sulla novità tipologica della tavola vaticana, è stato anche per dire che non trovò seguito e che, a gioco lungo, quel tipo di 'predella' non poteva coesistere al decollo dell'unitaria pala d'altare nell'arte classica del Cinquecento.[110] L'altare Griffoni fu cruciale proprio in questo senso, ma in quanto struttura complessa, e fatalmente recessiva.

La distinzione di mani sarebbe stata altrettanto evidente, agli occhi di Vasari, se fosse stata percepita questa distinzione strutturale? La funzione reale della tavola vaticana, che non era intrinsecamente legata all'altare, potrà forse aiutarci a comprendere perché ne fosse incaricato un pittore geniale, ma ancora giovanissimo, che aveva dipinto le sole figurine dei pilieri, ma alle dipendenze del più anziano Cossa; mentre qui appare assai più autonomo e caratterizzato. Tanto da lasciar convinti che quei gesti dilungati e quelle espressioni abnormi, quei nodi grafici che a volte prevalgono sulle curvature prospettiche, abbiano origine a Schifanoia ben più nel mese di *Settembre* (non si sta certo dando per blindata la divinazione di Longhi) che nella parete dipinta da Cossa, che forse non fu mai, come lì, tanto delicatamente rustico e implacabilmente limpido. E non sarà neppure possibile spiegare le inclinazioni stilistiche della tavola con uno scarto di tempo rispetto all'altare, come arrivò a concedere lo stesso Longhi.[111] In quella condizione di parziale autonomia da Cossa si nasconde forse, si è appena detto, una delle ragioni per cui il Vasari giuntino insiste a distinguere fra le 'maniere' diverse dell'altare e della predella. Lo avrà fatto in omaggio al modello pliniano dell'allievo che vince il maestro, ma chissà che in que-

---

110 D. ARASSE, *L'uomo in prospettiva. I primitivi italiani* [1978], Torino, Einaudi, 2019, p. 278, ricorda in questo senso la predella vaticana e quella di Cossa a Dresda, ma distinguendo correttamente i casi in forza delle loro dimensioni; qui e nel commento all'illustrazione a p. 293, indica come l'esempio non abbia avuto seguito e ne dà spiegazione con lo svolgimento verso la forma di altare cinquecentesca. La battuta che sarebbe assurdo pensare ad un altare di Raffaello con predella va ovviamente corretta in base alla giovanile pala Ansidei, ma nella sostanza esprime efficacemente una profonda mutazione dei paradigmi visivi. Mutazione che rende tanto più significative la pala e la predella di santa Lucia di Lorenzo Lotto a Jesi. Le predelle continue che troveremo in seguito a Bologna, oggi erratiche, in origine si trovavano sotto una tavola a campo unificato (Costa: *Assunta* di Monteveglio e predelle di Raleigh; Francia; Aspertini). Come segno di una latente autonomia della predella continua, si possono ricordare un paio di casi veronesi del primo Cinquecento: uno di Giolfino (1518) a Santa Anastasia, l'altro di Michele da Verona in Duomo (il primo perché la storia domenicana raffigurata non si collega, almeno in modo esplicito, alla sovrastante *Pentecoste*; il secondo, con la *Storia di Gioacchino e Anna*, è oltretutto di un pittore diverso da quello della pertinente tavola con quattro santi, ora al Museo Capitolare).

111 LONGHI, *Officina ferrarese*, cit. [*Ampliamenti* 1940, p. 129], commentando il riscoperto pagamento della «capsa», scriveva: «si potrà tuttavia ammettere che la predella e qualche pannello di contorno all'altare fossero, dal Roberti, immessi un po' più tardi nel superbo complesso». A tale proposito, è un puro incidente editoriale – occorso in un libro postumo – l'affermazione di A. CHASTEL, *La pala d'altare nel Rinascimento*, a cura di CH. LORGUES-LAPOUGE, Milano, Garzanti, 1993, p. 50, che fu Ercole «intorno al 1478 a terminare dopo la morte del Cossa l'importante impresa della pala Griffoni», detto per evidente scambio con la cappella Garganelli (difatti l'errore non è ripetuto a p. 165).

sto caso non rispondesse anche all'articolazione non del tutto consueta del complesso. Tanto più che sente la necessità di aggiungere: «amendue furono fatte *in un medesimo tempo*» (quasi una precisazione «non petita»).[112]

Diventa allora intrigante riaprire le *Pitture di Bologna*, anno 1686, dove Malvasia, canonico di San Petronio, sembra capovolgere le preferenze del Vasari torrentiniano e del concittadino Lamo: è registrato soltanto l'altare di Cossa / Costa e clamorosamente ignorato il «peduccio» di Ercole de Roberti. Omissione incomprensibile perché – come si è già ricordato – Malvasia aveva dato un asterisco alla tavola di San Giovanni in Monte. La predella Griffoni ricompare nell'edizione delle *Pitture di Bologna* del 1706. Sicché nasce il sospetto che in un momento compreso fra l'anno 1666 (quando Masini – «l'esatto Masini», per Malvasia – nomina entrambi i pittori e le competenze loro nella cappella Griffoni)[113] e l'anno 1686, il «peduccio» di Ercole venisse tolto d'opera, assieme alla cassa di Agostino de Marchi, e riemergesse in seguito soltanto come tavola dipinta, nella posizione registrata dal disegno di Orlandi e poi rievocata da Giuseppe Baraldi; collocazione che copre l'intero basamento dell'altare senza far corpo con esso, e così anomala e poco stabile da giustificarsi solamente con il suo prestigio storiografico.[114] Quel lasso di tempo si restringerebbe ulteriormente tenendo conto della menzione della predella fatta da Bianco Negri nel 1680; ma è ripetizione così puntuale del Masini che potrebbe anche prescindere da un controllo *de visu*, spiegazione che non si può certo dare per il canonico Malvasia.[115]

---

[112] Sarà interessante ricordare la «risposta» a Vasari data da Girolamo Baruffaldi, che avrà fatto a tempo a vedere l'altare ancora integro: della predella dice che fu eseguita «dopo qualche tempo» (Baruffaldi, *Vite de' pittori e scultori ferraresi*, cit., I, p. 112, con l'aggiunta a p. 135 che «molte stupende figure così ben fatte, e di sì bella e buona maniera, che per la fatica e diligenza d'esso lui solo impegnatevi, meritano maggior osservazione che le figure, benché più grandi, sulla tavola esposte»). Per la datazione del ms. del Baruffaldi, che alle *Vite* attendeva almeno dal 1697, M.A. Novelli, *Storia delle* Vite de' pittori e scultori ferraresi *di Girolamo Baruffaldi. Una vicenda editoriale e culturale del Settecento*, San Giovanni in Persiceto, Aspasia, 1997, pp. 21-22.

[113] P.A. Masini, *Bologna perlustrata. Terza impressione notabilmente accresciuta*, 3 voll., Bologna, per l'erede di Vittorio Benacci, 1666 [ed. anast. con intr. di M. Fanti, Sala Bolognese, Forni, 1986], p. 111: la «base o peduccio [...] con molte figure di Ercole da Ferrara».

[114] Nel corso del dibattito che ha chiuso la *Giornata di studio attorno al polittico Griffoni* (29 ottobre 2020) Mauro Natale ha prospettato, intervenendo a caldo, la possibilità che la base architettonica esistente al tempo di Orlandi potesse risalire al Cinquecento. Non mi pare che dal disegno sia consentito desumere una forma architettonica incoerente con una cronologia quattrocentesca. E d'altronde – se per ragioni di gusto o di funzionalità – fosse stato necessario rinnovare questa parte dell'altare, la predella dipinta vi sarebbe stata rialloggiata oppure avrebbe già avuto allora altro destino.

[115] B. Negri, *Basilica Petroniana, overo vita di S. Petronio vescovo e protettore di Bologna, con la descrittione della sua chiesa e funzioni cospicue fatte in essa*, Venezia, presso Andrea Gulneri, 1680, p. 25.

Il disegno del 1725 descrive insomma lo stato del polittico Griffoni in quell'anno, non nel 1473.[116] Al tempo di Orlandi, del «peduccio» inteso come mobile liturgico su cui posava la cassa con l'altare, restava soltanto la faccia dipinta da Ercole. Tal quale come oggi la vediamo? Se si dà credito al disegno settecentesco, assolutamente no: la linea puntinata che corrisponde alla «storia con figure piccole» giunge fino al limite esterno del basamento. Ma non è solo questo che spinge a dire no.

Quando lo fece conoscere, di primo acchito Daniele Benati suggerì che il disegno – oltre che a Longhi: per la riaggregazione – potesse dar ragione a Martin Davies, convinto che la tavola vaticana fosse stata tagliata in tempi posteriori.[117] Soluzione rifiutata nelle ricostruzioni successive alla scoperta (tranne l'ultima: Fig. 23), come già in quelle precedenti: non solo la primissima di Frizzoni (Fig. 2), ma anche in quelle accresciute da Longhi (Figg. 3, 6), che pure si arrovellò in una nota attorno a «quella singolare anomalia prospettica», fiutando in modo un po' troppo comodo un'aggiunta fatta in corso d'opera (il contrario di un taglio, dunque).[118] In effetti, il nobilissimo tempio tetrastilo (Tav. XIIa) marcatamente posto in proiezione centrale – e di una centralità rafforzata dall'unica occasione in cui san Vincenzo Ferrer compare a figura intera nel racconto dei suoi miracoli – quel tempio sopporta malissimo di non trovarsi sullo stesso asse verticale del predicatore al centro del polittico.[119] Al tempo stesso, il mancato allineamento sull'asse centrale, indebolisce quell'«impressive caryatid» che è il san Vincenzo Ferrer di Cossa.[120] Lo spostamento laterale del fulcro della predella, sarebbe insomma «un'incongruenza difficile da

---

116 Della cronologia del polittico Griffoni e del riferimento del 1472 si discute nella *Postilla E*.

117 Benati, *La pittura rinascimentale*, cit., pp. 167, 193 (n. 28), opinione confermata poco dopo in Id., *Per la ricostruzione del polittico*, p. 173, e soprattutto in Benati, *Quanti erano i santini*, cit. La proposta che la predella vaticana fosse stata tagliata risale in particolare a M. Davies, *National Gallery Catalogue. The Earlier Italian Schools*, London 1961², p. 116. Il problema viene discusso, propendendo in senso contrario al taglio, anche da Manca, *The Art of Ercole*, cit., pp. 93-94, mentre appare decisissima a difenderne l'integrità Cavalca, *La pala d'altare a Bologna*, cit., p. 334.

118 Longhi 1956, pp. 102-103, nota 82 (nel 1934 Longhi giungeva a supporre che la predella «fosse originariamente pensata per una minore estensione» e che, per un qualche cambiamento in corso d'opera, alla tavola fosse sta aggiunta la parte a destra dell'episodio con l'incendio).

119 Su questo punto Cecilia Cavalca, nel corso del dibattito nato dalla *Giornata di studio attorno al polittico Griffoni* (20 ottobre 2020), ha obiettato che anche le altre due forme edilizie della predella – così come è stato presentato l'altare alla mostra – sono poste in corrispondenza dei santi Pietro e Giovanni Battista sovrastanti. La constatazione non sembra fondata, sia perché tale corrispondenza è ad essere generosi approssimativa, sia perché viene così eluso il ben più forte effetto di frontalità di san Vincenzo posto in asse con il fuoco prospettico della 'predella'.

120 L'immagine è di B. Nicolson, *The Painters of Ferrara. Cosme Tura, Francesco Del Cossa, Ercole de' Roberti and Others*, London, P. Elek, 1950, p. 12.

giustificare in questo altare tutto improntato da un ferreo razionalismo prospettico».[121] Il bordo che corre lungo i lati della tavola e che s'intravede sotto la cornice non è più, comunque, quello risparmiato dalla preparazione e dalla pittura nelle tavole integre, ma fu dipinto di scuro nel momento in cui per la tavola si apriva un nuovo destino collezionistico. Dove altro potevano essere fatte le stuccature di cui si parla nell'ormai cruciale lettera del 21 novembre 1725?[122] Anche l'aggiunta di questo bordo non esclude un taglio sul solo lato sinistro, che è invocato da una così esibita centralità prospettica del tempio.[123]

Ogni incertezza a riguardo è stata superata riferendo, oggi come ieri, che nel Laboratorio di restauro dei Musei Vaticani si è sicuri dell'integrità fisica della tavola. Peccato che non siano state pubblicate (ma semplicemente raccontate) analisi tecniche in grado di escludere tagli; peccato che il restauratore dei Musei Vaticani che avrebbe dovuto partecipare alla *Giornata di studio* organizzata a mostra in corso non abbia poi tenuto la prevista relazione sulle analisi non invasive della predella di Ercole, che si sperava di trovare almeno negli atti a stampa.

---

121 Benati, *La pittura rinascimentale*, cit., p. 193, nota 28.

122 Cavalca, *La pala d'altare a Bologna*, cit., p. 383.

123 Nella versione a stampa di Poldi, *Analisi tecniche comparate*, cit., pp. 180-186, è stata aggiunta una dettagliata *Nota sul disegno di Orlandi e sulle posizioni delle tavole con qualche computo metrico*. Essa muove in direzione del tutto contraria a quanto era stato da me anticipato in tale occasione. Sicché quanto è stato più ampiamente esposto fino ad ora vale come risposta. Poldi pubblica a fig. 81 una ricostruzione dell'impianto prospettico del primo registro del polittico basata sulle immagini ortofotografiche di Factum Arte. Individuato il punto di fuga, ottiene il giusto distanziamento fra le tre tavole (si sa che calcoli del genere tornano sempre bene nella grandezza di un in-16°). Assommando le misure delle tre tavole e dei due intervalli di spazio, Poldi ottiene la stessa lunghezza della tavola vaticana, che dunque non fu accorciata. Sembra però fatale che essa sia stata esclusa dall'immagine ricostruttiva. Resto dunque convinto che la coordinazione sull'asse verticale che passa per san Vincenzo e spartisce il tempio tetrastilo sia un dato *figurativo* tanto più forte di quella che fa riferimento al punto prospettico del primo registro. Se un pittore imposta con rigore assoluto l'impianto di un sistema complesso, l'intero organismo entra in relazione con il fulcro geometrico in maniera esibita; e nelle tre tavole maggiori del polittico Griffoni non mi sembra così assoluta, la funzione per così dire espressiva del centro prospettico. Nella sostanza lo schema di Poldi conferma la ricostruzione della mostra; e per quanto mi riguarda, la decisa preferenza per un impianto riferito al perno centrale fissato dal tempio tetrastilo ha avuto il miglior collaudo, ma in negativo, proprio davanti alla ricostruzione a scala naturale visibile in tale occasione. E poi, perché non potremmo prendere in considerazione la distanza che intercorre fra le due coppie di anelli lungo la barra, che pure servono di riferimento spaziale? Tale misura è uguale e simmetrica nelle tavole di Brera e dunque 'dovrebbe' esserlo anche rispetto agli anelli esterni di quella di Londra; mentre nella ricostruzione proposta da Poldi appare sensibilmente più ridotta. L'argomento serve soprattutto a dire con quale cautela vadano spesi i precisi computi metrici quando vengono riferiti ad un complesso che non esiste più (il caso delle tavolette Cini – le cui diverse grandezze erano sempre state evidenti a chi consultasse i cataloghi dei musei – dovrebbe insegnare qualcosa).

Nell'esatta riproduzione acromatica e tridimensionale della tavola vaticana esposta nella sezione aggiuntiva della mostra a cura di Factum Arte si poteva riconoscere lungo gran parte del lato in discussione – ma non lungo l'altro! – una sottile rilevanza regolare (Fig. 43). Non la si saprebbe interpretare in modo diverso da un listello aggiunto dopo il taglio, forse per regolarizzarne il profilo, e in seguito spezzatosi per probabile effetto della trazione esercitata dalla grande fenditura che traversa in orizzontale la tavola.[124] Sarebbe necessario considerare quanto siano espliciti questi o altri dati materiali e se siano davvero più sicuri di quelli propri dell'evidenza figurativa. Vale comunque e sempre la regola di quando entrano in contraddizione elementi di diversa natura: non è stabilito in partenza quale sguardo disciplinare conti di più.

Nelle ricostruzioni correnti, salvo quella di Benati, il punto di gravitazione dell'intera 'predella', finisce decentrato, incoerentemente.[125] Sposta-

---

124 Non mi risulta assolutamente chiaro come Poldi, *Analisi tecniche comparate*, cit., p. 187, possa dire che dalla «diversa planarietà mostrata dalle scansioni 3D [...] emerge chiaramente che una decurtazione ai lati è del tutto impossibile». Immagino che questa formulazione sarebbe riuscita comprensibile se non si fosse trattato di un'aggiunta dell'ultimissimo momento (condivide infatti il rimando alla fig. 11 del mio testo, corrispondente ad una costatazione fatta *in extremis* sulle bozze; e questa fig. 43 è una fotografia fatta con il cellulare, non quella a luce radente che sarebbe stata certo più utile). Ho più volte chiesto inutilmente alla Pinacoteca Vaticana di autorizzarmi a prendere visione della fotografia del retro della tavola, che era stata realizzata in vista della ricostruzione virtuale del polittico e che Factum Arte era disponibile a mettere a disposizione. Dopo l'email con cui mi si chiedeva cosa pensassi dello stato materiale della tavola e dopo mia franca risposta, dalla Pinacoteca Vaticana non si sono fatti più vivi. L'integrità della predella deve essere diventata un dogma che non sopporta riscontri empirici. Un uccellino mi riferisce che il retro della tavola non consente giudizi in merito alla sua integrità; e che essa è montata su un consistente telaio di rinforzo formato da una serie di rettangoli riempiti da tavole lasciate libere di muoversi, telaio e tavole coperte poi di una pittura protettiva. Non si può dunque verificare dal retro la natura della «diversa planarietà» – direbbe lo scienziato – che emerge lungo il solo lato sinistro. Se non fraintendo il cip-cip del medesimo uccellino, l'analisi radiografica condotta in anni più recenti non è sufficiente a chiarire se i due margini laterali sono stati tagliati. D'altronde, secondo l'ipotesi ricostruttiva desunta dal disegno (Fig. 44), il «peduccio» non poteva terminare con le scene dipinte, ma doveva avere ai suoi estremi modanature di supporto a stemmi o decorazioni; sicché era possibilmente connesso alle modanature in asse con i risalti del basamento e i pilieri da un innesto tenone-mortasa, e dunque un taglio dalla parte dei lati corti sarebbe stato necessario. La cosa meno improbabile è che nel 1725 (o anche prima, dato che la tavola era già stata smontata) si fossero regolarizzati i quattro lati.

125 L'unico caso di predella che viene a mente in cui un edificio a proiezione prospettica centrale è combinato ad uno sviluppo architettonico asimmetrico sembra essere quello della predella conservata in Sant'Agostino a Narni, opera che, se si vuole far un dispetto ad Antoniazzo Romano, gli viene ascritta. Ma l'impressione è dovuta soltanto a riproduzioni come quella di A. Parronchi, *Ricostruzioni. Piero della Francesca, l'Altare di Gand*, Milano, Medusa, 2003, fig. 13; in realtà quella che sembra una predella continua, con un edificio in prospettiva frontale che slitterebbe però in posizione decentrata, è soltanto un particolare fotografico. L'altare in quanto tale è smontato, ma la tavola sovrastante ha al centro una croce che ribadisce la centralità del punto focale della predella. Casi di edifici prospetticamente scanditi, ma decen-

Fig. 43. Replica a grandezza naturale, tridimensionale e acromatica della tavola vaticana di Ercole de Roberti realizzata da Factum Arte (part.).

to verso sinistra, il fulcro visivo di una così complessa cucitura panoramica di edifici, spazi e persone in movimento perde mordente; e la coordinazione dell'intero polittico ne risente.[126] Se ci fu dunque un taglio, grazie al

---

trati, si incontrano spesso nei cassoni; ma in questo caso doveva giocare un ruolo la visione d'infilata e più dinamica prevalente in spazi domestici.

126 Cavalca, *La pala d'altare a Bologna*, cit., p. 383.

disegno possiamo stabilire con sufficiente approssimazione di quale consistenza fu. Si tratta di ricollocare il fuoco prospettico del tempio tetrastilo sullo stesso asse verticale che passa per san Vincenzo Ferrer. Fatti i conti, un po' alla buona, dovrebbero mancare cm 42-44. Arrotondando i millimetri, l'originaria estensione della parte dipinta del gradino verrebbe ad essere cm 257. Se la mettiamo alla stessa scala del disegno di Orlandi, collocandola al di sotto del basamento disegnato con tratto continuo, vediamo che corrisponde alla distanza fra le modanature laterali (Fig. 44). Non si vorrà fantasticare su ulteriori tagli della tavola di Ercole de' Roberti. Sembra invece probabile che le parti esterne del «peduccio», corrispondenti alle modanature laterali, fossero semplicemente decorate, come vediamo nel polittico del Serafini a Modena (Fig. 42), o che fossero destinate – è più facile pensare – alle insegne araldiche dei committenti. Rimane un punto d'incertezza: la cassa pagata ad Agostino de' Marchi posava sul «peduccio» o lo inglobava? Il quadro dei raffronti consentiti è di fatto inesistente, ma la menzione da parte di Lamo del solo «peducio» e le considerazioni che ne sono derivate farebbero quasi preferire la prima soluzione.

Si è già accennato al fatto che Ercole de' Roberti vi si riconosce in modo sicuro; e questo sottintende che non fu propriamente un diretto «creato» di Cossa, come voleva Vasari (semmai, lo fu del pittore del *Settembre*; e se invece Ercole fosse stato attivo a Schifanoia, come voleva Longhi, la discendenza da Cossa sarebbe ancora più labile). Nell'impresa bolognese, fu piuttosto qualcosa come un associato in subordine. Certo, almeno per tutto quel decennio, Cossa divenne per Ercole decisivo. La rivelazione dell'ancora giovane o giovanissimo pittore avvenne nel «peduccio» più che nei piccoli santi dei pilastri, che sono pur suoi, a differenza dei due tondi dell'*Annunciazione*, che andranno restituiti a Cossa (*Postilla E*).[127] Sarà che

---

[127] I santi dei pilastrini restano opera di Ercole, tutti quanti. Basta un confronto – omogeneo per situazione e grandezza – con i due provenienti dalla pala dell'Osservanza, per riconoscerne la diversa grana pittorica. Per quanto nella loro impostazione si avverta sempre la presenza del pittore più anziano, responsabile del polittico. Nella predella sembra invece di vedere poco di Cossa, a dispetto di quanto sembrò a grandi maestri della disciplina: il giovanissimo R. LONGHI, *Breve ma veridica storia della pittura italiana* [1914], Firenze, Sansoni, 1980, p. 108, ricordava la predella come opera di Cossa, ma invitando i suoi allievi a considerarla «come preparazione» ad Ercole; una settantina di anni dopo Carlo Volpe aggiungeva sulle bozze dell'esordiente Daniele Benati: «su disegno di Cossa» (lo ricorda lo stesso BENATI, *Nella luce di Piero*, in *Piero della Francesca. Indagine su un mito*, Catalogo della mostra di Forlì, Cinisello Balsamo, Silvana, 2016, p. 144). Su una diversa sponda critica, ad esempio per SALMI, *Cossa, Francesco del*, cit., col. 4, la predella è «fondamentalmente del Cossa»; la convinzione che Cossa ne fosse «l'ideatore» è svolta poi in una più estesa analisi di stile da M. SALMI, *Ercole de' Roberti*, Milano, Silvana, 1960, pp. 14-18 (p. 14: «riteniamo il gradino vaticano composto dal Cossa e che Ercole lo colorisse pressoché interamente»). Così, per Roberto Salvini la predella portava entrambi i nomi (R. SALVINI – L. TRAVERSO, *Predelle dal '200 al '500*, Firenze, Vallecchi, 1959, pp. 217-222).

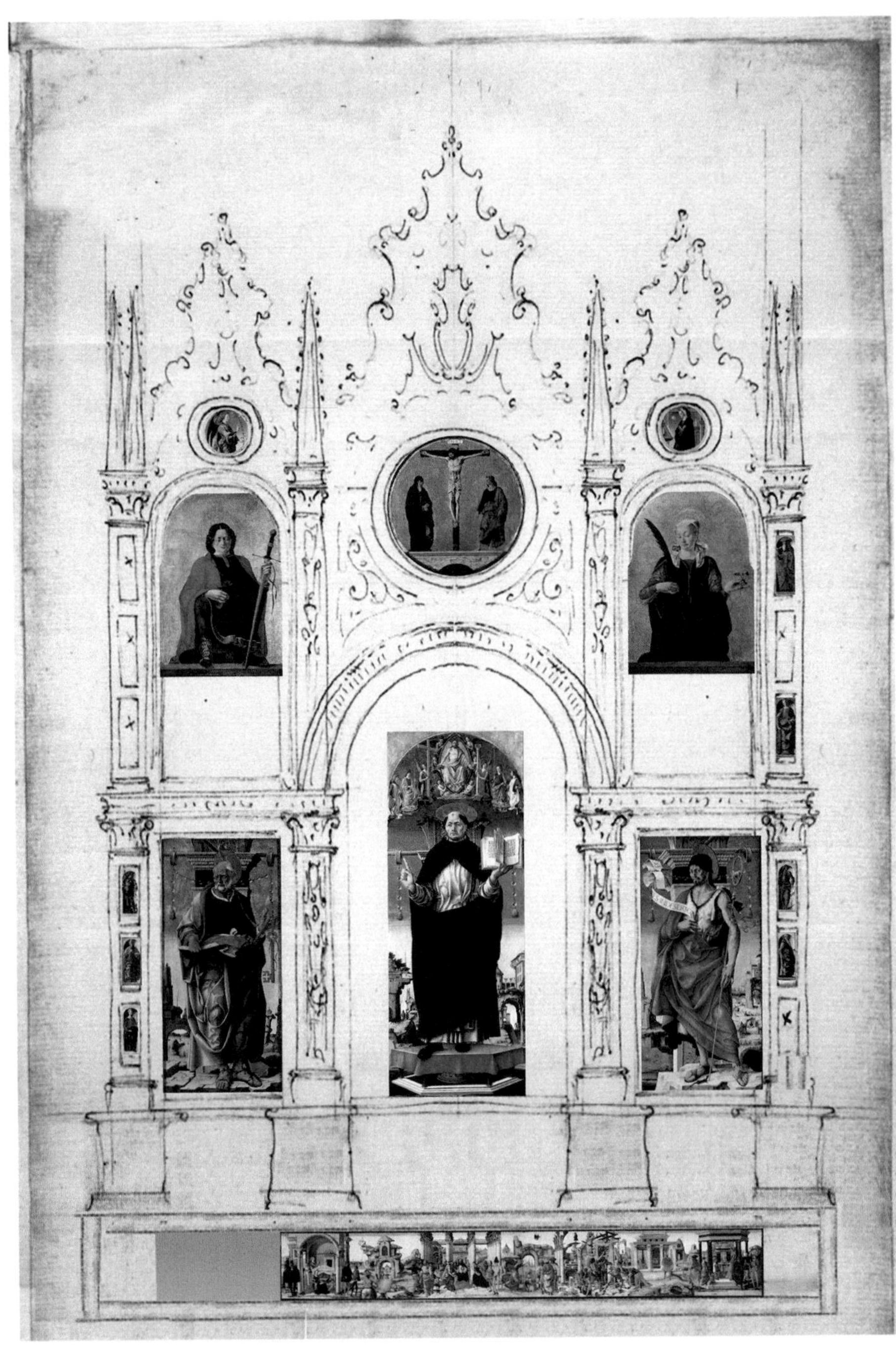

Fig. 44. La tavola della Pinacoteca Vaticana come «base o peduccio» del polittico Griffoni (congettura basata sul disegno da Stefano Orlandi).

nel *San Vincenzo Ferrer* al centro era prescritto che emergesse il predicatore profetico, mentre i racconti in basso riguardavano il taumaturgo, ma il concatenamento compositivo e spaziale del «peduccio» rimane inaspettato, nonostante il precedente della predella oggi a Dresda (Tavv. VIII-IXa). Muovendo proprio di lì, da quell'accostamento dei due nuclei narrativi (un accostamento quasi asintattico ma entro uno sfondo dilatato), Ercole seppe legare in un'interrotta sequenza di spazi e di luoghi, distinti e connessi, alcuni dei tantissimi episodi miracolosi del santo. Si servì di *mansiones* e di calcolate dilatazioni del paesaggio; dei diversi modi di distribuire le figure e soprattutto della loro gestualità. Per certi versi fu profetico: sembra di vederlo, Amico Aspertini che va matto per quella rupe traforata e per la chiesetta che sta in cima alla rupe vicina, tutta attorcigliata. Perché mai Ercole avrebbe dovuto attenersi ad un disegno di Cossa, e solo a quello (la stesura è tutta quanta sua), se la 'predella' Griffoni rappresenta uno sviluppo tutt'altro che inerte di quella dell'Osservanza?

Il modo di pausare le scene di Ercole è altra cosa rispetto alla tradizione toscana della predella a piano completamente liscio. Lì la distinzione degli episodi agiografici è ben marcata, anche quando non ci sono divisori rilevati o semplicemente dipinti. Il compito narrativo che si era dato Ercole escludeva in partenza soluzioni di continuità paesistica come quella di Benozzo Gozzoli, quando regolarizza l'orizzonte collinare continuo in modo da cadenzare il luogo assegnato alle singole figure.[128] E proprio il maestro di Gozzoli, l'Angelico, trovandosi a riunire diversi episodi lungo un'unica tavola, dà al racconto una scansione a cui il 'montaggio' di Ercole sarà radicalmente alternativo. Le predelle dell'*Annunciazione* di Cortona o dell'*Incoronazione della Vergine* al Louvre hanno spigoli prospettici così taglienti e impalpabili, ma sensibilissimi, che da soli bastano a segnare una cesura quanto mai nitida fra le scene.

Anche di recente – senza passare in rassegna le tante opinioni – Vincenzo Farinella (scheda III.25 di *Piero della Francesca, il disegno tra arte e scienza*, Catalogo della mostra di Reggio Emilia, a cura di F. Camerota, F.P. Di Teodoro, L. Grasselli, Milano, Skira, 2015, pp. 334-335) ritiene opportuno scandire quanto rivela la mano dell'uno e quanto quella dell'altro, nella convinzione che spetti comunque «a Cossa la regia compositiva d'insieme».

128 Mi riferisco in particolare all'altare oggi al Museo dell'Opera del Duomo di Pisa, dove non è più esposto dopo il recentissimo riallestimento (una riproduzione in De Marchi, *Norma e varietà*, cit., fig. 234, p. 222). Una predella simile, con le singole figure cadenzate lungo uno stesso sfondo collinare, Gozzoli propone nel finto altare di Castelnuovo a Castelfiorentino (dove, ad animare la natura liturgica, è appoggiata una pace): D.C. Ahl, *Benozzo Gozzoli*, Cinisello Balsamo, Silvana, 1997 [ed. or. 1996], pp. 212-214 (oppure Thomas, *The Painter's Practice*, cit., p. 285; *Gli affreschi di Benozzo Gozzoli a Castelfiorentino (1484-1490)*, a cura di R.C. Proto Pisani e A. Padoa Rizzo, Castelfiorentino 1987, p. 21 e tav. II, dove l'aggiunta «e scuola» al nome del pittore corrisponde in effetti ad un'esecuzione meno sorvegliata).

Semmai, sarebbe utile confrontare la tavola vaticana di Ercole con un precedente come la predella continua di Giovanni Bellini a Berchtesgaten, solo che ne conoscessimo il funzionamento sotto il perduto altare di san Giovanni Evangelista alla Carità. Per spartire le «storiette dello sgabello», il grandissimo veneziano portò in proscenio due sezioni di pilastro lisce e inversamente squadrate dalla luce, senza però spezzare la complessiva concatenazione spaziale, dando anzi l'impressione di una continuità resa più complicata (piacevolmente complicata) dal mutare delle morfologie edilizie. Peccato che sia perduta la sua relazione con la parte centrale dell'altare, perché Marco Boschini, parlando delle «molte figure concernenti alla vita di San Giovannibattista (*sic*)», lascia immaginare qualcosa di un po' diverso dalla «pala quadra» dell'Italia centrale, dove la predella continua è inglobata nella base architettonica dell'altare. Si è dunque tentati dall'idea che la tavola di Berchtesgaten formasse un gradino, simile a quello che si sta proponendo per il polittico Griffoni (per Boschini è «un altro comparto»).[129]

---

129 Per la tavola di Berchtesgaten e il perduto altare di San Giovanni Evangelista alla Carità (siamo ormai sicuri che ne facesse parte), ci si servirà delle schede n. 31a-c, di Mauro Lucco in Lucco – Humfrey – Villa, *Giovanni Bellini. Catalogo*, cit., pp. 348-351, anche per abbreviare gli scioglimenti bibliografici. Non è qui il caso di discutere a fondo le opposte datazioni (Bellosi *vs* Lucco) della tavola tedesca, concordi però nel rivendicare un'autografia belliniana che non l'ha sempre passata liscia. Lucco aveva già sviluppato anni fa la proposta di unire all'altare il *Crocefisso fra i dolenti* del Louvre: cosa forse non ovvia, ma da cui non so dissentire (concordo anche su una cronologia della tavola di Berchtesgaten assai meno precoce di quella proposta da Bellosi). Il nodo problematico che qui interessa si stringe attorno alla parte mancante dell'altare, dal momento che ne dipende l'esatta natura della tavola di Berchtesgaten. Se fosse stato un trittico di tipo gotico (ma allora non avrebbe incluso la tavola del Louvre), quasi certamente non ci sarebbe stato bisogno di una predella figurata. Ci sarebbe stato un dado ad intagli e dorature, come negli altari vivarineschi, o come nel futuro trittico della sacrestia dei Frari (Fig. 12): cosa che avrebbe fatto della tavola di Berchtesgaten un gradino in certo senso indipendente. Occorre tenere conto che la predella non è per niente una soluzione preminente e diffusa a Venezia (mentre si trovano predelle dipinte negli altari realizzati da veneziani per altre città, da Jacopo Bellini a Brescia all'adottivo Marco Zoppo e Giovanni Bellini a Pesaro). C'è una predella sotto il trittico di Giovanni Bellini a San Giovanni e Paolo, ma è tripartita. È suddivisa anche la predella del suo altare pesarese, che ha invece al centro una grande tavola singola. Considerando che l'unitaria predella di Berchtesgaten deve risalire ad un momento precedente, è dunque meno probabile che al centro dell'altare di San Giovanni Evangelista ci potesse stare una tavola quadra simile a quella di Pesaro: pur escludendo che la parte perduta formasse un trittico, non sarebbe facile combinare la descrizione dei tanti «casamenti» che circondavano la figura di san Giovanni Evangelista con un campo unitario del tipo che vedrà nascere la Sacra Conversazione veneziana). Non credo che aiuti il suggerimento di Lucco di pensare a qualcosa di simile alla tavola torinese di Memlinc, perché essa non include una presenza iconica a scala maggiore e perché lì il complesso itinerario topologico è troppo legato allo specifico caso della Passione di Cristo. Sembra più facile immaginare una tavola unitaria, ma organizzata secondo lo schema della *vita-icon* (come fa Russo, *Difficoltà di Alvise*, cit., pp. 165-167), ovviamente concedendo che il più grande veneziano del secolo sapesse affrontare il caso in modo davvero nuovo, non come un qualsiasi Quirizio da Murano; e, d'altronde, la remota iconografia di Bisanzio non era polo meno attrattivo della moderna

Anche Ercole si serve di *mansiones* per distinguere i nuclei agiografici, ma inarca lo spazio del racconto fra un miracolo e l'altro.[130] Il più incredibile dei miracoli di Vincenzo Ferrer (quando non gli veniva più consentito di fare miracoli senza l'autorizzazione del vescovo, e il muratore caduto dall'impalcatura che lo aveva implorato rimaneva sospeso in aria come in un *cartoon*, in attesa del permesso gerarchico), quel racconto è risolto rimpicciolendo al massimo il santo dentro ad un disco volante e mettendo la figura in preghiera su una sorta di pedana aerea, cioè prendendo a prestito l'attrezzatura scenica di un altro miracolo. In questo caso la cesura del racconto corre in orizzontale. Per converso, sulla nostra destra, il miracolo del bambino fatto a pezzi e ricomposto dal santo occupa due distinti luoghi scenici, connettendoli nello svolgimento lineare. Questa sorta di *entrelecement* dei luoghi e dei gesti agisce anche in profondità, in una legatura inversa, con quel cavallo di terga e la figura a mezzo busto che incrociano sul ponte altre figure sempre più minute e sembrano uscire dal campo del racconto o affacciarsi nello spazio dell'osservatore (una figura tagliata da un colpo di forbice suggestivamente affine a quello di Mantegna nella predella di San Zeno).

8. Proviamo a ripensare ai tre nodi congetturali su cui ci siamo soffermati anche troppo a lungo (sarebbe stato difficile fare diversamente), ma in successione capovolta. Ripartiamo dalla tavola vaticana.

Quanto è stato dedotto in base al disegno in merito alla sua relazione con l'intero altare e alla sua originaria larghezza, ha dato un fondamento più solido ai due precedenti nodi congetturali, stretti attorno a quelle che possono oggi apparire come le più vistose incongruenze di Orlandi. Chi liquida la sua testimonianza grafica sulla 'predella', non ne fa più un osservatore coinvolto in questioni che a lui sarebbero parse tanto meno interessanti che a noi; con la conseguenza che non era tenuto a rispettare in tutto e per tutto le proporzioni del polittico. Quella 'predella' è diventata la cerniera dell'intero sistema proporzionale del polittico. Se Orlandi aves-

---

'maniera ponentina'. Ricordando l'altare di San Giovanni Evangelista, Marcantonio Michiel nomina lo «sgabello»; e Michiel impiega lo stesso termine per l'altare del Santo di Donatello (dove la natura architettonica avrà spinto verso una maggiore evidenza strutturale), mentre chiama «predella» quella già allora separata dalla pala Martinengo di Lorenzo Lotto.

130 Un'osservazione a proposito di tale concatenazione narrativo-spaziale servirà anche come ultimissimo indizio che la tavola sia stata tagliata dalla parte sinistra. Cecilia Cavalca (*Il polittico Griffoni rinasce*, cit., p. 221), non spiega perché nella prima scena a sinistra si mostri soltanto una parte della storia, quella dove la donna partorisce, e non quando, ancora incinta, è caduta dalle scale; eppure si tratta dell'antefatto necessario a comprendere quale sia la stupefacente ragione del miracolo. O l'identificazione agiografica è da correggere o si può sospettare che in origine la tavola includesse questa chiave informativa (in più, mentre dalla parte opposta c'è una figurina di profilo rivolta all'interno, come *repoussoir*, qui ce ne sono due che guardano fuori dalla scena).

se alterato così vistosamente questa parte del polittico, sarebbe allora un manipolatore intenzionale, si è detto. Perché stupirsene: ce ne sono sempre stati. Ma chissà perché lui avrebbe avuto interesse ad informare il cardinale che quel basamento era modanato e non figurato o che era seminascosto da una tavola dipinta larga quanto tutto il polittico. Una testimonianza storica diventa inattendibile se non regge ai controlli incrociati, fatti con metodo. In questo questo caso ci troveremmo a rinunciare in partenza all'unico testimone a disposizione. Un testimone che non risulta più mendace, se ebbe davanti a sé un altare più simile a quelli 'lombardi' che verrannno di lì a poco, come si è avuto fiducia d'indurre in base alle proporzioni da lui indicate.

È tuttavia ovvio che ogni ricomposizione virtuale del polittico Griffoni che si sia basata sul disegno di Orlandi entrerà irrimediabilmente in crisi appena sia davvero accertato che la tavola vaticana *non* fu tagliata (o che i santini dei pilieri furono in numero maggiore o diversamente distribuiti rispetto al disegno). Ma fino ad allora sembra contraddittorio dire: «in questo punto il disegno è puntuale, in quest'altro assolutamente no». Non ha senso dirlo perché Orlandi non intendeva circoscrivere i campi dei singoli dipinti, bensì l'intera «forma dell'altare».

L''imprevista' larghezza del polittico si accorda dunque all'accresciuta altezza, determinata dallo sviluppo del registro superiore. Quali sono gli argomenti contrari alla proiezione congetturale dell'indicazione grafica? Il maggior peso visivo acquisito da san Vincenzo Ferrer fa leva su un impianto trionfale attorno al quale è organizzata la struttura architettonica descritta da Orlandi. I lacunari prospettici nell'intradosso dell'ipotizzata volta a botte sono il naturale complemento di un arco che abbia tale natura.[131] La serliana induttivamente emersa dal disegno potrà sembrare un motivo architettonico più avanzato del 1473, ma soltanto di poco: come indica, una decina di anni dopo, quella di un disegno di Bramante per San Satiro (ed era già stata sospettata una sua possibile conoscenza della predella Griffoni).[132] La 'forma' del polittico bolognese quale è stata indotta in base al disegno settecentesco trova riecheggiamenti in zona lombarda che non saranno allora del tutto casuali. Le derivazioni dall'arco di Costantino che, mediate da scultori come Andrea Sansovino, in Italia centrale giungono fino al Pinturicchio dell'altare di Santa Maria dei Fossi (Perugia, Galleria Nazionale dell'Umbria) formano una tipologia diversa, ma

---

[131] R. Gargiani, *Princìpi e costruzione nell'architettura italiana del Quattrocento*, Roma-Bari, Laterza, 2003, p. 122.

[132] R. Schofield, *A Drawing for Santa Maria presso San Satiro*, «Journal of the Warburg and Courtauld Institutes», XXXIX, 1976, pp. 246-253.

sono ugualmente focalizzati sul carattere trionfale della tavola al centro. In un'area vicina, una quarantina di anni dopo, il polittico Griffoni dopo troverà un'eco lontana e parziale, sempre nel senso di una configurazione trionfale, nell'altare Constabili dipinto da Dosso e Garofalo in Sant'Andrea a Ferrara.[133]

Quello che interessa ribadire in chiusura è che il polittico Griffoni disegnato da Orlandi ha una forma architettonica più compiuta di quello ricostruito in base alle tavole superstiti. In fondo, la frequenza con cui da quaranta anni in qua si continua a riprodurre il disegno – pur dicendolo approssimativo –, sembra l'inconscio riconoscimento di una più coerente organizzazione d'insieme. Non è d'inciampo l'altezza che verrebbe ad avere l'altare Griffoni. Compreso il «peduccio», sarebbe stato alto poco più di cinque metri (sembra incredibile, ripensando al 'trittico' ricomposto da Gustavo Frizzoni); mentre il rapporto fra larghezza ed altezza («peduccio» escluso) verosimilmente sarà stato 1:1,5. Il «peduccio» lo avrebbe reso «ulteriormente imponente»?[134] E la sua altezza sarebbe stata spropositata per una cappella di San Petronio? Gli altri altari della basilica non sono troppo diversi.[135] Quello che lo sostituì, con il san Vincenzo Ferrer di Vittorio Bigari e il grande apparato illusionistico di Stefano Orlandi, sarà assai più alto, ma il finestrone era stato schermato (e quando lo si riaprì, a fine Ottocento, l'altare settecentesco finì sulla parete laterale).[136] Resta dunque certo che l'altare Griffoni del disegno si sarebbe sovrapposto alla parte inferiore del finestrone, e senza che le sue cuspidi fossero cadenzate, come nella cappella Bolognini, in modo da non interferire con le parti figurate della vetrata. Ma alla vetrata della cappella Griffoni si pensò soltanto più tardi, quando l'altare era da tempo al suo posto; e, soprattutto,

---

133 Pur tenendo conto che il fastigio fu reinventato nell'Ottocento e che la cornice non merita quell'etichetta di 'originale' con cui è riprodotto anche in studi specialistici, l'impianto dell'altare è sostanzialmente superstite: B. Ghelfi, *Le cornici del polittico Costabili*, in *Garofalo e Dosso ricerche sul polittico Costabili*, a cura di L. Ciammitti, Venezia, Marsilio, 1998, pp. 113-140, ne documenta le vicende materiali, riproducendo anche il disegno di Orlandi (senza soffermarsi, come in genere si è fatto, a sminuirne l'attendibilità).

134 Poldi, *Analisi tecniche comparate*, cit., p. 181.

135 Il più tardo altare della cappella Vaselli misura 310 cm di altezza (ma è impaginato entro una serie unitaria di tele e pannelli intarsiati ed è a campo unificato). Mentre il più antico polittico della cappella Bolognini è di 450 cm (cm 470, se aggiungiamo la scaffa).

136 Supino, *L'arte nelle chiese di Bologna*, cit., II, p. 199; C. Casali Pedrielli, *Vittorio Maria Bigari. Affreschi, dipinti, disegni*, Bologna, Nuova Alfa editoriale, 1991, pp. 86-87; Benati, *Quanti erano i santini*, cit., p. 74, nota 9. Come m'informa l'arch. Roberto Terra, la tempera è incassata nel muro, tanto da giustificare la prima impressione che si tratti di un affresco. Per quanto si può giudicare a distanza, nell'occasione del traferimento deve essere stata anche risarcita e ripassata, non avendo la consueta fattura sciolta e brillante di Bigari.

dal documento del 1481 non sembra che essa fosse figurata per tutta la sua estensione.[137]

Il disegno di Orlandi consente un'ultimissima osservazione sulla forma del polittico. I tre tondi in alto sono individuati da un binario nitidamente concentrico; la stessa linea raddoppiata e distanziata compare attorno alle tavole che non conservano, a differenza dei tondi, margini privi della preparazione. Da un disegno di questa natura non si pretenderà di ricavare informazioni su grandezze di pochi centimetri, ma il ripetersi chiaro e costante di quel doppio tratto sta ad indicare che la linea di raccordo fra tavole dipinte e carpenteria intagliata era costantemente coperta da una banda lignea abbastanza consistente e rilevata da giustificare l'attenzione di Orlandi. Nel caso dei tondi Cagnola viene subito a mente la spessa bordatura che gira attorno all'Angelo e all'Annunciata del polittico di San Clemente (Fig. 38). Non interessa ricavarne un indizio a conferma dell'attribuzione ad Agostino de Marchi della carpenteria Griffoni (non era certo quella una novità, almeno per i tondi cuspidali, anche se trovò un'eco speciale nel 'rimbombo' geometrico aggiunto da Marco Zoppo). Interessa invece che quell'elemento decorativo si ripeta, secondo Orlandi, per tutte le tavole del polittico. Sembra inevitabile sospettare che la funzione di quella fascia dorata fosse orientata *anche* nel senso della cornice che è proprio del paradigma prospettico, un senso ed una funzione che maturarono più lentamente. Quella soglia visiva individuava i singoli campi figurati all'interno della struttura; segnava una articolazione più forte fra l'organismo tridimensionale e le superfici dipinte, senza comprometterne l'organicità. Si direbbe quasi che tale cornice 'secondaria' aprisse un varco profetico all'interno dell'ancora stretta congiunzione fra struttura lignea e campi pittorici.[138] Un motivo in più per riconoscere il ruolo cruciale che poco tempo dopo deve avere svolto il polittico Griffoni.

---

137 Oltre ad essere obbligata a tener conto del preesistente altare, non sembra che la vetrata fosse occupata da un programma figurativo unitario, se il pagamento del 6 febbraio 1481 a Vincenzo Cabrini riguarda «le 4 fenestre de vedro ha fato per la capela di Griffoni» (A. GATTI, *L'ultima parola sul concetto architettonico di San Petronio. 408 documenti connessi cronologicamente con note ed una tavola riassuntiva*, Bologna, Libreria Beltrami, 1914, p. 90, doc. 258).

138 Opportunamente V.M. SCHMIDT, *Tavole dipinte. Tipologie, destinazioni e funzioni (secoli XII-XIV)*, in *L'arte medievale nel contesto 300-1300. Funzioni, iconografia, tecniche*, a cura di P. PIVA, Milano, Jaka Book, 2006, pp. 205-244: 206, ricorda che «solo dalla metà del Quattrocento si verificò, almeno dalla Toscana, una vera distinzione fra dipinto e cornice. In precedenza, tavolato, incorniciatura e dipinto formavano ancora un insieme indivisibile».

Postilla A (sulla data del polittico di Tommaso Garelli in San Petronio)

Potrà essere utile soffermarci sul polittico di Tommaso Garelli che è in San Petronio soltanto dall'inizio del secolo scorso (Fig. 45) perché a fianco della Madonna presenta la stessa coppia di santi, Giovanni Evangelista e Pietro, che troviamo nel registro inferiore del polittico Griffoni. La sua datazione pone però qualche problema. È stato infatti identificato

1) con quello ricordato in una nota autografa (1685) di Carlo Cesare Malvasia, che scrive di aver visto una «tavola antica [...] dipinta del *1457* da un Toma [...] o, come vi sta scritto» posta nella cappella degli Anziani del Palazzo Pubblico (originale più di recente riletto entro l'aggiornato e intelligente profilo di CALOGERO, *Tommaso Garelli nel Rinascimento bolognese*, cit., p. 87);

2) oppure con quello pagato nel *1477* a Tommaso Garelli per la cappella dei Sedici in San Petronio, dedicata a santa Barbara, che tuttavia non compare nell'altare a noi giunto (F. FILIPPINI – G. ZUCCHINI, *Pittori e miniatori a Bologna, documenti del secolo XV*, Roma, Accademia nazionale dei Lincei, 1968, p. 163, data confermata, *ivi*, p. 83, dal pagamento del 16 luglio 1477 a Giovanni di Nicolò da Ravenna, pittore e bidello dell'università, a saldo della finitura pittorica della cassa, che non può comunque essere quella oggi visibile, di rifacimento).

Pietro e Paolo a parte, la selezione agiografica del polittico ha un'evidentissima motivazione civile, spendibile a favore dell'una come dell'altra provenienza (e relativa data); mentre in entrambi i casi zoppica il riscontro pieno con le tracce documentarie. Identificando l'altare superstite con quello del 1457, per giustificare la scomparsa della scritta letta da Malvasia, Calogero suggerisce che essa fosse sulla cassa: una spiegazione che non potrà essere né respinta, né considerata con favore, alla luce della quasi totale scomparsa di casse, utili anche a simili riscontri. Va però ricordato che ogni possibilità di far risalire il polittico al 1457 è preclusa dal fatto che l'erezione della cappella dei Sedici venne deliberata in data 10 settembre 1463 (doc. cit. da U. MAZZONE, *Governare lo Stato e curare le anime. La Chiesa e Bologna dal Quattrocento alla Rivoluzione francese*, Padova, liberiauniversitaria.it, 2012, p. 12). D'altra parte, l'identificazione con il documentato polittico del 1477, oltre che dall'assenza della santa titolare, sembrerebbe preclusa dalla notizia settecentesca che vi era raffigurato Tomaso Manaresi, che nel polittico non compare (CAVALCA, *La pala d'altare a Bologna*, cit., p. 324 e *Appendice documentaria*, p. 380, XI.3: ma si tratta di una semplice evocazione biografica

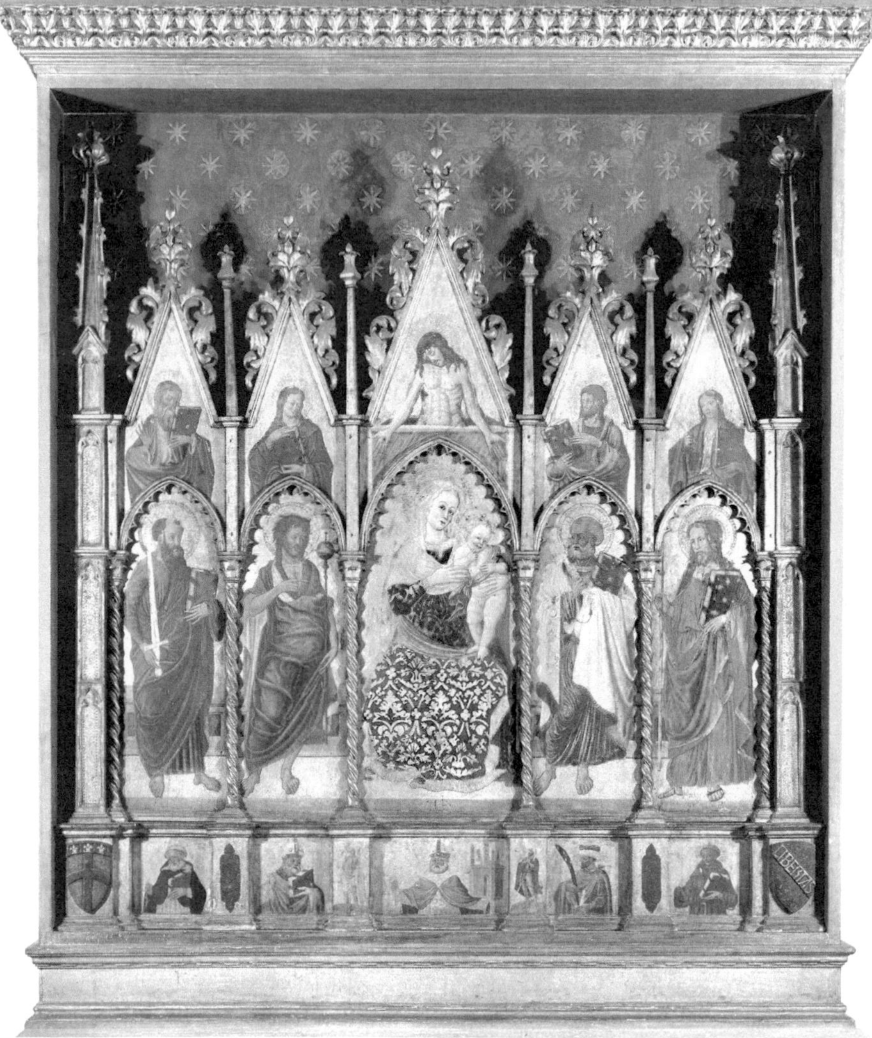

Fig. 45. Tommaso Garelli, *Polittico*, Bologna, San Petronio.

della cronaca Ghiselli più che di una diretta descrizione dell'altare, sicché il cenno al «suo ritratto» – se non è una malignità del caso – potrebbe corrispondere all'iscrizione con il nome *Toma* [...] letta da Malvasia).

La partita si gioca allora sulle ragioni dello stile. O meglio, d'accordo con Calogero è sensato collocare il polittico attualmente in San Petronio soltanto dopo la tela della Compagnia dei Lombardi da tempo riferita allo stesso Garelli (Fig. 46). L'iscrizione con l'anno 1466 che vi si legge sarebbe

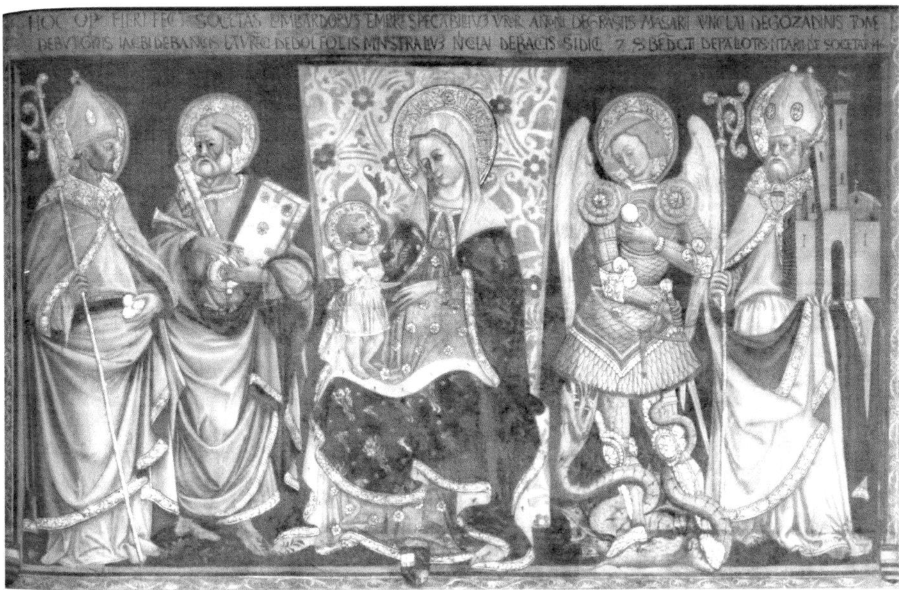

Fig. 46. TOMMASO GARELLI, *Madonna col Bambino e Santi*, Bologna, Compagnia dei Lombardi.

un impedimento troppo evidente alla datazione precoce del polittico. Tant'è che ritenendo tale iscrizione ripassata e inattendibile e contando sul punto fermo del 1457 (come non è invece possibile), questo studioso ha anticipato l'opera alla metà del secolo. Successivamente, CAVALCA, *La pala d'altare a Bologna*, cit., p. 328, ha ridato piena fiducia all'iscrizione in base ad un autoprodotto esame tecnico all'ultravioletto. Peraltro, non preoccupandosi dell'involuto percorso espressivo che ne deriverebbe, ha ritenuto il polittico di San Petronio della fine degli anni Cinquanta. L'arretramento cronologico della tela è stato invece ribadito in più occasioni da G.A. CALOGERO, *Intorno a un polittico di Tommaso Garelli: qualche precisazione e una nuova aggiunta*, «Paragone», LXIX, III s., CXXXVIII (DCCCXIX), 2018, pp. 25-35: 26; soprattutto in ID., *La tela della Compagnia dei Lombardi e la cultura artistica di Tommaso Garelli nel 1461*, in *L'antica Compagnia dei Lombardi in Bologna. Un passato presente*, Catalogo della mostra (Bologna, 12 ottobre 2019-9 febbraio 2020) a cura di M. MEDICA e S. BATTISTINI, Cinisello Balsamo, Silvana, 2019, pp. 57-71: 70-71, nota 36; e per ultimo nel profilo del pittore inserito nel più ampio contesto di ID., *Marco Zoppo ingegno sottile*, cit., pp. 163-169.

Il dipinto della Compagnia dei Lombardi sembra coltivare il ricordo dell'affascinante polittico di Giovanni da Riolo ad Imola (1433) o dei profili tutti ritorti e segnati dei pittori romagnoli come il Maestro di San Pier Da-

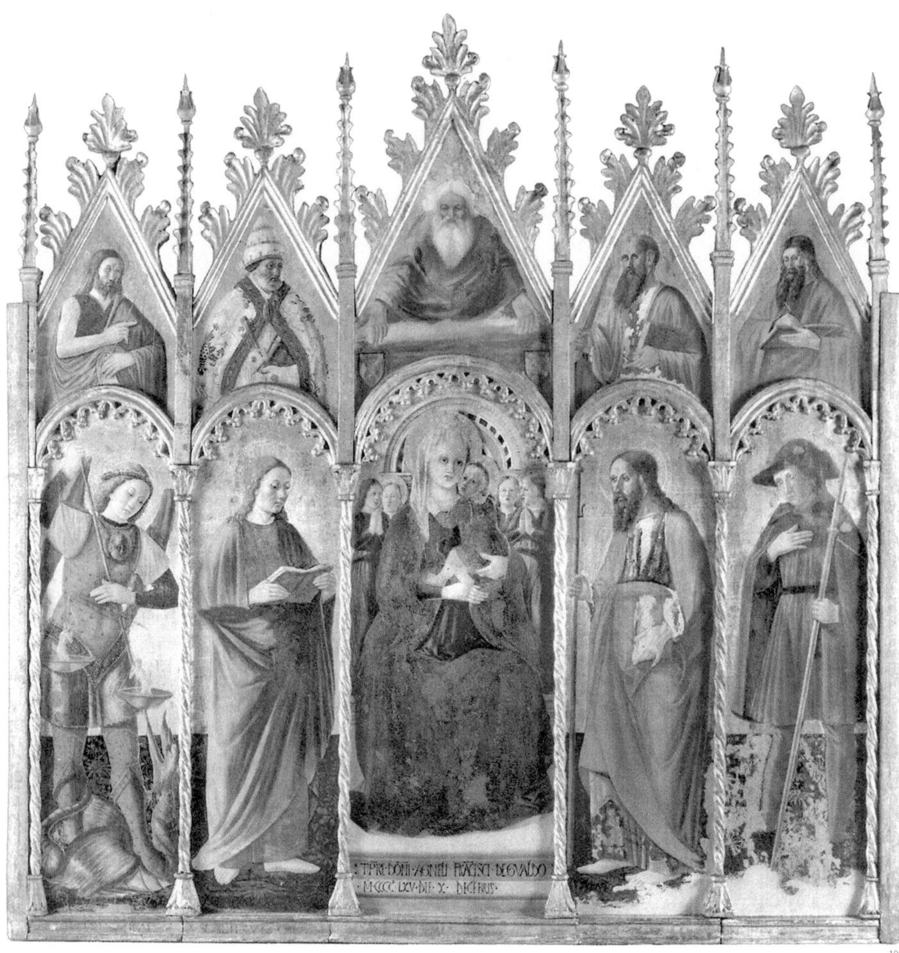

Fig. 47. Giovanni Angelo da Camerino, *Polittico*, Gualdo Tadino, San Pellegrino.

miano. Non lo si può certo collocare dopo il polittico bolognese che, a suo modo è già attento a più moderne situazioni culturali. Sembrano allora possibili due soluzioni: a) escludere dal percorso di Garelli questa tela (ma certi dettagli morfologici sono cosi prossimi a lui che bisognerebbe scommettere su un suo stretto condiscepolo o su un maestro comune e non altrimenti attestato); b) riferire l'iscrizione ad un evento successivo a quello in cui fu realizzata la tela (l'anno che si legge in un dipinto non corrisponde sempre alla sua data di nascita; non è detto che quando una data per noi 'non funziona' sia di fantasia). Una variante della seconda e meno improbabile soluzione sarebbe che – per qualcosa di simile ad una prescrizione devozionale – Garelli si fosse trovato nel 1466 a 'rifare' un'immagine di una ventina di anni prima, del tipo stilistico – giusto per orientarsi – della *Madonna delle Febbri* in Santa Maria Maddalena; ma per dar corpo ad un'ipotesi simile, occorrerebbero più consistenti attestazioni documentarie, intendendo quelle di natura figurativa.

Resta il fatto che all'anno 1466 la tela della Compagnia dei Lombardi rappresentebbe un fenomeno stilistico più d'inerzia che di deliberata risalita controcorrente; un fenomeno quasi privo di senso, se s'intende tenere conto che soltanto l'anno dopo, nel 1467, Garelli realizzerà su un pilastro di San Petronio l'affresco con *San Vincenzo Ferrer* (Fig. 48), per un dettaglio del quale S. TUMIDEI, *Melozzo da Forlì: fortuna, vicende, incontri di un artista prospettico*, in *Melozzo da Forlì, la città e il suo tempo*, Catalogo della mostra (Forlì, novembre 1994-12 febbraio 1995) a cura di M. FOSCHI e L. PRATI, Milano, Leonardo arte, 1994, pp. 19-81: 34, giunse a sospettare che Cossa gli avesse messo a disposizione un disegno in uso nella propria bottega (cfr. anche CALOGERO, *Marco Zoppo ingegno sottile*, cit., pp. 127-128).

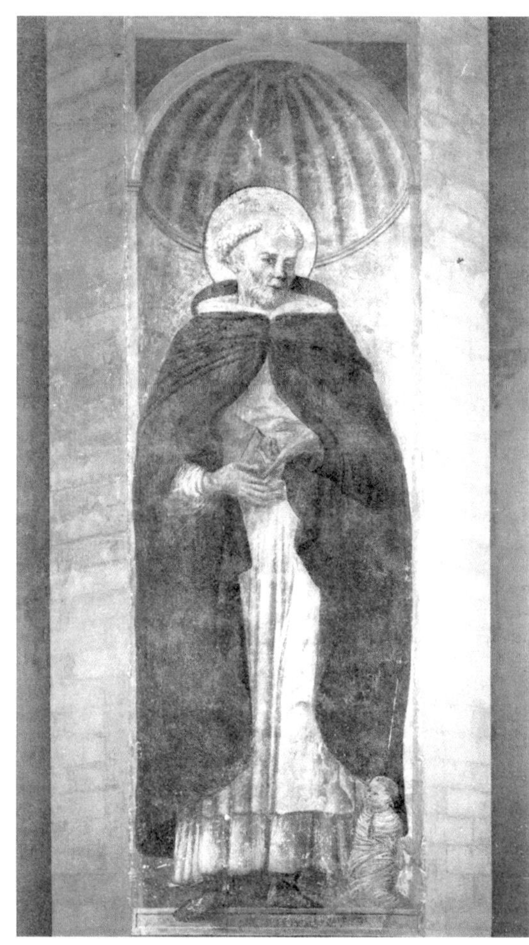

Fig. 48. TOMMASO GARELLI, *San Vincenzo Ferrer*, Bologna, San Petronio.

Per ricapitolare in merito alla cronologia del polittico che si vede oggi in San Petronio: in termini strettamente documentari la cosa più economica è identificarlo con quello visto da Malvasia, che ne riferì la data scambiando un 7 per un 5, e dunque con quello documentato (unica difficoltà è l'assenza della santa titolare della cappella, suggerita dall'ubicazione, non dal saldo del 16 luglio 1477). Occorrerebbe però impegnarsi in una nuova verifica dello svolgimento stilistico del pittore, che faccia i conti con quello ben contestualizzato da Giacomo Calogero. Non è lo scopo di questa postilla.

L'altra ragione per soffermarci sul polittico di San Petronio è che i santi a mezza figura del registro superiore 'dialogano' con le sottostanti cuspidi lignee: precedente più accessibile, rispetto all'esempio fatto nel testo, per quel nodo strutturale che sarà sviluppato in senso ben più dinamicamente prospettico nel polittico Griffoni. Altra attestazione di tale motivo è nel polittico di Giovanni Angelo da Camerino a San Pellegrino di Gualdo Tadino (Fig. 47) (De Marchi, *Pittori a Camerino*, cit., pp. 331-336) datato 1465 (sarà per pura combinazione che a commissionarlo fu Francesco da Gualdo, procuratore del cardinale di Bologna Filippo Calandrini?).

Postilla B (la lastra Garganelli)

Si è parlato, ma in modo un po' spedito, della lastra sepolcrale di Domenico Garganelli quale opera di Francesco del Cossa (Tav. XIII); e lo si è fatto in relazione alla configurazione che veniva assumendo il disperso polittico Griffoni. La combinazione di fondo oro e di pittura intuita da Roberto Longhi ha infatti trovato uno sviluppo ulteriore con la congettura che la figura di san Vincenzo Ferrer avesse un inquadramento prospettico e dorato e che dalle tavole oggi a Washington siano poi state tagliate le parti che fingevano un'apparecchiatura lapidea. La lastra marmorea oggi al Museo Civico di Bologna dà appunto la misura dell'inclinazione materico-prospettica di Francesco del Cossa. Quella propensione alla combinazione di materiali diversi, non solo lapidei, avrebbe trovato consenso anche a Firenze, ma ha una sua barbarica suntuarietà che non sorprende nella Bologna di Nicolò dell'Arca. Il punto che va precisato è questo: quanto è garantito il riferimento del rilievo al pittore?

Del problema di Cossa scultore, dell'unica testimonianza letteraria e delle attribuzioni un po' troppo di comodo, si occupa ora con buona sistematicità M. Scansani, *Francesco del Cossa «Dilettante Sculptor?»*, in *Il polittico Griffoni. Un dono*, cit., pp. 113-126. In un quadro di fatale evaporazione delle proposte avanzate in tempi moderni, la lastra bolognese risalta per la sua qualità, del tutto adeguata all'arte di Cossa. Nel saggio di Scansani si trova in certo senso a condividere la sorte di un'altra lastra funeraria: quella usurata e frammentaria di Gasparo Trombetti, «organista degnissimo», che si vede oggi al Museo Civico di Modena, proveniente da San Domenico. Quello che le due sculture condividono è l'omologante e tirannica operazione sintetica delle didascalie che per entrambe suona: «su progetto di Francesco del Cossa». Didascalia che nel caso della lastra Garganelli comporta (è l'apporto nuovo di Scansani) l'interrogativo che l'autore materiale sia quel «Duca tagliapietra, scultore molto nominato», ma oggi sprovvisto di confronti, che Vasari nomina in relazione al passaggio da Bologna a Ferrara di Ercole de' Roberti. In realtà, nei due casi il nome di Cossa non ha lo stesso senso. In quello modenese, «la bizzarra idea del personaggio visto di spalle», come scrive Scansani, dipende innanzitutto dalla posizione che doveva assumere chi suonava l'organo. Se si fosse voluto conservare quella figurazione fra planimetrica e araldica, lasciando in evidenza lo strumento, la figura di Gaspare Trombetti sarebbe scomparsa dietro di esso. Occorreva, in sostanza, che organo e organista fossero legati in una figurazione spaziale più elaborata: qualcosa che non doveva essere alla portata dello scultore, mentre lo sarebbe certamente stata, anche in veste di semplice consulente, per Cossa, che dunque con la lastra modenese non c'entra proprio niente.

Di tutt'altra natura è il carattere cossesco della lastra Garganelli: le stesse inconfondibili morfologie e giunture sintattiche che conosciamo attraverso i suoi dipinti sono riproposte nella compressione tridimensionale della scultura. Dunque il grande pittore fu l'esecutore materiale della lastra? Scansani muove da un presupposto su cui, in linea di massima, si potrà convenire: la lavorazione di materiali come la pietra richiedeva continuità di mestiere ed educazione specifica. Superato l'inciampo dell'anno 1478, che è quello stesso della morte del Garganelli e di Cossa (A. Bacchi, *Francesco del Cossa*, Soncino, Edizioni del Soncino, 1991, p. 98), rimane dunque sul tappeto la questione di un'autografia plurima. E in questo caso, se Cossa non vi mise mano, tali sono la particolarità di linguaggio e la qualità che l'esecutore avrebbe dovuto lavorare o sotto dettatura del pittore o in base ad un modello in terra da lui accuratamente predisposto, non essendo sufficiente allo scopo uno strumento come il cartone. Un modello in terra sarebbe stato invece alla portata operativa di un pittore (o di uno «scultore dilettante»). Del ruolo di tali modelli si era al corrente all'esterno delle botteghe: proprio in questi anni, a Bologna, si chiedeva a Nicolò dell'Arca di mostrare ai committenti i modelli in terra delle figure che avrebbe dovuto realizzare in marmo per il monumento eponimo. L'ipotesi che sia esistito un modello tridimensionale a grandezza naturale può così corrispondere alla parte ideativa assegnata al Cossa da Angelo Michele Salimbeni («taccio di sua scultura, che l'intellecto suo copioso ne era»). Che un umanista spendesse l'aristotelico termine «intelletto», fa appunto credere che non era in ballo la diretta pratica manuale.

Ma neppure che in quel momento Bologna fosse già sotto il cielo teorico del Classicismo a venire. Sembra infatti un po' prematuro che si possa parlare, a proposito di Cossa, di «un sistema di saperi che hanno il loro punto d'integrazione nel momento progettuale»: quasi che Vasari e le figlie del Disegno fossero dietro l'angolo (Benati, *Francesco del Cossa «bolognese»*, cit., pp. 21-41: 25). Con questa citazione spero di non avere forzato il senso dell'altrui discorso; anche perché resto convinto che all'incubazione prammatica del futuro assetto teorico abbia pur contribuito il fatto che i pittori fiorentini del Quattrocento fornissero disegni per gli usi più vari o che, ad esempio, uno scultore-pittore come il lucchese Matteo Civitali fosse altresì qualificato nei documenti come «disegnatore». Piuttosto – e ai livelli più alti e innovativi – anche per un pittore come Cossa si pone il problema della collaborazione con operatori esperti di altre tecniche artistiche. Una condizione che nel suo tempo fu speculare a quella della pluralità di competenze operative da parte di uno stesso artista; condizione che sfuma in base alle diverse circostanze territoriali del sistema produttivo dell'arte.

Il caso della lastra Garganelli non va insomma separato da quelli in cui Cossa condivide il lavoro con un maestro vetrario o di legname. Il suo ruolo non trascende, per così dire, le specifiche condizioni espressive, ma ad esse non è neppure subalterno, come se si fosse trattato di fornire la sola trama grafica. Per Jacopo Cabrini e Agostino De Marchi, Cossa deve essere stato anzi un partner un po' ingombrante, uno che sapeva mettere avanti le ragioni espressive del proprio mestiere. Le condizioni materiali restano sempre diverse, naturalmente. Nel caso della vetrata di San Giovanni in Monte siamo tenuti a pensare che Cossa fosse impegnato, oltre che a preparare il cartone, anche a stendere la grisaglia. Lo dice il fatto che quando la stessa ditta Cabrini replicherà per l'occhio di Santa Maria dei Miracoli a Venezia il cartone bolognese del 1467 e per convertire l'originario formato rettangolare a quello del tondo si trovò a fare delle aggiunte paesistiche, quelle aggiunte sono di una desolazione che fa pensare ad uno stranito Tanguy del Quattrocento, tanto si discostano dalla brutale risolutezza che pur in modo degradato conserva la parte di vetrata dove fu reimpiegato il cartone di Cossa, morto già da tempo. Nei cartoni delle due tarsie figurate di San Petronio le prescrizioni del pittore furono poi così stringenti che il maestro di legname non ebbe modo (o intenzione che fosse) di dispiegare la 'forma' propria delle diverse essenze lignee e della loro meccanica figurazione, al modo lendinaresco; ma fece ricorso, con intelligente applicazione, alla pirografia, assumendo un ruolo più vincolato al progetto grafico e chiaroscurale fissato da Cossa. Tanto che, davanti a questi capolavori dell'arte del legno, si è per una volta davvero tentati dal «rimpiangere gli archetipi insostituibili»: una tentazione idealistica da cui l'esordiente Francesco Arcangeli insegnava subito a sgombrare il campo (F. ARCANGELI, *Tarsie*, Roma, Tumminelli, 1942, p. 4 [ripr. anast. con postfazione di M. FERRETTI, Pisa, Edizioni della Normale, 2014]).

La lastra Griffoni sfuma diversamente dall'uno come dall'altro caso di collaborazione, per la più obbligante natura del modello di Cossa; un modello che può essere stato tradotto in marmo anche dopo la scomparsa del pittore. Al 1478, il suo punto di stile non sembra tanto più inoltrato di quello della pala dei Mercanti (1474). In quale direzione si sia mosso l'artista nei pochissimi anni che gli restavano, ci è ignoto. Non credo proprio che si possa riconoscere il suo sviluppo finale nel frammento della cappella Garganelli che è esposto (quando non è in tournée) alla Pinacoteca Nazionale di Bologna, come ritiene CAVALCA, *La pala d'altare a Bologna*, cit., p. 25; per quanto mi riguarda resterà sempre un passo sublime di Ercole de' Roberti.

*Postilla C (sulla data e sulla provenienza dell'*Annunciazione *di Cossa)*

Da una trentina di anni in qua è cambiata la datazione, indotta su basi stilistiche, dell'*Annunciazione* di Dresda e della predella relativa (Tavv. VIII-IXa). Nelle monografie di Andrea Bacchi (1991) e di Vittorio Sgarbi e Giovanni Sassu (2003), oltre che in pagine di Mauro Lucco, Daniele Benati, Cecilia Cavalca e di altri ancora, il dipinto immediatamente precede la sfortunata (solo socialmente) stagione (1469/70) di Francesco del Cossa alla corte di Ferrara; mentre Roberto Longhi e Carlo Volpe lo ritenevano ad essa successivo. Ho preferito (e preferisco) accodarmi alla loro opinione, in controtendenza rispetto a quella ormai prevalente (Ferretti, *Francesco del Cossa e l'immagine*, cit., pp. 280 e 287, nota 13, qui di seguito ristampato). La mia scelta è fatta non in base ad un principio di autorità, ma alla cronologia interna della parete di Cossa nel salone di Schifanoia materialmente accertata da Vincenzo Gheroldi. La collocazione ante Schifanoia sembra invece a tal punto consolidata, e in modo irreversibile, che Benati, *Nella luce di Piero*, cit., p. 140, scrive che la «critica più avvertita» ormai colloca il dipinto prima dell'andata a Ferrara. Sarà, ma non sono emersi dati di fatto nuovi che mettano in crisi l'opinione di Longhi e di altri critici *meno* avvertiti. L'accostamento alla vetrata del 1467 ora ribadito da Benati, *Francesco del Cossa «bolognese»*, cit., p. 40, nota 56, continua a sembrarmi non più vincolante di quello che si può fare ad uno dei tanti visi femminili di Schifanoia. E soprattutto, i più segnati profili della vetrata (fatta la tara del *medium*) si avvicinano al momento stilistico del *Maggio* (che sappiamo essere stato dipinto per primo); mentre quelli più amabilmente robusti dell'*Annunciazione* sono più affini al *Marzo* (mese dipinto per ultimo). In realtà, lo svolgimento stilistico di Cossa, nella seconda parte della sua non lunga carriera, appare assai meno risolutivo che per altri pittori, e dunque la questione potrebbe ridursi ad un puntiglio filologico. Se non fosse che la datazione dell'*Annunciazione* finisce per interferire operativamente con quella dell'altare Griffoni (*Postilla D*) e dell'affresco del Baraccano, eseguito nei primi mesi del 1472. Stando alla (mia) valutazione dei dati stilistici l'esecuzione delle tavole di Dresda sarebbe da circoscrivere al 1470/71.

Ma quanto se ne sa per via documentaria? Se la data dell'altare disfatto nel Settecento non è certificata, non si può neppure essere sicuri della sua provenienza dalla chiesa suburbana dell'Osservanza, che ci viene riferita solo quando le due tavole maggiori erano in Sassonia. Le questioni della data e della provenienza, per chi si mette in cerca di testimonianze documentarie, sono ovviamente intrecciate. La traccia archivistica ripercorsa da COBIANCHI, *«Lo temperato uso dele cose». La committenza*, cit., pp. 29, 129-132, 143 (ma si veda anche CAVALCA, *La pala d'altare a Bologna*, cit., pp. 279-280) muove dal convincimento che effettivamente venga da San Paolo dell'Osservanza: ma è traccia un po' troppo ambigua e discontinua per consentire certezze in merito ad un puntuale ancoraggio cronologico (anche perché Cobianchi appare condizionato dalla cronologia stilistica oggi prevalente). Il più attendibile indizio di tale provenienza è la stretta parentela tipologica con il ricordato (nota 101) altare delle Collezioni Comunali, giunto da quella chiesa (Fig. 40). La possibilità di seguire in modo garantito la traccia documentaria proposta da Cobianchi dipende dal fatto che quello del Cossa fosse o meno l'altar maggiore della chiesa, mentre la somiglianza tipologica farebbe pensare ad una collocazione parallela, nel tramezzo o lungo la navata. Cavalca (p. 173) si muove con circospezione e non condivide le certezze di Cobianchi, ma finisce per non escludere «un'inaspettata soluzione a favore di San Paolo in Monte».

In cosa consiste quella traccia documentaria? Nella delibera presa il 27 maggio 1471, in occasione del capitolo provinciale di Cesena, relativa alle finiture in oro dell'ancona «ad maius altare [...] facta [...] per manus fratris Andrea de Plumacio», che verrebbe ad essere dunque l'intagliatore altrimenti ignoto della parte lignaria (il documento è più ampiamente trascritto in CAVALCA, *La pala d'altare a Bologna*, cit., p. 380). E dal momento che già nel testamento di Giacomo di Guglielmo, risalente al 1460, si disponevano 200 fiorini per l'altare maggiore di San Paolo in Monte e che il donatore rimase ancora a lungo in vita, Cobianchi considera la delibera del 1470 solo come suggello dell'impresa; un suggello un po' tardivo, visto che fa risalire la parte del Cossa al 1465-69, ritoccando semmai per difetto le certezze stilistiche della critica 'più avvertita'.

Un passo avanti significativo, seppure non conclusivo, è stato ora fatto da S. BONDINI, *Famiglia e Osservanza. L'*Annunciazione *di Francesco del Cossa e un nuovo documento per la pala per l'altar maggiore di San Paolo in Monte*, in *Il polittico Griffoni. Un dono*, cit., pp. 127-143. La giovane studiosa ha rinvenuto nel testamento del banchiere Giacomo di Basilio Ringhieri, in data 18 agosto 1474, un lascito di 150 lire «expendendas in tabula altari principalis dicte ecclesie Sancti Pauli». E siccome viene assennatamente messa da parte la spiegazione che vorrebbe l'altare fatto di nuovo dopo soli tre anni, il dono viene inteso come fatto «*ex post* per coprire i costi della pala», ancorata così alla decisione capitolare del maggio 1471. È vero che il pittore potrebbe aver fatto il lavoro prima di trasferirsi a Ferrara, entro il 1469, ma è cosa meno probabile. La spiegazione più verosimile che si possa dare a questo incrocio di tracce documentarie è che lo abbia compiuto nel 1470/71.

A proposito di una più certa collocazione cronologica dell'*Annunciazione*, sarà bene dire che stenta a trovare posto nel catalogo di Cossa la *Pietà* Jacquemart-André (Tav. XIIb), riferitagli da Roberto Longhi. Se ne è già parlato a proposito del *Pestapepe* di Forlì, ma è il caso di spendere qualche parola in più. Su questa attribuzione sembra che non ci siano ormai incertezze (per quanto mi riguarda, i primi dubbi nacquero alla mostra di Ferrara del 2007, potendola studiare accanto ad opere di Cossa). Anche per ultimo è stata esposta come opera sua alla mostra *Vesperbild. Alle origini delle* Pietà *di Michelangelo*, Catalogo della mostra a cura di A. Mazzotta e C. Salsi, Milano, Officina Libraria, 2018, pp. 35-126: 133. E più di recente è stata discussa da Benati, *Francesco del Cossa «bolognese»*, cit., pp. 32, 43, sempre come Cossa, ma riportandola indietro nel tempo, verso la *Madonna* Kress di Washingon: un po' troppo indietro, a me sembra, anche in termini di cronologia assoluta. La tavola americana, con cui per molti si apre il catalogo di Cossa (me compreso, ma cfr. nota 82), ha infatti una curvatura dei piani e gradazioni di luce che si giustificano con i rilievi fiorentini del sesto decennio, con le aperture che gli scultori proponevano ai colleghi pittori. Verso il 1460 o poco dopo, al tempo della *Madonna* Kress, Cossa aveva già raggiunto una capacità di sintesi plastica che non si ritrova nelle sottigliezze grafiche dilatate in onde plastiche della tela francese (in varie parti irrimediabilmente rientrata nella preparazione). La cronologia assoluta sembra spingere dunque la *Pietà* verso una più assestata fase del Cossa (o almeno per noi meglio conosciuta), quella compresa fra la vetrata di San Giovanni in Monte (1467) e la pala della Mercanzia (1474); opera, questa, che non fa pensare a sensibili cambiamenti successivi (l'artista muore nel 1478). Ma la *Pietà* è un anello che non si riesce ad inserire in una catena stilistica già sufficientemente serrata. Da Cossa deriva, senza alcun dubbio, ma ha un'intonazione più cantabile, per così dire, pur nel registro grave, a tratti quasi divagante. Proprio per queste ragioni non sarebbe possibile neppure immaginarla come opera estrema di Cossa (la prossimità della lastra Garganelli alla pala della Mercanzia non lo consentirebbe). Così che è sembrato più convicente avvicinarla ad un'opera domiciliata in Romagna (ma di ascendenza ferrarese), e di conservazione altrettanto sfortunata, come il *Pestapepe* famoso (Figg. 25-26). Dove è anche parso di riconoscere l'eco del Cossa Griffoni, con il conseguente ancoraggio al secondo quarto dell'ottavo decennio: la stessa datazione, più o meno, che si adatta alla *Pietà* Jacquemart-André, per la quale si è già detto di condividere il riferimento al probabile Leonardo Scaletti (Colombi Ferretti, *Dossier sulla pala Bertoni*, cit., pp. 49-53). Il cauteloso «probabile» non intende tenere aperta la discussione sul collegamento del pittore alla pala pala faentina, ma è richiesto dall'abuso che di questo nome venne fatto in passato. Mentre non sorprende che un artista così elegantemente artificioso, così preziosamente allucinato, ma in grado di non smarrire il filo della struttura spaziale fiorisse nel nono decennio su un terreno di concimazione cossesca (il fatto che Longhi se lo figurasse come un intarsiatore è sempre parso il traslato strettamente pittorico di quel tipo di applicazione, e quasi di assillo, fabrile).

Postilla D (sulla datazione del polittico Griffoni in base ai criptoritratti dei committenti)

Il pagamento del 19 luglio 1473 ad Agostino de' Marchi per la cassa del polittico spinge a credere che il lavoro di Francesco del Cossa fosse appena concluso o alle ultime battute: non ne fissa il *post quem*, come se si trattasse della vera e propria carpenteria, piuttosto l'*ante quem*. Nel catalogo della mostra Cecilia Cavalca fa riferimento alle notizie riguardanti i committenti, che sono meno puntuali. Sappiamo che Lucia Battaglia morì prima del 1472, dal momento che nel gennaio di quell'anno Floriano Griffoni si risposò. Di conseguenza – si è pensato –, entro quell'anno il polittico dovrebbe essere stato compiuto. Anche Mauro Natale, nel saggio che apre il catalogo, ritiene che sia stato dipinto a ruota del soggiorno ferrarese (compreso fra la seconda metà del 1469 e il marzo successivo), dunque in un lasso di tempo più vicino al 1469 che al 1472. Si dà così per sicuro che l'altare dell'Osservanza risalga a prima del soggiorno ferrarese, al contrario di quanto suggeriscono gli spiragli documentari (*Postilla C*).

In precedenza CAVALCA, *La pala d'altare a Bologna*, cit., p. 138, aveva parlato di un'«evidente incompatibilità» del polittico con l'anno 1472 (nel catalogo della mostra, a p. 334, adotta il più prudenziale «circa 1470-1473»). Perché «evidente incompatibilità»? La ragione è che i santi del registro superiore corrispondono ai nomi dei due committenti. Da qui l'induzione che san Floriano e santa Lucia siano loro criptoritratti. E all'inizio del 1472 Lucia Battaglia era già scomparsa, come si è detto. Non si vorrà essere così ossessivamente empirici da dire che manca la riprova di un confronto sicuro delle loro fattezze (come se poi questi confronti fossero sempre pacifici). Intanto fino a che punto ci si può spingere nell'induzione, in base ai soli caratteri figurativi? Di Cossa conosciamo un ritratto sicuro (Madrid, Museo Thyssen-Bornenisza) e quelli, magari in parte virtuali, del gruppo di cortigiani riuniti attorno al duca Borso a Schifanoia, nel mese di Aprile. Ora, nei due santi Griffoni l'individuazione fisiognomica non sembra altrettanto incisiva, considerando che a quella marcatura dei tratti il pittore è sempre inclinato. Più in generale, la caratterizzazione dei coniugi Griffoni non si direbbe altrettanto incisiva che in altri casi per cui si parla di criptoritratti (sul tema, per ultimo, F. CAGLIOTI, *Donatello e la terracotta*, in *A nostra immagine. Scultura in terracotta del Rinascimento da Donatello a Riccio*, Catalogo della mostra di Padova, a cura di A. Nante, C. Cavalli, A. Galli, Verona, Scripta, 2020, pp. 36-65: 44). E tuttavia, non c'è nessun proposito di escludere la latente presenza dei due committenti all'interno del polittico, semmai di ridurla al giusto grado di latenza. Interessa se quella di Lucia diventa una ragione di «evidente incompatibilità» con l'anno 1472. Difatti per Cavalca la presenza in effigie di Lucia è determinante per la datazione del polittico: se vi compare, vuol dire che Floriano Griffoni non si è ancora risposato. Il fatto che si fosse risposato con Ludovica di Bartolomeo Lambertini non ci obbliga a considerare il polittico quanto meno programmato, se non concluso, entro l'inizio del 1472. Occorre stare attenti a non proiettare sulla realtà sociale e familiare del Quattrocento una sensibilità romantico-borghese, più o meno quella delle vedove e vedovi inconsolabili dei cimiteri ottocenteschi. I nodi psicologici della parte ascendente di *Rebecca, la prima moglie* di Hitchcock sono ovviamente estranei al secolo XV. Invece, considerando la grossa somma di denaro che Lucia lasciò al marito (Torella, *L'ombra della mezzaluna*, cit., p. 45), si potrà sospettare che almeno una parte di essa fosse investita nel polittico, facendo così del suo incerto anno di morte (1470 o 1471) un *post quem*. Ovvero, il grosso del lavoro pittorico del polittico fu con buona probabilità compiuto immediatamente dopo l'affresco del Baraccano, nel corso del 1472 e della prima parte del 1473. Fu insomma serratissima la sequenza: altare dell'Osservanza (1470-71) – Madonna del Baraccano (inizio 1472) – polittico Griffoni (1471?-1473, prima metà) – cartoni per due tarsie di San Petronio (1473, seconda metà) – pala della Mercanzia (1474).

Postilla E (i tondi Cagnola: piuttosto Cossa che Ercole)

Le possibilità di un diretto e più comodo confronto consentite dalla mostra del 2020 mi hanno definitivamente convinto che i due tondi Cagnola (Tavv. XIVa-b) non sono opera di Ercole de' Roberti (com'è stato indicato al visitatore e com'è ormai opinione comune, riepilogata per ultimo da Benati, *Francesco del Cossa «bolognese»*, cit., p. 49, nota 55), ma di Francesco del Cossa. Come punti di verifica ci serviremo, dalla parte di Ercole, della predella e dei sette santini (Tav. XIVc) – tutti della stessa mano, in modo esplicito quella stessa della tavola della Pinacoteca Vaticana –, dalla parte di Cossa del Cristo giudice e degli angeli con le *Arma Christi* sotto la centina della tavola centrale (Tav. XIVd).

A me pare che i due tondi siano attratti piuttosto dal secondo polo magnetico. La consistenza perlacea della testa dell'Angelo ha lo stesso soffio cromatico leggero e altrettanto compatto, nella stesura pittorica, del coro angelico. È vero che il viso appuntito della Vergine richiama tipi fisici che saranno cari ad Ercole de' Roberti, ma si richiude con una più addolcita incisività, non diversamente dai visi delle fanciulle di Schifanoia. Ed anche la veste cangiante di Gabriele sarà da accostare agli angeli della tavola di Londra; o alla veste bianca del santo domenicano (un bel particolare a p. 169 del catalogo, ma altra cosa è stato potersi girare da una parete all'altra della sala dei Carracci a Palazzo Fava). A confronto delle tavolette dei pilastri e della tavola vaticana, nei tondi Cagnola la luce si spiana in modo meno teso, non integrando i guizzi dell'ombra agli affioramenti grafici, come fa Ercole. Quel fare cristallino è più del Cossa. Altre parti del polittico, come i due santi del registro superiore o il tondo centrale, forse non combaciano con i tondi Cagnola quanto il coro angelico che si è preso a riferimento; ma tanto meno la fattura pittorica dell'*Annunciazione* combacia con quella della tavola vaticana (Tavv. VIII-IXa), dove si avverte maggiormente il ricordo del mese di *Settembre* del salone di Schifanoia. Piuttosto, il riferimento ad Ercole dei due tondi Cagnola sembra contare già sui suoi futuri sviluppi: sul pittore che conosciamo negli anni immediatamente successivi, un pittore davvero folgorato dal Cossa bolognese. Fu appunto il probabile esito di quel cruciale momento di collaborazione nell'altare di San Petronio.

Una dettagliata analisi tecnica della stesura pittorica e dell'*underdrawing* dei tondi Cagnola si legge ora in Poldi, *Analisi tecniche comparate*, cit., pp. 171-175. Non ci si dovrà però fermare alle didascalie, che la semplificano all'eccesso – se *pour cause* o altro, non interessa – sbilanciandola a favore di Ercole. In realtà, chi legge il testo percepisce una situazione ben più sfumata. «Il disegno di entrambi i tondi è svolto dalla stessa mano e mostra maggiori analogie con quello di Ercole de' Roberti, mentre a livello di tratteggio si pone in certo modo in una via media fra i due» (p. 172); ed «è semmai a livello di coloritura che si possono notare accenti del più anziano collega» (p. 174). Oltretutto, se non mi tradiva l'attesa di una spiegazione a favore di Cossa, la relazione originaria di Poldi mi era sembrata maggiormente orientata a favore del più anziano pittore. Indagini simili mettono spesso in luce come la condizione operativa, in un'opera complessa, fosse naturalmente intrecciata e non sempre così immediatamente riducibile all'evidenza di un nome, come nel giudizio storico-artistico. Il mio personale giudizio, spostando i due tondi sul nome di Francesco Cossa, serve a evidenziare meglio quale fu, dei due pittori ferraresi, il primo diretto responsabile del polittico Griffoni.

Studio secondo

FRANCESCO DEL COSSA E L'IMMAGINE MIRACOLOSA DEL BARACCANO

1. Quando non c'erano ancora bei particolari a colori che preparassero all'incontro con la predella del Cossa (Tavv. VIII-IXa) – a trovarsela davanti, forse più inaspettata di altre meraviglie di Dresda –, poteva sembrare che nella pittura italiana del Quattrocento ci fossero ancora, ai nostri giorni, cose meno note del giusto. Per quanto sia personale il ricordo, è vero che le sorti della predella rimasero a lungo separate dall'*Annunciazione* sovrastante. Da Bologna le due tavole erano arrivate in Sassonia con nomi diversi, suffragati da «firme» a cui sarebbe difficile dare spiegazioni diverse da quelle della promozione mercantile: Mantegna per la maggiore, per questa Giotto (subentrò Pollaiolo).[1] Ma anche dopo che le due tavole furono collegate fra loro, e sotto il nome di Cossa (ci volle tempo, però), la predella non fu apprezzata quanto l'*Annunciazione*. Eppure, in origine, proprio la predella era stata un punto di riferimento, non solo per gli artisti bolognesi. L'autore della *Natività* Wildenstein, Martino da Modena e qualche altro miniatore si ricordarono dell'aereo e geometrizzato telaio della capanna.[2]

---

[1] Sulle firme false, ma con valore di testimonianza sullo stato delle conoscenze, e su alcuni dei riferimenti bibliografici relativi, mi permetto di sintetizzare attraverso M. Ferretti, *Un accertamento su Benedetto Diana*, «Artibus et historiae», LXXX, 2019 [*Papers in Honour of Mauro Lucco*], pp. 72-93: 81-83. Non occorre qui ricordare in dettaglio le vicende che portarono il dipinto a Dresda, da inquadrare attraverso Perini Folesani, *Luigi Crespi*, cit., *passim* (le testimonianze epistolari fatte conoscere a pp. 326 e 329, sembrano aggiungere un'occorrenza inaspettata alla fenomenologia del dono).

[2] Sul dipinto Wildenstein: cfr. Longhi, *Officina* [1934], ed. cit., p. 43 (Ercole de' Roberti?) e Salmi, *Ercole de' Roberti*, cit., p. 26 (con dubbio ad Ercole e Lorenzo Costa: «quasi in uno sviluppo [della] predella dell'*Annunciazione* di Dresda, secondo un'impalcatura della capanna derivata da Jacopo Bellini che, raggelata, tornerà in una *tavola* del Bastiani nella Galleria dell'Accademia)». Per l'attenzione che rivolse alla predella Martino da Modena, cfr. M. Medica, *La miniatura a Bologna al tempo di Giovanni II Bentivoglio*, in *Il libro d'Ore di Bonaparte Ghislieri*, volume di commento a cura di M. Medica, saggi di G. Benevolo, M. Medica, P. Kidd, Modena, Panini, 2009, pp. 11-104: 30.

Mentre si erano stampati negli occhi del piemontese Spanzotti e di Antonio da Crevalcore quegli strani angeli, tanto ben sigillati nella curva prospettica da sembrare di piombo, sospesi in aria come sono.[3] Quando poi venne compresa la pertinenza ad un medesimo altare (che l'*Annunciazione* non fosse più considerata di Mantegna, sembrò a Gustavo Frizzoni una riprova dei rapidi progressi della disciplina),[4] gli storici dell'arte rimasero spiazzati dall'oscillazione della predella rispetto all'asse stilistico del pittore, che nell'ultimo decennio di carriera è finalmente ben piantato. Sta un po' a sé l'alto giudizio di Longhi, che pure non giurò sulla completa stesura di Cossa, ma da cui germoglierà quel pieno riconoscimento della sua mano che sembra ormai assestato.[5] Guardando indietro, colpisce che almeno in un primo momento Berenson l'avesse ritenuta di scuola. O che Ortolani – un critico forse un po' avvolto in preoccupazioni teoriche, ma acuto e capace a volte di arrivare a pagine belle quasi quanto quelle di Bruno Barilli – la giudicasse di Cossa per il disegno, affidata però «ad uno degli aiuti».[6] Tanto andante, nell'opinione di Ruhmer, da far pensare al cremonese Cicognara.[7] Che era troppo.

È infatti un capolavoro di Cossa: un po' anomalo, questo sì. Anomalo, s'intende, se non si fa troppo caso al paesaggio (Fig. 49), che in fondo, morfologicamente, è tal quale quelli suoi di Schifanoia e delle tavole di Brera (Fig. 50), pieno di filamenti grafici sul punto di riuscire quasi districati, ma sempre percussivi e tali da non fondersi nella lieve caligine dei colori. Per quanto sembri assurdo volerci vedere l'irripetibile punto d'equilibrio fra idee del maestro ed esecuzione di un collaboratore fino a quel momento ignoto e subito dopo sparito nel nulla, non sembra assennato far finta di niente. Non si può insomma dire che la predella si sovrapponga in tutto e

---

[3] G. Romano, *Il coro di San Lorenzo*, Alba, Famija albeisa, 1969, pp. 20-21, fa dipendere gli angeli nell'affresco di Spanzotti a Rivarolo da quelli nella predella bolognese.

[4] G. Frizzoni, *I progressi della critica artistica. In proposito di due quadri del museo Britannico*, «Archivio storico dell'arte», IV, 1891, pp. 160-171: 161-162, ricorda come Selvatico, in base alla falsa firma, mettesse ancora l'*Annunciazione* fra i dipinti «certi» di Mantegna (a dare il senso di una svolta, inoltre, è l'apprezzamento della nuova fotografia Braun dell'*Annunciazione*).

[5] Longhi, *Officina* [1934], ed. cit., p. 31 («se non tutta, almeno una parte dell'esecuzione, e in ogni caso l'invenzione stupenda rimontano a Cossa»). In precedenza, nel *Piero dei Franceschi* del 1914, ora in Id., *Scritti giovanili, 1912-1922* («Opere complete», I), Firenze, Sansoni, 1961, p. 75, era stata esplicitamente ricordata come opera di Cossa, ma con un apprezzamento dello schema pittorico che, per quanto tipico di quel suo momento più formalistico, fa capire che non l'aveva ancora studiata dal vero. Nel 1950 si soffermò con osservazioni opportune sulla predella, considerata opera di Cossa, Nicolson, *The Painters of Ferrara*, cit., p. 12. In seguito, al pieno riconoscimento dell'autografia fatto da Bacchi, *Francesco del Cossa*, cit., p. 46, non pare che nessuno abbia più avuto da opporre dissensi o distinguo.

[6] Ortolani, *Cosmè Tura, Francesco del Cossa, Ercole de' Roberti*, cit., pp. 120-121.

[7] Ruhmer, *Francesco del Cossa*, cit., p. 74 (consente Meller, *Drawings by Francesco Cossa*, cit., p. 8).

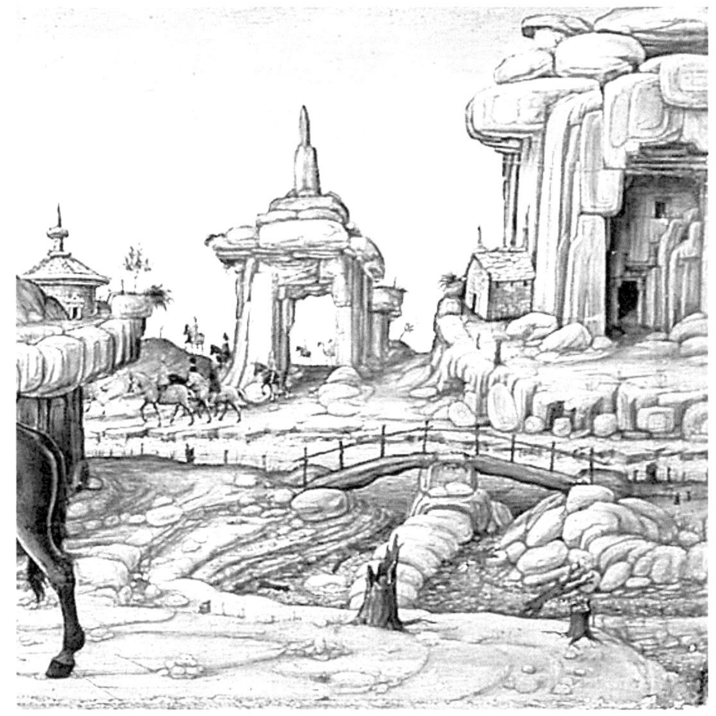

49

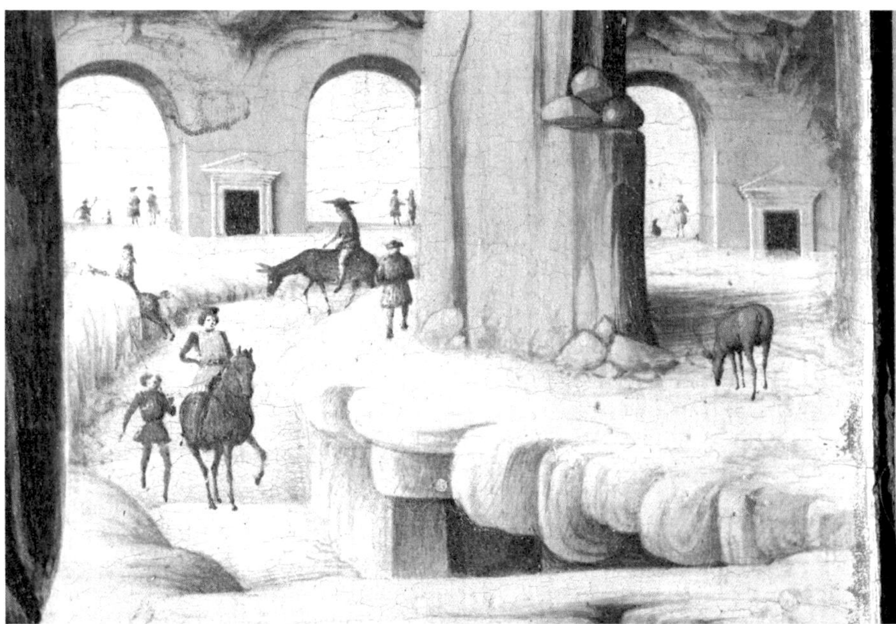

50

Fig. 49. Francesco del Cossa, Predella dell'altare dell'Osservanza (part.), Dresda, Gemäldegalerie. Fig. 50. Francesco del Cossa, *San Giovanni Battista* (part.), Milano, Pinacoteca di Brera.

per tutto alle altre cose di Cossa di simile grandezza. Il «trescone di villani a sinistra» (Tav. XVa) è una scelta iconografica che non si giustifica, come a Schifanoia, in mezzo agli infiniti riflessi che l'ordine degli astri proietta sulla terra, né va scovato su un poggio lontano, come sarà il «saltarello» di Aspertini;[8] ma tira a suo modo verso l'arte del Nord, riconfigurando così quel preciso tema sacro. Sembra di poterlo descrivere con le parole di quell'arciprete romagnolo che si troverà, più di tre secoli dopo, a compilare un questionario sugli usi contadini: «cantano da matti, suonano per allegrezza [...], ballano da disperati».[9] L'attenzione per i registri 'bassi' del racconto e della fisiognomica aveva preso avvio, a Ferrara, con i pastori dell'*Adorazione* oggi al Metropolitan, dipinti da Mantegna con l'occhio rivolto a Rogier van der Weyden, che forse nel 1450 era passato per la città estense, andando a Roma per il giubileo. L'episodio, per quanto prossimo, è però diverso: il ballo umilmente realistico dà un'inconsueta cornice di festa alla nascita di Cristo. E poi la stagione del giovanissimo Mantegna a Ferrara era già lontana. All'intreccio con tali aspetti della predella sarà più facile vedere, pur in mancanza di date certe e circoscritte, cose come l'incisione con la *Danza carnevalesca* (forse fiorentina, ma c'è una tardiva traccia che la lega a Padova), oppure quelle della serie che lasciò in dubbio Hind se fosse ferrarese o padovana.[10] Perfino l'idea di san Giuseppe messo di spalle e appoggiato ad un elemento di cesura (Fig. 51) trova una così particolare giuntura sintattica da far nascere il sospetto che Cossa conoscesse uno dei disegni che Mantegna aveva preparato per incidere (far incidere) la *Flagellazione* con il pavimento in prospettiva (Fig. 52).[11] Tornando per qualche tempo in patria, Cossa sembra aver coltivato un sotterraneo avvistamento, condiviso ad esempio dal 'Maestro dei tarocchi Sola Busca' (che a me non sembra l'anconetano Nicola di Maestro Antonio),[12]

---

[8] Anche «saltarello» è di LONGHI, *Officina* [1934], ed. cit., p. 61, che ritaglia questo particolare della *Pala del Tirocinio* in fig. 195 e tav. XII. Non saprei censire le occorrenze del tema, ma va rammentato almeno il ballo al chiaro di luna e con gli abiti della festa dipinto da Delitio (*Andrea Delitio nel Duomo di Atri*, a cura di G. MATTHIAE, Milano 1965, tav. 15).

[9] G. TASSONI, *Arti e tradizioni popolari*, III, *Le inchieste napoleoniche sui costumi e le tradizioni popolari del Regno italico*, Bellinzona, La Vesconta, 1973, p. 316.

[10] A.M. HIND, *Early Italian Engraving. A Critical Catalogue. Florentine Engravings and Anonymous Prints of Other Schools*, New York-London, M. Knoedler-B. Quaritch, 1938 (B III, 12, pp. 142-143, tav. 209; E III, 24-27, p. 259, tavv. 416-419). Per l'ambientazione a Firenze della *Danza carnevalesca* e del gruppo di disegni degli Uffizi, affine per temi, G. DILLON, *Una serie di figure grottesche*, in *Florentine Drawing at the time of Lorenzo the Magnificent* ('Villa Spelman Colloquia', n. 4), a cura di E. CROPPER, Bologna, Nuova Alfa, 1992, pp. 217-230.

[11] Per i diversi problemi posti dall'incisione, dai disegni preliminari, dalla replica di Giovanni Antonio da Brescia, serve di sintesi la scheda di G. MARINI, in *Mantegna e le arti a Verona. 1450-1500*, Catalogo della Mostra di Verona 2006-07 a cura di S. MARINELLI e P. MARINI, Venezia, Marsilio, 2006, p. 240.

[12] L'identificazione è stata proposta nei saggi di L.P. GNACCOLINI e A. DE MARCHI in *Il*

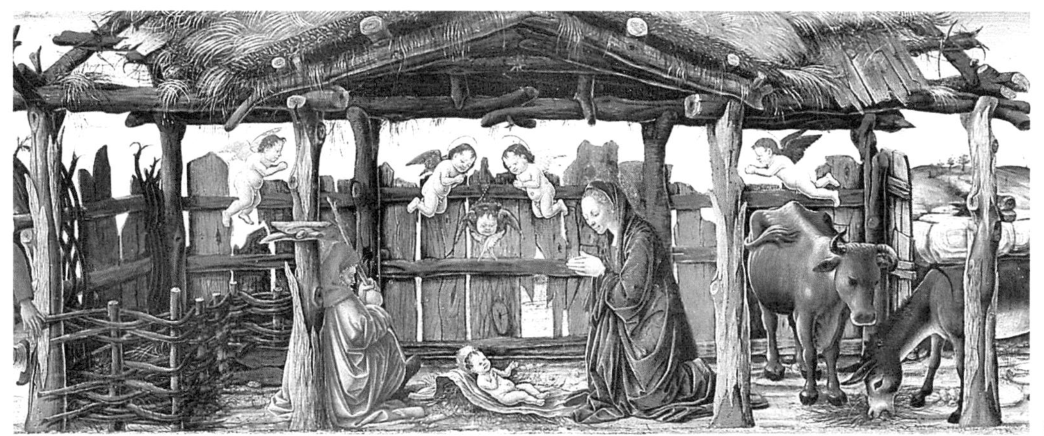

51

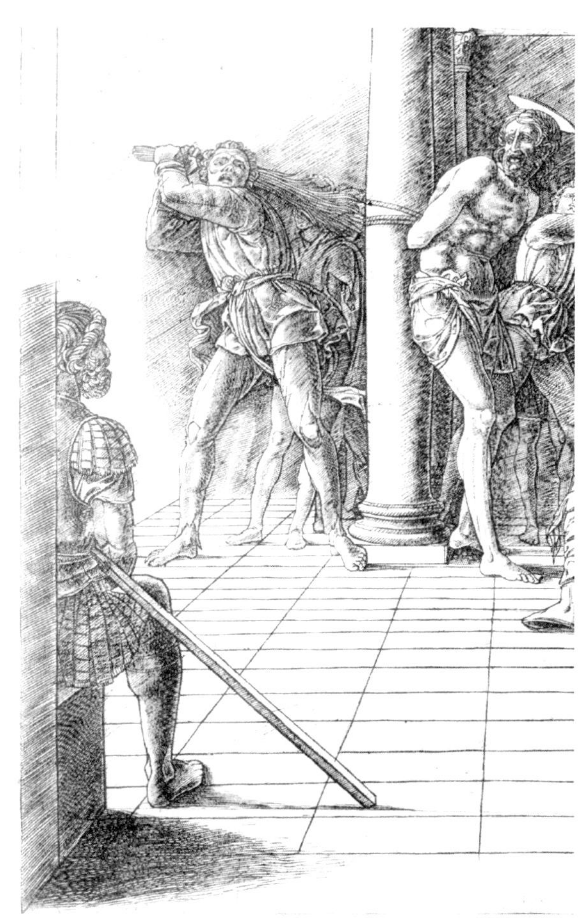

52

Fig. 51. Francesco del Cossa, Predella dell'altare dell'Osservanza (part.), Dresda, Pinacoteca. Fig. 52. Andrea Mantegna, *Flagellazione* (part.), incisione.

di quel tipo di animazione fisica e di vitalità contadina che andrà poi crescendo in area tedesca, soprattutto fra gli incisori.

Il riferimento a fenomeni di larga circolazione figurativa viene fatto anche per un'altra ragione. Si vorrebbe provare, anche soltanto per un momento, a vedere che effetto fa la predella di Cossa accanto ad una pagina del *Coeur d'Amour épris* (Tavv. XVa-b). E sia chiaro, non per scoprire ascendenze comuni (già note),[13] ma al modo della vecchia pratica didattica: solo per fissare tratti distintivi attraverso il confronto fra due criteri, almeno in apparenza affini, di ricomporre a misura ridotta la complessità del visibile. In entrambi i casi, distanti una decina di anni o poco più, sono tantissimi i frammenti di realtà che pungono sotto la pelle della pittura, ma appunto come cose individuate da un segno che le incide ad una ad una e le comprime nel campo di figurazione. Facendo leva sulla misura ridotta, il probabile Barthélemy d'Eyck mostra quanto il senso visivo possa essere acuito da tale sensazione d'ingombro, a partire dal primissimo piano. Accanto agli indici di spazio emergono mezzi squisitamente pittorici, di radice nordica: ad esempio, per distinguere la qualità luminosa di un albero fuori della radura o per graduare l'ombra che s'infittisce nel bosco (restituito così all'archetipica funzione di una fiaba), ben diversa da quella affondata oltre la soglia dell'antica chiesa.

---

segreto dei segreti. I tarocchi Sola Busca e la cultura ermetico-alchemica tra Marche e Veneto alla fine del Quattrocento, Catalogo della mostra (Milano, Pinacoteca di Brera, 13 ottobre 2012-17 febbraio 2013), Genève-Milano, Skira, 2012; e di nuovo da L.P. Gnaccolini, *L'Uomo Divino. Ludovico Lazzarelli tra il mazzo Sola Busca e i 'Tarocchi del Mantegna', con una proposta per Lazzaro Bastiani*, Catalogo della mostra (Pinacoteca Ambrosiana, 17 aprile-1 luglio 2018), Milano, Electa, 2018, pp. 13-18. Per quanto l'attribuzione sembri rispondere meglio a quello che per le matrici resta il verosimile anno d'esecuzione (1491), la cultura figurativa che costantemente emerge dalla serie è quella che una ventina di anni prima gravitava su Ferrara (per una sintesi, favorevole a tale spiegazione, prevalente nel recente passato, G. Sassu, schede 159-160, in *Cosmè Tura e Francesco del Cossa*, cit., pp. 482-486). Non sembra né convincente, né fruttuoso isolare dettagli morfologici da mettere accanto ad altrettanti dettagli del singolare 'anacronista' marchigiano. Nelle incisioni le figure sono costantemente immorsate quasi a forza nella cornice, con una conseguente accelerazione dell'energia plastica: una qualità espressiva che resta troppo distante dalla spazialità fluida e quasi inconsistente della predella oggi al Brooklyn Museum di Nicola di Maestro Antonio. D'altra parte, l'appellativo di *peintre graveur* che gli viene dato da De Marchi, suggestivo per quanto intenzionalmente sovrastorico, può corrispondere bene ad una situazione, quella dei tarocchi Sola Busca, dove non traspaiono le oscillazioni o le più complesse mediazioni operative che sono proprie della prima stagione della stampa; e dunque non sarebbe neppure possibile, in ordine a Nicola di Maestro Antonio, salvare una quota parziale d'autografia.

[13] Cfr., ad esempio, F. Bologna, *Napoli e le rotte mediterranee della pittura. Da Alfonso il Magnanimo a Ferdinando il Cattolico*, Napoli, Società napoletana di storia patria, 1977, p. 33: «la complessa cultura franco-fiamminga [delle miniature viennesi] è già in rapporto con la civiltà prospettico-cromatica italiana, dall'Angelico a Domenico Veneziano a Piero della Francesca».

Cossa, in un certo senso, fa il cammino inverso: parte dalla forma prospettica, ma quasi per prendere le distanze da quella «pittura di luce» che pure aveva ben conosciuto. La consistenza dei profili, nei contadini che ballano, s'ingrossa e si colora, senza che possa più venire a mente il tracciato (esatto come se fosse inciso a bulino) del fiorentino Giovanni di Francesco. Le cose sono viste così quali ingranaggi di un congegno unitario. Formano una macchina ottica dove la chiarezza geometrica di un albero non è solo il traslato di un solido ideale, ma è quanto serve a rendere tangibile l'assieme di tronco e di corteccia, quasi che l'albero lo si potesse sbucciare con gli occhi. Dove la raffigurazione dei vimini intrecciati (il «ferro tenero dei viticci nella *Vendemmia*»),[14] traspone l'energia che ci deve essere voluta nella realtà a legarli assieme; tanto da farcelo immaginare, Cossa a Ferrara, a suo modo stupito davanti alle vecchie sculture del portale dei Mesi. Anche per lui, a distanza di tanto tempo, si trattava di non sacrificare alle esigenze dell'immagine sintetica niente della vitalità organica dei dettagli. Nella predella di Cossa la staccionata consente di riconoscere il taglio tangenziale di ciascuna tavola, una diversa dall'altra, senza distrarre lo sguardo dall'intera successione, che è messa in risalto dalla piega prospettica del controluce. Rituffata nell'universo analitico dei fiamminghi, la forma sintetica di Piero si rivela innanzitutto come un aggregato di dati contrassegnati dal processo di figurazione. Questo modo di scomporre la realtà per nuclei fisicamente distinti e di ricomporla a scala diminuita sarà decisivo per gli intarsiatori padani, che cercarono il loro più vero oggetto figurativo nella struttura meccanica e nella raffigurazione tautologica di manufatti in legno. Nella *Natività* Cossa adatta alla particolare occasione iconografica un metro stilistico che non è propriamente quello stesso delle due santine oggi a Madrid, provenienti dal medesimo altare (oggi lo sappiamo con certezza).[15]

---

[14] F. Arcangeli, *Il fratello del Guercino*, «Arte antica e moderna», IV, 1961, 13-16, p. 336.

[15] La provenienza dall'altare, indicata nel 1934 da Longhi, *Officina*, ed. cit., p. 31, messa talvolta in dubbio (riassume la scheda di C. Cavalca, in *Cosmè Tura e Francesco del Cossa*, cit., p. 390), ha trovato conferma nelle notizie rinvenute da L. Ciammitti, *Un collezionista marchigiano del Settecento: Filippo Acqua*, in *Disegni emiliani dei secoli XVII-XVIII della Pinacoteca di Brera*, Catalogo della mostra [Bologna 1995], a cura di D. Pescamona, Milano, Mazzotta, 1995, pp. 31-32. Non convince, a tale proposito, la ricostruzione proposta da C. Cavalca, *Francesco del Cossa a Firenze e la pala con l'Annunciazione di Dresda*, «Nuovi studi», 2004-05, 9-10, pp. 39-67: troppo marcatamente architettonica (cfr. anche nota 101 del precedente studio). Non credo poi che del complesso facesse parte il francescano orante dell'Arciconfraternita di San Rocco, a Venezia, riferito a Cossa da Carlo Volpe ed associato all'altare da Daniele Benati (per ultimo, il consenziente A. Cecchi, in *Inganni ad arte. Meraviglie del trompe-l'oeil dall'Antichità al contemporaneo*, Catalogo della mostra di Firenze 2009-10), a cura di A.M. Giusti, Firenze, Mandragora, 2009, p. 224; e F. Dabell, recensione alla mostra ferrarese, «The Burlington Magazine», CXXXXIX, dicembre 2007, pp. 878-880: 879, al quale sembra cosa troppo fiorentina

In poche parole, quello che appariva a Berenson ed altri come un abbassato grado di autografia, corrisponde ad un adattamento intenzionalmente compiuto dal pittore quando si trovò alle prese con una rappresentazione 'comica' della *Natività*. C'è solo da sperare che non si preferisca scommettere su azzardate, iperfilologiche ragioni di cronologia interna.

A proposito di cronologia, occorre riportare l'altare dell'Osservanza al momento in cui a Venturi, Longhi, Volpe sembrava naturale che dovesse stare: sul 1470/71, in apertura della conclusiva stagione bolognese.[16] Contro l'anticipazione al tempo del precedente soggiorno a Bologna, tre o quattro anni prima, c'è un riscontro fattuale: dall'analisi della tecnica esecutiva è risultato che a Schifanoia Cossa cominciò il lavoro a partire dal mese di Maggio, per procedere verso Marzo.[17] Se non si corre a vedere la presenza di un collaboratore (come pure è stato fatto e si continua fare) nel

---

per essere pacificamente data a Cossa). Basta considerare che sia nell'*Annunciazione*, sia nelle tavolette di Madrid, sia nella predella le ombre sono costantemente proiettate verso destra, mentre in questo riquadro, vincolato a stare sulla sinistra dell'altare, il breve filo d'ombra va in direzione opposta. La grossa modanatura, che già di per sé sarebbe difficile conciliare con la diversa scala illusiva del parato di pietre sullo sfondo delle santine, fu forse una «seconda idea», successiva alla stesura dell'intreccio di vimini (?) che compare in basso. Nacque forse come anta di dittico, affrontata ad un'immagine sacra, con le cerniere alloggiate nel corpo di una cornice vera e propria. Le indicazioni di stile avrebbero dovuto suggerire un momento diverso dalla predella di Dresda. Piacerebbe comunque che l'attribuzione a Cossa fosse ripresa con maggiore cautela. Nel ripetere fino a qui quanto avevo scritto nel 2011, debbo aggiungere che non ha trovato consensi il suggerimento di una funzione diversa del *Frate francescano* della Scuola Grande di Venezia e che la sua aggregazione alla pala dell'Osservanza sembra godere di un consenso diffuso (CAVALCA, *La pala d'altare a Bologna*, cit., pp. 331-332; concedo però di non aver discusso il caso tipologico parallelo dell'altare oggi alle Collezioni Comunali d'arte: su cui COBIANCHI, *«Lo temperato uso dele cose». La committenza dell'Osservanza francescana*, cit., pp. 130-131). Il mio suggerimento risponde alla sensazione che il punto di stile della tavoletta veneziana sia cronologicamente diverso da quello delle tavole di Dresda e delle tavolette di Madrid. Sensazione che conservo e che non esprime un netto rifiuto del nome di Cossa, come intende CAVALCA, *La pala d'altare a Bologna*, cit., p. 332 (non è la sola persona a cui mi piacerebbe far capire che il pendolo attributivo non può sempre oscillare fra la piena convinzione e il suo contrario: c'è anche il dubbio). Questo sbrigativo scioglimento delle mie incertezze sembra ormai entrato nella catena bibliografica (BENATI, *Nella luce di Piero*, cit., p. 140; BONDINI, *Famiglia e Osservanza.* L'Annunciazione *di Francesco del Cossa*, cit., p. 137, nota 2).

16 La collocazione prima del soggiorno ferrarese (il primo ad avanzarla è stato A. BACCHI, *Vicende della pittura nell'età di Giovanni II Bentivoglio*, in *Bentivolorum magnificentia. Principe e cultura a Bologna nel Rinascimento*, a cura di B. BASILE, Roma, Bulzoni, 1984, p. 297), ha trovato il consenso di Lucco, Benati, Sgarbi, G. SASSU alla cui sintesi bibliografica in V. SGARBI, *Francesco del Cossa*, Milano, Rizzoli-Skira, 2003, pp. 224-225, si rinvia, aggiungendo le successive adesioni di CAVALCA, *Francesco del Cossa e Firenze*, cit., p. 52, e L. CIAMMITTI, *«Un non so che di particolare e di nuovo». Cenni sulla storiografia della scuola ferrarese*, in *Cosmè Tura e Francesco del Cossa*, cit., p. 52 (cfr. a questo proposito l'*Appendice D* del precedente studio).

17 V. GHEROLDI, *Due sistemi tecnici*, in *Il Palazzo Schifanoia a Ferrara*, a cura di S. SETTIS e W. CUPPERI, Modena, Panini, 2007, p. 162; ID., *Un conflitto sulla qualità tecnica della pittura murale a Ferrara al tempo di Borso d'Este*, in *Cosmè Tura e Francesco del Cossa*, cit., p. 143.

gruppo dei bambini di *Maggio*, con quei profili così plasticamente tracciati da pungere la carne viva, ma li si considera secondo quanto dichiara l'impasto di cultura e di tempo, ossia l'evidente omaggio a Cosmè Tura, per contraccolpo al rientro a Ferrara, diventa allora possibile riconoscere con certezza in quale direzione stesse andando la freccia stilistica del Cossa. Quei modi più segnati e poco graziosi non tradiscono la presenza di un pur dotato collaboratore, dal momento che caratterizzano anche quant'altro è sopravvissuto dello stesso mese. Non fosse così, un terzo del lavoro complessivo l'avrebbe fatto un aiutante, mentre nella famosa lettera a Borso d'Este il pittore dice di aver «fatto quili tre campi verso l'anticamera». Sicché, lasciando al loro destino le pure questioni di palato, non ci dovrà stupire se il mese di *Maggio* sia quello in cui ancora si riflette l'esperienza fatta un anno o due prima collaborando con una bottega di maestri vetrai, i Cabrini (Fig. 54). O se è proprio qui che si riscontra il più forte impatto di Cosmè Tura. Meglio ancora, se il punto di stile tangente a Tura (Fig. 53) collima con l'avvio da parte di Cossa della perduta pala di San Lazzaro (Fig. 55), per gran parte rimasta incompiuta e portata a conclusione, ma a distanza di qualche anno, da Ercole de' Roberti.[18] Insomma, quello che è parso a volte un Cossa annacquato corrisponde invece al preciso momento in cui il pittore cominciò a lavorare a Schifanoia. E poiché l'*Annunciazione* per molti aspetti sembra sfumare nel registro stilistico dei mesi di *Marzo* ed *Aprile*, che nell'ordine dei lavori risultano successivi, ne consegue che l'altare dell'Osservanza fu la prima cosa eseguita da Cossa al suo rientro da Ferrara. Lo conferma, dall'altra parte della catena temporale di Schifanoia,

---

[18] Il riconoscimento che la pala di Berlino, fra le maggiori perdite dell'ultima guerra, è opera di Ercole de' Roberti fu proposto nella tesi di O. HÄRTZSCH, *Katalog der echten und fälschlich zugeschreiben Werke des Cosimo Tura*, Hamburg 1931, pp. 30-36, e indipendentemente confermato da LONGHI, *Officina* [1934], ed. cit., pp. 38-41, il quale pensò che fosse stata avviata da Cossa («quasi si vorrebbe proporre»). Il suggerimento non è sempre stato messo a buon frutto in tempi successivi. Anzi, è divenuto consueto il riferimento esclusivo e secco ad Ercole de' Roberti (per una ricapitolazione, che non comprende gli interventi ultimi, MANCA, *The Art of Ercole*, cit., pp. 106-109). Tanto che, quasi per reazione, alla prima uscita di questo saggio avevo preferito rifarmi alla sola opinione di Longhi. A giudicare dalla bella riproduzione fotografica che ne rimane (risalente a prima dell'avvento dell'emulsione pancromatica), la pala – che in sostanza appare dipinta da Ercole in un momento compreso fra la cappella Garganelli e la pala di Ravenna – conserva un nucleo morfologico che non funziona bene all'interno della sua traiettoria di stile. «Può essere – arrivava a concedere Longhi (p. 39) – che l'autore si sia ripreso da un modello del Tura»; ma, oltre l'*exemplum* pratico, si riconosce una più interna intesa di stile che meglio si addice a Cossa che ad Ercole. Se poi si fa riferimento all'Ercole che opera all'interno del cantiere Griffoni, non è facile ricondurre allo stesso pittore i tratti più marcatamente espressivi della pala di San Lazzaro, dove Longhi intravvedeva Cossa. Forse fu proprio la convocazione a Schifanoia, un lavoro che mostra di essere stato fatto in tempi serrati, a far sì che fra la fine del 1468 e l'avvio del 1469 Cossa lasciasse in tronco il lavoro appena avviato della pala di San Lazzaro.

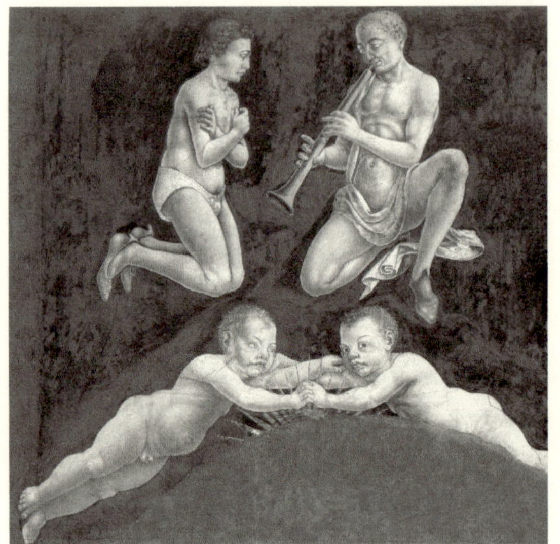

53

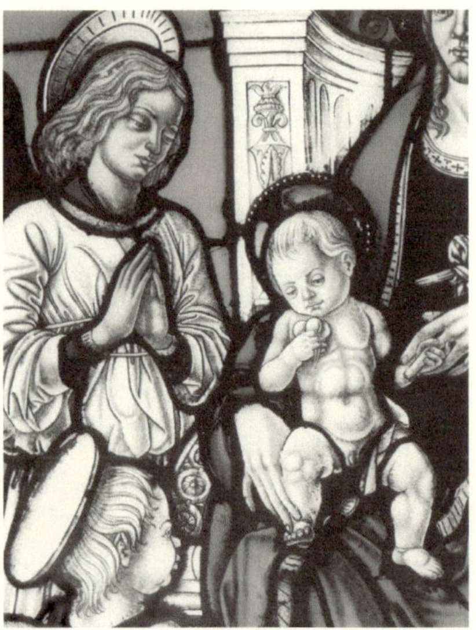

54

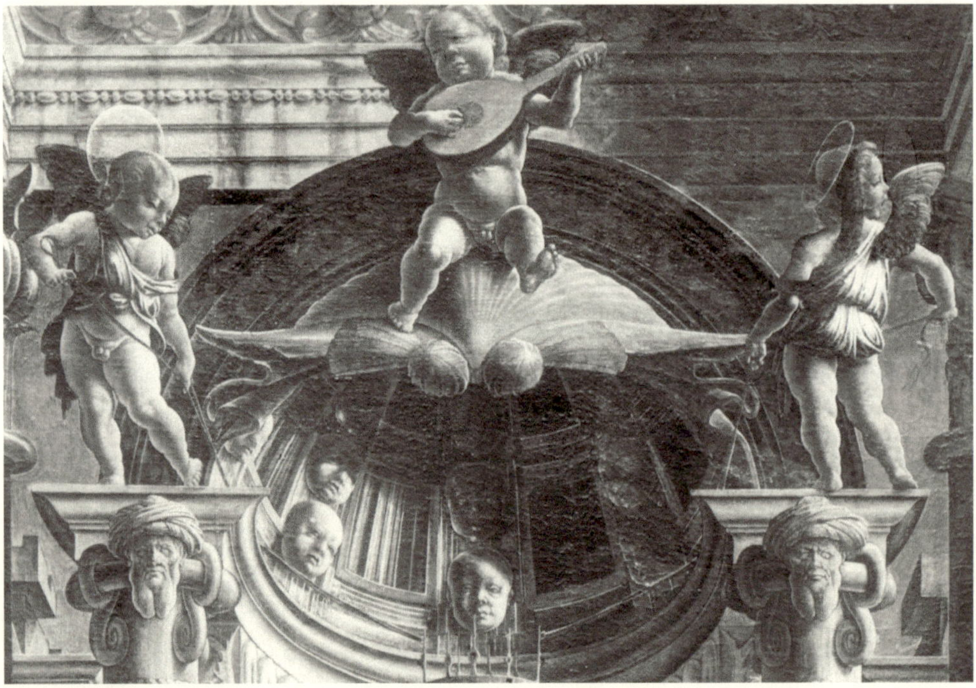

55

Fig. 53. Francesco del Cossa, *Maggio* (part.), Ferrara, Palazzo di Schifanoia, Salone dei Mesi. Fig. 54. Iacopo Cabrini e Francesco del Cossa, *Madonna col Bambino e angeli* (part.). Bologna, San Giovanni in Monte. Fig. 55. Francesco del Cossa (e Ercole de' Roberti), *Pala di San Lazzaro* (part.), già Berlino, Musei.

la stretta vicinanza all'affresco del Baraccano (inizio del 1472) e al polittico Griffoni (concluso verso la metà del 1473). In breve, fu sulla parete di Schifanoia che si definì quella fisionomia che, anche grazie all'addensarsi di opere, renderà così ben riconoscibile il Cossa degli anni Settanta.

Tanto ben riconoscibile che l'adattamento fatto nella predella di Dresda (Tavv. VIII-IXa) bastò a creare qualche difficoltà alla migliore *Stilkritik*; mentre rispondeva a precise e non coincidenti esigenze d'iconografia, racconto, misura, distanza dall'occhio, trama grafica: esigenze (non solo l'ultima) che avvicinavano ai nuovi modi della figurazione a stampa. Il termine 'modi', che nell'antica accezione musicale sarà al centro di una delle più importanti riflessioni sul problema dello stile, non deve far credere che si stia pensando sotto sotto alla famosa lettera di Poussin a Chantelou o che si tenti di fare di Cossa un profeta di Coypel («Ce qui doit émouvoir le coeur en passant par l'oreille doit l'émouvoir aussi en passant par les yeux. Le coup d'oeil d'un tableau doit déterminer son caractère»).[19] Cossa non avrebbe potuto giustificarsi neppure con qualcosa di simile al più empirico «Monsieur, j'ai plusieurs pinceaux» di Ingres. Il diversificarsi dei modi stilistici in relazione alla funzione dell'opera non è questione che riguarda solo il sistema dell'arte dell'*âge classique*. In quello che resta uno dei modelli più alti della recente, e non più di moda, storiografia dell'arte intesa come empirica dialettica delle forme è stato insegnato a guardare al fenomeno dei 'modi' già nell'arte romana, poi ancora a lungo nel Medioevo.[20] Anche nel caso di Cossa il comportamento stilistico momentaneamente derogante va considerato alla luce dell'occasione particolare (occorre sempre guardarsi da una monolitica nozione di stile).[21]

---

19 J. Białostocki, *Das Modusproblem in den Bildenden Künsten. Studien in Kunstwissenschaft* [1961], Dresden 1965, pp. 9-35 (deriva in parte dalla voce *Carattere* dell'*Enciclopedia universale dell'arte*, III, Venezia-Roma, Istituto per la Collaborazione culturale, [1960], coll. 114-119). Per i «modi» della musica antica in rapporto alla pittura, entro una ben definita corrispondenza retorica-pittura, e per le più recenti discussioni che ne sono nate, J. Montagu, *The Theory of Musical Modes in the Académie royale de peinture et de sculpture*, «Journal of Warburg and Courtauld Institutes», LV, 1992, pp. 233-248. La citazione dai *Discours sur la peinture* di Antoine Coypel in *Les Conférences de l'Académie royale de peinture e de sculpture au XVIIe siècle*, éd. établie par A. Mérot, Paris, École Nationale Supérieure des Beaux-arts, 1996, p. 407. In ordine a Poussin, cfr. inoltre O. Bätschmann, *Poussin, dialectiques de la peinture*, Paris, Flammarion, 1994, 2010² [ed. or. London, Reaktion Books, 1990], pp. 90-91, 262-270; A. Ottani Cavina, *Terre senz'ombra. L'Italia dipinta*, Milano, Adelphi, 2015, pp. 114, 477, nota 34 (ricapitolazione bibliografica).

20 E. Kitzinger, *L'arte bizantina. Correnti stilistiche nell'arte mediterranea dal III al VII secolo*, ed. it. a cura di P. Cesaretti, Milano, Il Saggiatore, 1989, pp. 25, 80, 132, 139, con i richiami fatti da M. Andaloro nella *Presentazione*, pp. x-xi (del libro, uscito in originale nel 1977, esiste una nuova ed. it. con il titolo *Alle origini dell'arte bizantina*, Milano, Jaca book, 2005, 2010²: i passi corrispondenti alle pp. 22, 24, 120, 125).

21 Circa il rischio di proiettare sul passato un'idea di stile che è propria dell'età contemporanea sono sempre valide le osservazioni che si leggono nel quarto paragrafo di M. Schapiro,

O più semplicemente, l'oscillazione espressiva fatta con piena consapevolezza da Cossa è servita ad introdurre il caso, strettamente contiguo per tempo e luogo, in cui il pittore mostrò un'ancora più sorprendente capacità di adeguamento stilistico. Si trattava però di un caso del tutto particolare: il 'restauro' dell'immagine di Santa Maria del Baraccano [22] (Tav. XVI, Fig. 62).

2. Fra apici, 'restauro', perché non è parola che si possa riferire facilmente a stagioni e culture diverse dalla nostra. Quale senso aveva, negli ultimi giorni del 1471, affidare al miglior pittore attivo a Bologna l'immagine dipinta circa un secolo e mezzo prima sulla faccia interna di una delle postazioni sopraelevate lungo l'ultima cerchia difensiva? Un'immagine – quel che più conta – miracolosa. Ad essere sinceri, le virgolette andrebbero mantenute anche per l'operazione di strappo fatta quarant'anni fa, senza che se ne capiscano le ragioni che l'avrebbero resa necessaria.[23] Nessun dubbio che l'affresco fosse in uno stato miserevole, com'è oggi, ma a quello non si rimedia. In più ora è liscio come un tavolo da ping-pong, con un solco attorno che lo ritaglia dall'alloggiamento architettonico. Se tutto questo non dispiace e non appare uno snaturamento materiale, potremo anche essere contenti che le tracce di sinopia e quanto altro è stato rimesso in luce ci offrano indicazioni utili sulla natura dell'intervento di Cossa, dando ragione a Venturi, a Ruhmer, a chiunque abbia visto che dell'affresco più antico restano solo parti minime.[24]

Style [1962] (ora in Id., *Selected Papers*, IV, *Theory and Philosophy of Art: Style, Artist, Society*, New York, G. Braziller, 1994, pp. 62-69). Ce n'è poi una: «In the past it was not felt necessary to restore a damaged work or to complete an unfinished one in the style of the original» (p. 63) che ci servirà da metro, sia per misurare l'importanza del caso bolognese, sia per non appiattirlo su una nozione di restauro poco storicizzata.

22 Per quanto è di competenza degli storici dell'arte, si può partire dalle schede dedicate all'opera nelle monografie su Cossa; per l'immagine miracolosa, in rapporto alla topografia sacra e all'iconografia devozionale, il riferimento primo è M. Fanti, in *Il complesso del Baraccano. Il restauro per il recupero a sede del Centro civico e del futuro museo*, Bologna 1995, pp. 35-70, probabilmente più accessibile in Id., *Confraternite e città a Bologna nel Medioevo e nell'età moderna*, Roma, Herder, 2001, pp. 553-585. Ma cfr. anche P. Nieuwenhuizen, *Kunst, Religie en Politiek in het Bologna van de Bentivoglio's: het Heiligdom van der Madonna del Baraccano tussen 1401 en 1512*, «Incontri. Rivista europea di studi italiani», n.s., IX, 1994, pp. 129-160. Per un sintetico censimento delle immagini miracolose bolognesi, «per lo più mariane», all'altezza del più tardo snodo, decisivo nella configurazione patrimoniale, M. Fanti, *Voglia di Paradiso. Persone e fatti nella «invasione mistica» a Bologna fra Cinquecento e Seicento*, Roma, Edizioni di storia e letteratura, 2020, pp. 11-15 (per la Madonna del Baraccano, p. 52).

23 Se è mai esistita, non è rintracciabile la relazione di restauro (Ottorino Nonfarmale). Qualcosa si può ricavare dalla scheda di R. D'Amico, in *Arte e pietà: i patrimoni culturali delle Opere Pie*, Catalogo della mostra (Bologna, ottobre-novembre 1980), Bologna, CLUEB, 1980, p. 147.

24 A. Venturi, *Storia dell'arte italiana*, VIII/3, Milano, Hoepli, 1914, pp. 232-236; Ruhmer, *Francesco del Cossa*, cit., p. 75.

Che Cossa avesse salvato soltanto le teste (Fig. 56), qualcuno lo aveva già creduto, ma quello che è tangibilmente riemerso è la cura con cui furono circoscritte, dissezionandole dall'immagine più antica, come le parti più nobili prelevate dal corpo di un santo.[25] Meglio ancora che nella sinopia staccata e rimontata su telaio (dove la lacuna corrispondente alla testa del Bambino è stata poi campita allo stesso modo delle altre mancanze), il limite esatto delle teste si riconosce in una fotografia fatta nel corso dei lavori, dove è netta la loro impronta sul parato delle mura urbane (Fig. 57).[26] E comunque, anche nella sinopia staccata è subito evidente il diverso intonachino su cui è dipinta la testa della preesistente Madonna. In più, l'intonaco sotto la veste della Madonna di Cossa fu martellinato per far aderire quello nuovo. Sicché il semplicissimo tracciato dell'intera figura, identico per segno e colore agli altri del pittore ferrarese (Figg. 58-59), ovvero quel primo schema d'impaginazione, al massimo potrà conservare un ricordo dell'ingombro della precedente figura (ammesso che fosse intera).[27] Null'altro sopravvive dell'immagine miracolosa. Va intanto ricordato che questi frammenti (Fig. 56) non somigliano per niente a Lippo di Dalmasio, a cui sono ancora correntemente riferiti da chi non si occupa in modo specifico del pittore.[28] O meglio, non possono proprio essere di fine Trecento. Rientrano infatti nello stretto raggio dello Pseudo-Jacopino, anche perché il Nicolò da Tolentino senza aureola riscoperto lì accanto deve risalire al tempo in cui fu avviata la malriuscita canonizzazione, nel 1325.[29] Si può immaginare che a distanza di un secolo e mezzo non fosse rimasto altro, dell'immagine miracolosa, oltre alle teste così ben ritagliate dal 'caso'?[30]

---

25 'Dissezionare' è usato qui in modo semplicemente analogico, ma al corrente dell'uso che ne fa L. Canetti, *Frammenti di eternità. Corpi e reliquie fra antichità e Medioevo*, Roma, Viella, 2002, pp. 24-75.

26 È il n. 71941 dell'Archivio fotografico della Soprintendenza SPSAE di Bologna.

27 La miniatura negli statuti della Compagnia del Baraccano del 1446 (Fanti, in *Il complesso del Baraccano*, cit., p. 39) mostra una mezza figura (d'altra parte, si sa quanto liberamente saranno trascritte le «vere immagini» negli ex-voto di età moderna).

28 La scheda sull'opera figura infatti nell'appendice delle «attribuzioni incerte o respinte» nella monografia di Boggi – Gibbs, *Lippo di Dalmasio («assai valente pittore»)*, cit., pp. 85, 163-164, 182-183.

29 M. Ferretti, *Rappresentazione dei Magi. Il gruppo ligneo di S. Stefano e Simone dei Crocefissi*, Bologna, Alfa, 1981, p. 54, nota 6; Id., *Una traccia di Giotto a Bologna* «Annali della Scuola Normale Superiore di Pisa. Classe di Lettere e Filosofia», IV s., quaderni 1/2, Pisa 2000 [*Giornate di studio in ricordo di Giovanni Previtali* (Siena, Università degli studi, dicembre 1998; Napoli, Università degli studi Federico II, febbraio 1999; Pisa, Scuola Normale Superiore, maggio 1999), a cura di F. Caglioti, 1999], pp. 34-35 (e fig. 6 per l'affresco contiguo, riprodotto anche da Nieuwenhuizen, *Kunst*, cit., p. 134, fig. 2).

30 Un caso che si potrebbe paragonare a questo bolognese è quello che si trova a Siena, nei depositi della Pinacoteca Nazionale: sul supporto nudo della tavola duecentesca proveniente dalla chiesa di Santa Chiara (inv. 136 M): P. Torriti, *La Pinacoteca Nazionale di Siena. I dipinti dal XII al XV*

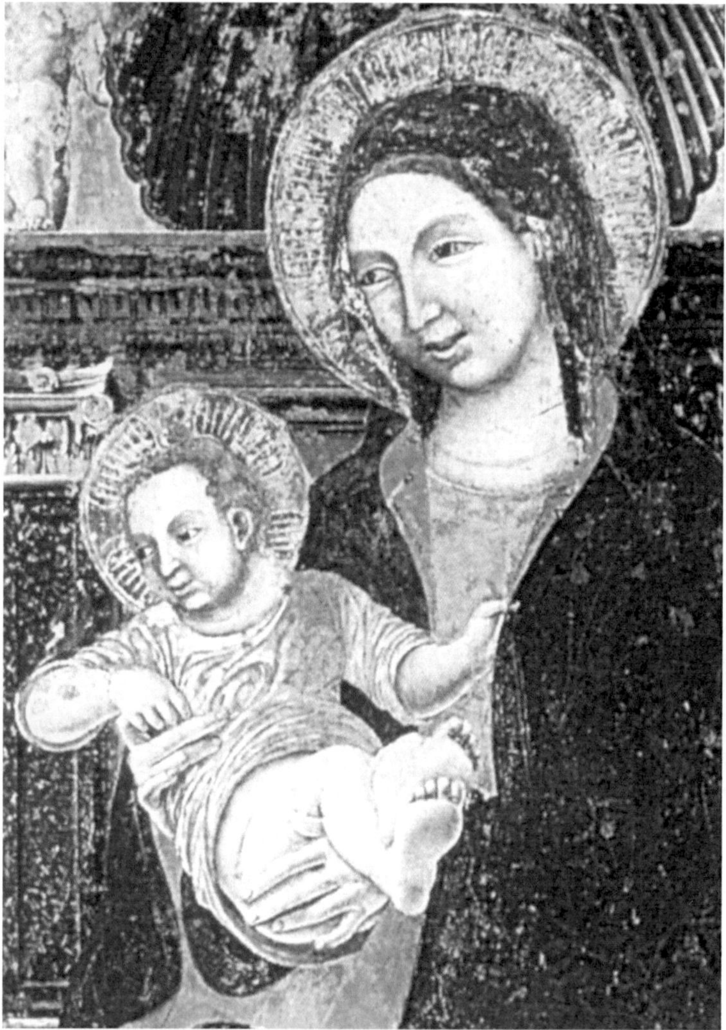

Fig. 56. Francesco del Cossa e pittore del gruppo Pseudo Jacopino, *Madonna col Bambino* (part.), Bologna, Santuario di Santa Maria del Baraccano.

Significherebbe chiudere gli occhi sull'atto cultuale affidato a Francesco del Cossa. Ci torneremo.

---

secolo, Genova, Sagep, 1980², p. 34) galleggiano le teste della Madonna e del Bambino (Fig. 60); la scheda non informa su quello che molto probabilmente sembra un caso non remoto di 'derestauro', che ha eliminato tutto quanto era precedentemente servito a riconfigurare l'immagine sacra).

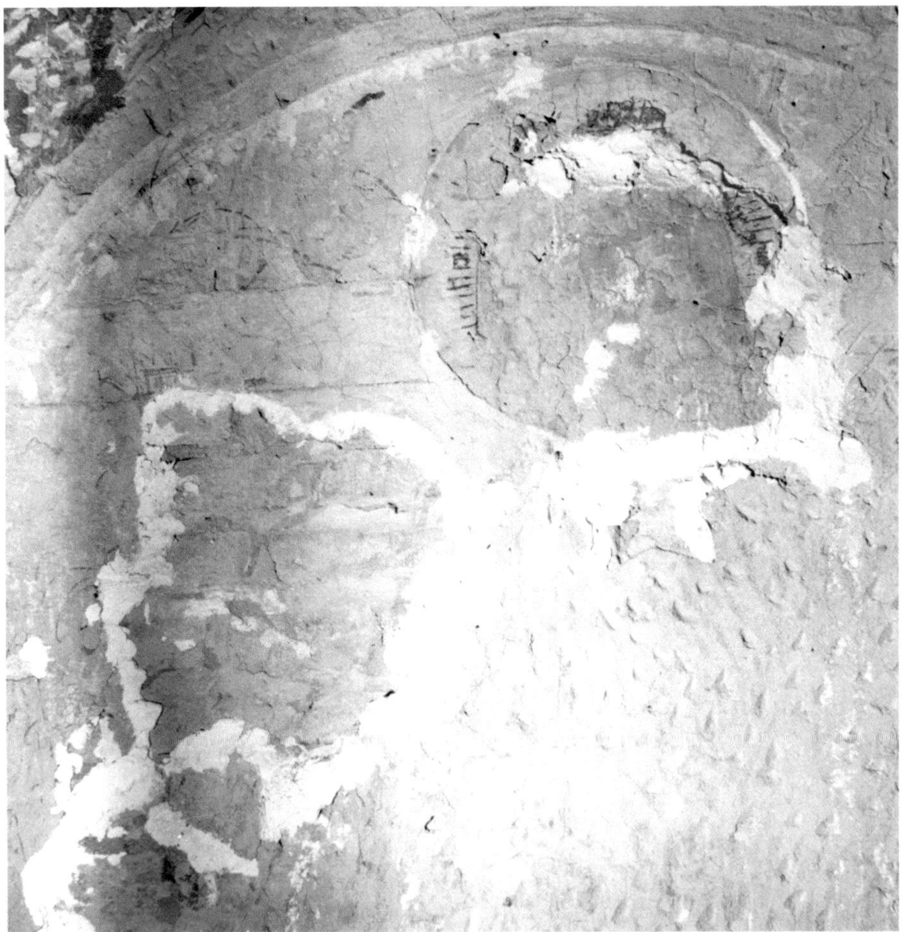

Fig. 57. Parato murario del Santuario di Santa Maria del Baraccano (fotografia eseguita dopo lo strappo dell'affresco di del Cossa e delle teste trecentesche inglobate).

Continuiamo a guardare la sinopia e il secondo stacco dell'affresco (sono nei depositi della Pinacoteca, dove la luce è migliore che al Baraccano). Se ne ricava il ragionevole indizio che, mentre fin dal primo momento s'intese dare all'immagine miracolosa quell'ampia inquadratura architettonica e paesaggistica, il legame con la *pietas* bentivolesca («manifestare devozione per le immagini sacre» è «espressione di sovranità»)[31] sembrerebbe

[31] M. Fantoni, *Il potere dello spazio. Principi e città nell'Italia dei secoli XV-XVIII*, Roma, Bulzoni, 2002, p. 177.

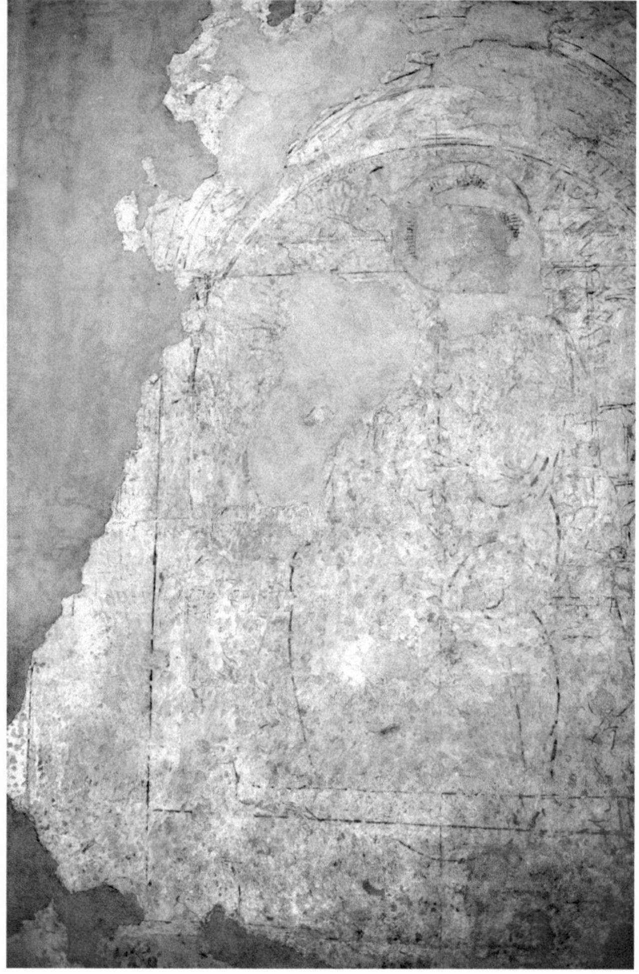

Fig. 58. Francesco del Cossa, Sinopia dell'affresco di Santa Maria del Baraccano, Bologna Pinacoteca.

essersi meglio precisato in corso d'opera. È alla costruzione icononografica che si fa riferimento, naturalmente, perché quel legame fa tutt'uno con la leggenda del Baraccano. Il sospetto nasce dal fatto che siano stati dipinti 'a secco', come se in un primo momento non fossero stati previsti, Giovanni I Bentivoglio e la vecchietta che è all'origine del racconto.[32] Perché

[32] Abito e quota delle due figure sono troppo marcatamente differenziate perché si possa

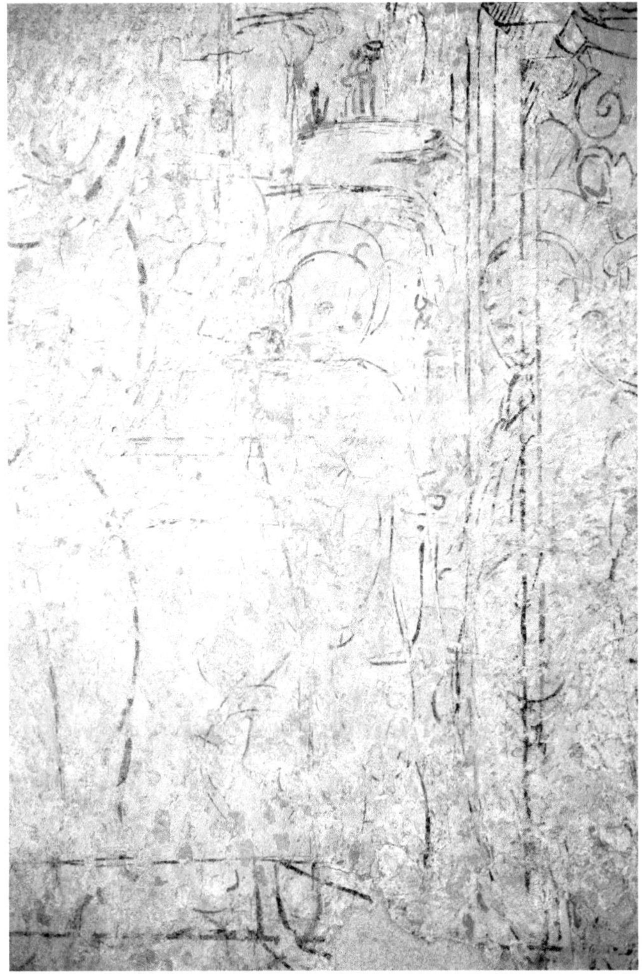

Fig. 59. FRANCESCO DEL COSSA, Sinopia dell'affresco di Santa Maria del Baraccano, Bologna Pinacoteca.

l'aggiunta – fatta distinguendo in modo chiaro la diversa statura sociale – riguarda la strategia iconografica, e non la tecnica pittorica, semplicemente? Dopotutto, al momento in cui fu tracciata la sinopia, neppure la collocazione degli angeli turiferi era definita, pur essendo così legata a quella delle

riconoscere in quella femminile la moglie di Giovanni I Bentivoglio (così K. LIPPINCOTT, *Cossa, Francesco*, in *The Dictionary of Art*, VII, New York-London, Grove-Macmillan, 1996, p. 926).

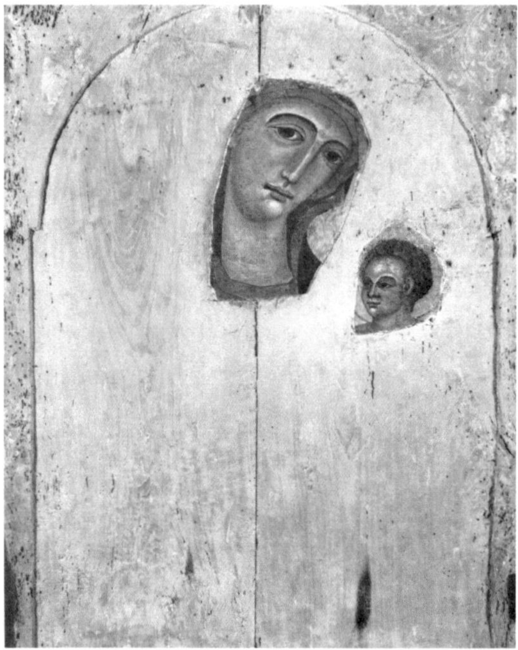

Fig. 60. Pittore della seconda metà del XIII sec., *Madonna col Bambino* (dall'ex convento di Santa Caterina), Siena, Pinacoteca.

figure centrali, ma furono dipinti 'a fresco'. Alcuni cardini dell'organismo spaziale sono invece 'a secco', e per questo oggi quasi invisibili: la candelabra in basso al centro, la lampada pendente in alto, i festoni di gusto mantegnesco. E lo sono, probabilmente, perché questa loro funzione compositiva poteva essere meglio calibrata quando avesse preso corpo la complessiva intavolatura spaziale.[33] Ora, per quanto non si debbano opporre due procedure che nella realtà formarono spesso un intreccio, colpisce che siano dipinte 'a secco' proprio le due figure che dichiarano la gravitazione bentivolesca della Madonna del Baraccano. Tanto più che la collocazione di Giovanni I Bentivoglio era privilegiata: gli sguardi della Madonna e del Bambino avrebbero intercettato, in quel punto, il primo della famiglia Bentivoglio che fu signore a Bologna. Viene un dubbio: la scelta che sigillava il privilegio votivo del signore richiedeva ancora di essere vagliata con cautela? Che proprio allora a Bologna le immagini sacre fossero entrate nelle strategie politiche, è cosa di cui si può forse trovare traccia in una novella di Matteo Bandello:

---

[33] Aiuta a restituire l'effetto di articolazione spaziale affidato alla candelabra e ai festoni la copia settecentesca su pergamena del Conservatorio del Baraccano (Fig. 61), già apprezzata da Bacchi, *Francesco del Cossa*, cit., p. 76: sia che queste parti dipinte 'a secco' fossero ancora leggibili, sia che prendessero evidenza nella trascrizione (le due cose assieme, probabilmente). Cossa dovette forse contare anche sulla naturale impaginazione del «cancello», l'arco cieco delle mura, poi nascosto dagli ulteriori sviluppi architettonici. Pensando ai quali non sentirei la necessità di mettere in dubbio (Bacchi) l'esistenza «di una santa Lucia e di una santa Caterina di bon disegno e molto ben colorite per man di Francesco Cossa» viste a metà Cinquecento da Lamo, *Graticola di Bologna*, cit., p. 60.

essendo una volta in Bologna, intesi che, nel tempo in cui i signori Bentivogli governavano quella magnifica ed opulenta città, fu in essa un gentiluomo dei beni della fortuna assai ricco, il quale era dottore iureconsulto molto dotto, e fuor d'ogni misura si mostrava affezionato a la fazione d'essi signori [...]. Egli aveva il suo studio pieno di libri [...] e quivi teneva l'imagine del Crocefisso [...]. E perché si gabbava di Dio e de' santi, come colui che poco gli credeva, fece dipingere a qualche ribaldo dipintore, le gambe del detto Crocefisso con l'assisa o sia livrea bentivogliesca in gamba, come se Cristo fosse fazioso e parziale.[34]

Il caso del Baraccano si aggiunge dunque all'elenco di dipinti tre e quattrocenteschi che inglobano parti più antiche o rinnovano in parte una precedente immagine, casi che sono più numerosi e studiati nell'Italia Centrale; ma che non chiamerei «ibridi», com'è stato fatto, perché si rischia di mettere l'accento sugli aspetti morfologici, mentre si tratta quasi sempre d'immagini sviluppate come qualcosa di organico, a partire da un forte nucleo preesistente, potenziando una presenza già viva.[35] Quel nucleo fu spesso rappresentato da una testa di Madonna.

La vecchia formula retorica (la usa ancora Pier Candido Decembrio) per cui i pittori cominciano a dipingere le figure dal volto non spiega gran che, in questa occasione, anche se potrà essere venuta in appoggio ad un modello figurativo fondato sul primato del volto (di Cristo o della Madonna).[36] I visi saranno sempre la parte privilegiata delle immagini sacre, una metonimia visiva.[37] In relazione al nostro caso sarà insomma più facile pen-

---

[34] M. BANDELLO, *Tutte le opere*, a cura di F. FLORA, 2 voll., Milano, Mondadori, 1952, II, p. 531 (pt. 3, novella 55).

[35] C. HOENIGER, *The Renovation of Paintings in Tuscany, 1250-1500*, Cambridge, Cambridge Univ. Press, 1995. Nella sintesi e nel complessivo contesto, riesce particolarmente efficace il richiamo di alcuni di questi casi da parte di O. NICCOLI, *Vedere con gli occhi del cuore. Alle origini del potere delle immagini*, Roma-Bari, Laterza, 2011, pp. 9-14.

[36] Il passo di P.C. DECEMBRIO (*Rerum Italicarum Scriptores*, XX, t. 1, p. 1016) è spesso citato, a seguito di M. BAXANDALL, *A Dialogue on Art from the Court of Leonello d'Este. Angelo Decembrio's* De Politia Litteraria *Pars LXVIII*, «Journal of the Warburg and Courtauld Institutes», XXVI, 1963, p. 307 (ora in ID., *Parole per le immagini. L'arte rinascimentale e la critica*, Torino, Bollati Boringhieri, 2009, p. 57.

[37] Per il primato del volto fa utili richiami M.C. FERRARI, *Imago visibilis Christi: le* Volto Santo *de Lucques et les images authentiques au Moyen Âge*, «Micrologus», II, 1998, p. 36 (lo è meno quello alle classiche pagine di Gombrich su faccia e maschera). Per l'equivalenza testa: immagine nella cultura araba, H. BELTING, *I canoni dello sguardo. Storia della cultura visiva tra Oriente e Occidente*, Torino, Bollati Boringhieri, 2010 [ed. or. 2008, con tutt'altro titolo], p. 76; ID., *La vera immagine di Cristo*, Torino, Bollati Boringhieri, 2007, p. 165, dove si legge: «se [nel mondo islamico] ci si voleva proteggere dalle immagini degli esseri viventi, bastava staccare loro la testa e privarle del volto, giacché immagine è uguale a testa. Se la testa viene tagliata via, quella non è più immagine»). Facendo un salto per più versi smisurato e arrivando alla Bologna della Controriforma, può essere ricordato l'appunto di Malvasia (Bologna, Archiginnasio, B 17,

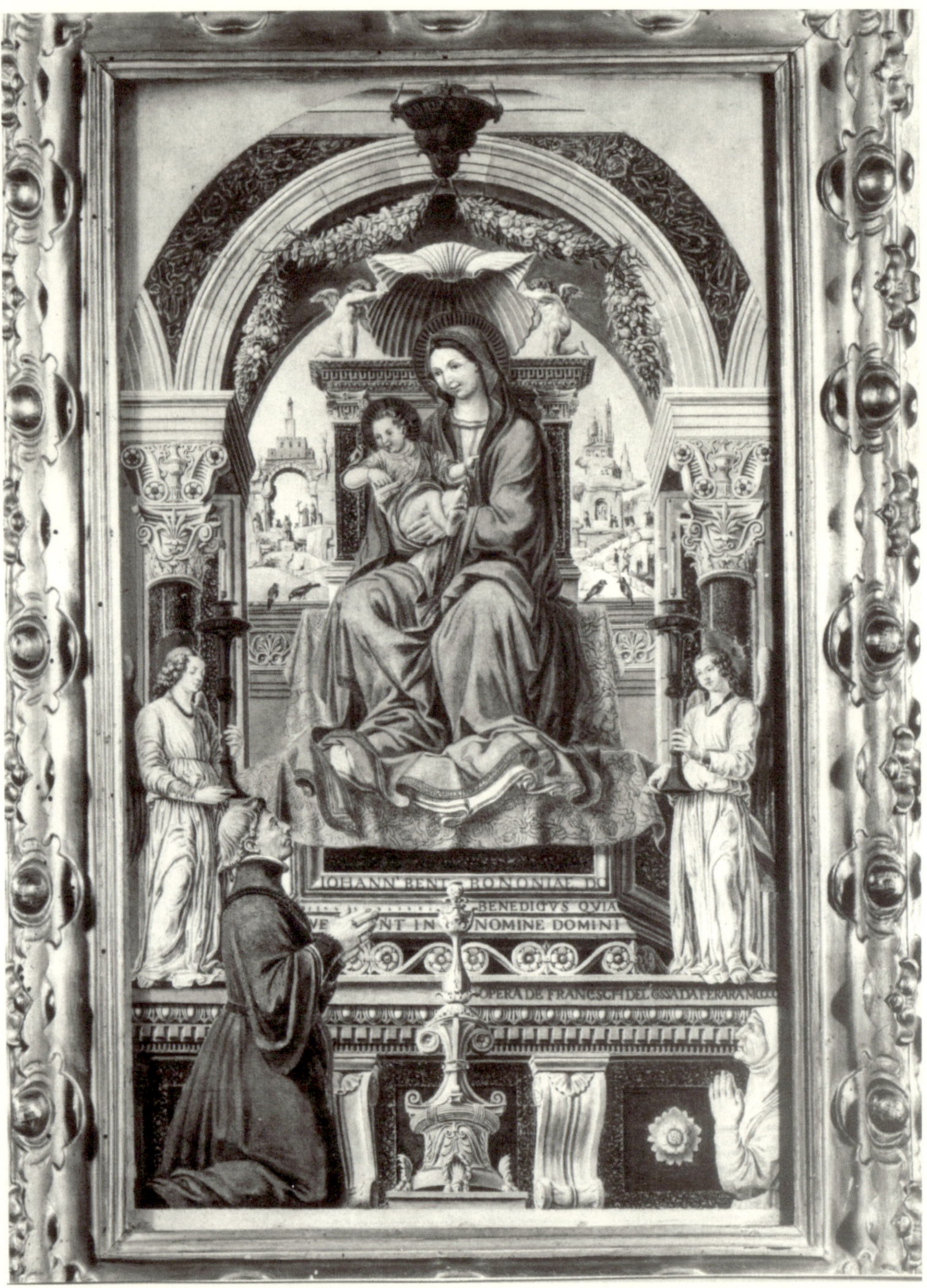

Fig. 61. Anonimo, copia della Madonna del Baraccano, Bologna, Conservatorio di Santa Maria del Baraccano.

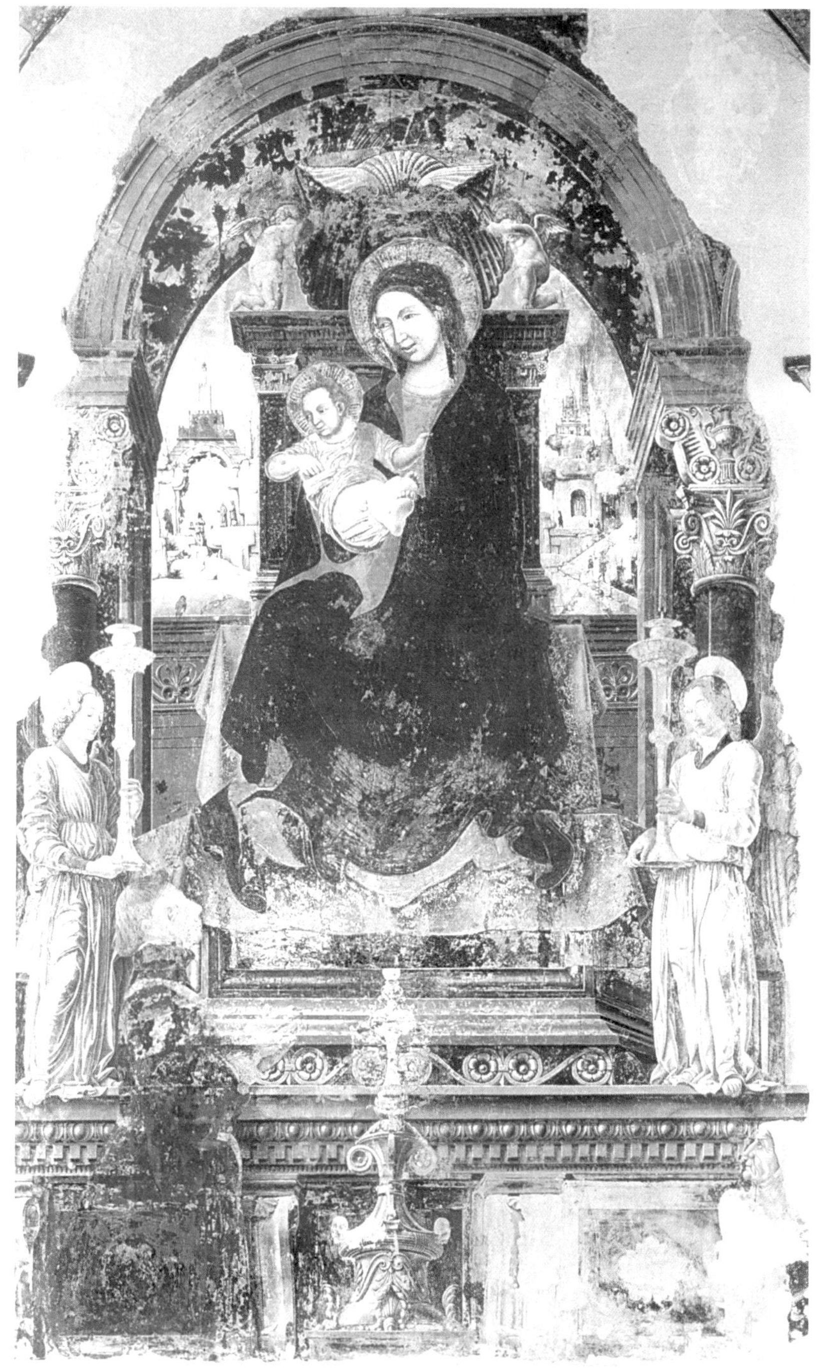

Fig. 62. Francesco del Cossa (e pittore del gruppo Pseudo Jacopino), *Madonna col Bambino in trono e due angeli*, Bologna, Santuario di Santa Maria del Baraccano.

sare all'icona di Santa Maria Antiqua a Roma, dove le teste di Maria e del Bambino furono rimontate già in antico (si tratta però di frammenti sopravvissuti ad un incendio, fortissimo elemento sacralizzante).[38] E ancora più facilmente si può passare all'affresco di San Lorenzo in Ponte di San Gimignano, dove la testa dipinta dal giovane Simone Martini fu poi incorporata da Francesco di Cenni in una più vasta gloria d'angeli (e tuttavia non è attestata una fama miracolosa forte come a Bologna).[39] Sembra più vicina la *Maestà* di Montevergine (la leggenda che voleva la testa della Madonna portata dall'Oriente ha trovato risposta nell'essere effettivamente dipinta su un pezzo di legno a sé); ma il caso è poi diverso perché la stesura pittorica in quel tratto non si distingue dal resto, né è possibile vederne un'altra negli strati nascosti.[40] Al Baraccano le due teste più antiche sono riconoscibili. Ma riconoscibili solo dagli storici dell'arte?

Per far capire a chiunque che erano antiche e sacre, sarebbe bastato lasciarle vedere attraverso la finestrella di una cortina. Alla funzione di tali protezioni liturgiche sono in qualche modo riconducibili le Maestà di Siena dove i visi (o anche le mani) vennero rinnovati in età duccesca: casi inversi e in certo modo reciproci rispetto al nostro, nei quali il rifacimento dei visi

---

vol. II, f. 238*rv*): Lucio Massari «fece per il sig. veneziano Grimani una copia della Vergine di S. Luca lucidando l'originale, e per quello che si crede fu con ornamento d'oro e di gioie dato alla regina di Francia, ne fece altre copie, et in casa si conserva *il volto solo di detta Vergine* fatto da esso, del quale poi si servì il sig. Francesco Albani per farne un altro al Sig. Card. le Lomellino».

38 H. Belting, *Il culto delle immagini. Storia dell'icona dall'età imperiale al tardo Medioevo*, Roma, Carocci, 2001 [ed. or. München, Beck, 1990], pp. 156, 386.

39 Hoeniger, *The Renovation*, cit., pp. 65-73, dove lo sviluppo materiale dell'immagine è visto su uno sfondo civico.

40 F. Bologna, *I pittori alla corte angioina di Napoli, 1266-1414*, Roma, The Rome Univ. Press-U. Bozzi, 1969, pp. 102-107, l'ha riferita a Montano d'Arezzo, indicando due momenti stilistici che non riguardano comunque la testa, dipinta invece nella «fase Montano»; Hoeniger, *The Renovation*, cit., pp. 56-64; P.L. Leone de Castris, *Montano d'Arezzo a San Lorenzo*, in *Le chiese di San Lorenzo e San Domenico. Gli ordini mendicanti a Napoli*, a cura di S. Romano e N. Bock, Napoli, Electa Napoli, 2005, pp. 95-125, in partic. p. 105 (riaccorpa le due fasi, rilevando in base all'osservazione diretta e alla documentazione disponibile l'assenza di sovrapposizioni pittoriche). Ulteriori riferimenti nel più recente F. Aceto, *La Maestà di Montevergine di Montano d'Arezzo dalla storia alla leggenda: il ruolo del cardinale Oliviero Carafa*, in *Immagini medievali di culto dopo il Medioevo*, a cura di V. Lucherini, Roma, Viella, 2018, pp. 87-102. Si agganciano al caso le interessanti considerazioni di Hoeniger sul disco fuori sagoma, in croci e maestà, disco su cui è dipinta la testa (ne derivano fenomeni di sopravvivenza isolata, come, aggiungendo un altro caso, il frammento dello spoletino 'Sotio' nella raccolta di Lamberto Vitali, ora a Brera: L. Arrigoni (a cura di), *Un milanese che parlava toscano. Lamberto Vitali e la sua collezione*, Milano, Electa, 2001, p. 89). E a tale proposito sarà utile ricordare anche l'episodio ormai trecentesco della *Madonna col Bambino* del Maestro delle effigi domenicane a San Pietro in Ponte, presso Campi Bisenzio (R. Offner, *A Critical and Historical Corpus of Florentine Painting. Elder Contemporaries of Bernardo Daddi* [section 3, 2], ed. M. Boskovits, Firenze, Giunti-Barbèra, 1987, pp. 290-291), dove la carpenteria è ancora assemblata in funzione dell'autonomo risalto della testa.

'equivale' a quello di metterne in evidenza l'aura sacrale.[41] Quell'aura veniva evidenziata anche quando a restare in vista attraverso le finestrelle di uno schermo protettivo erano le sole teste. A Bologna le coperte figurate, largamente diffuse in età di Controriforma, già s'incontrano a poca distanza di tempo dal rifacimento della Madonna del Baraccano.[42] Non è tuttavia probabile che fin dal 1472 ci fosse qualcosa di simile davanti all'affresco: un po' perché già ci sono gli angeli turiferi, a concentrare l'attenzione sulle figure centrali, ma soprattutto perché sarebbe rimasto nascosto Giovanni I Bentivoglio. Una tela di protezione ci fu di certo a metà Settecento (il bel dipinto del Marchesi visibile in una cappella laterale del santuario): non saranno allora le sole teste a rimanere in vista, ma una parte del gruppo centrale, così come lo si vedeva nelle stampe devozionali. E ci sarà stata anche prima, una protezione, ma quando ormai non c'era più ragione di lasciare in vista un Bentivoglio; anzi, sarebbe stato meglio nasconderlo. Quale che fosse il grado di visibilità dell'immagine antica, quel riutilizzo parziale non va confuso con la persistenza della funzione iconica che a Bologna fiorì nel terreno gotico delle Madonne di Vitale, nutrimento a loro volta di più tarde risorgive.[43] Non va confuso perché questi fenomeni hanno natura più liberamente espressiva, mentre al Baraccano si dà una premeditata selezione dei frammenti pittorici. Si pone insomma il problema del rapporto fra immagine miracolosa e supporto materiale.

Capitò anche a Bologna che si chiedesse ai pittori di mettere mano su tavole dipinte in passato e già in venerazione. L'aggiunta di una sant'Elena con le mani appoggiate (Fig. 63) fatta da Jacopo di Paolo oltre un secolo dopo al Crocefisso che aveva parlato a John Peckam fa pensare ad un 'aggiornamento' del tutto particolare: è come se attraverso il sottinteso narrativo suggerito dalla madre di Costantino e dalla leggenda della Vera Croce s'intendesse

---

41 A. Gianni, *Le ridipinture delle Madonne di Coppo di Marcovaldo e di Guido da Siena. Aggiornamento stilistico o esigenze devozionali?*, «Iconographica», X-XI, 2011-12, pp. 70-83 (dei dodici casi campione considerati otto sono riconducibili a necessità di restauro o aggiornamento, tre restano escluse; il rifacimento delle teste nelle due maestà senesi di Guido e Coppo è spiegato come riflesso egemonico della centralità iconica della *Maestà* di Duccio). Il rifacimento delle teste della Maestà orvietana dello stesso Coppo (Conti, *Storia del restauro e della conservazione delle opere d'arte*, cit., 1988^2, p. 9) sembra riconducibile, piuttosto, ad esigenze di conservazione.

42 Quelle di Francesco Francia in Santa Maria della Misericordia e dei figli in San Petronio, sono fra le prime aggiunte che si possono fare alla pur larga ricognizione di M. Warnke, *Italienische Bildtabernakel bis zum Frühbarock*, «Münchner Jahrbuch der bildenden Kunst», XIX, 1968, pp. 61-102.

43 Ho cercato d'inquadrare il più antico dei due fenomeni in *Funzione ed espressione nella pittura su tavola del Trecento bolognese*, in *Giotto e Bologna*, cit. (dov'è anche D. Benati, *Nuovi dipinti bolognesi su tavola negli anni di Beltrando dal Poggetto*, pp. 79-85).

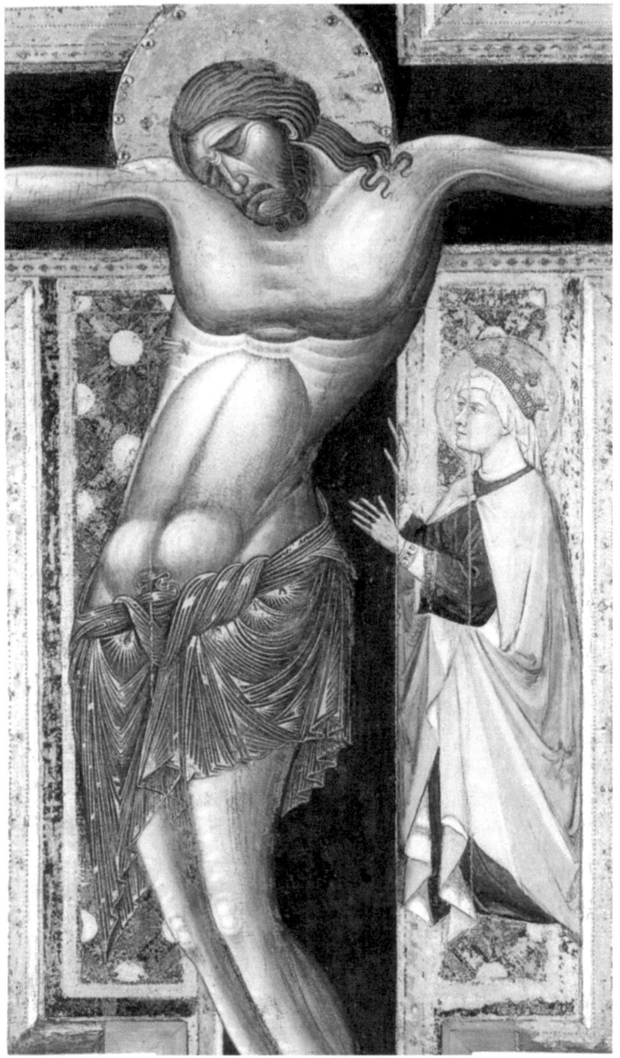

Fig. 63. Jacopo di Paolo, *Santa Maria Maddalena* aggiunta nel tabellone del Croce di San Francesco del Maestro dei crocefissi blu, Bologna, Pinacoteca.

convalidare la sacralità di *questa* croce.[44] Diverso è il caso della tavola, una vera tavola da refettorio, dove san Domenico aveva compiuto il miracolo

[44] Miklós Boskovits, scheda n. 49, in *Duecento. Forme e colori del Medioevo a Bologna*, Catalogo della mostra (Bologna, Museo Civico Archeologico, 15 aprile-16 luglio 2000) a cura di M. Medica, Venezia, Marsilio, pp. 1921-97.

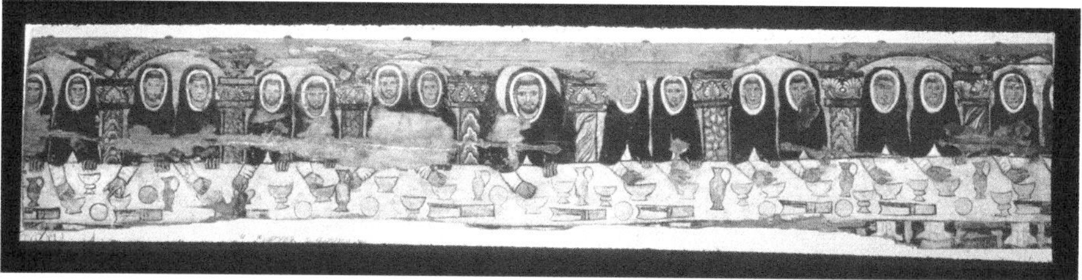

Fig. 64. Maestro anonimo (1230-40), *tavola-reliquia del miracolo dei pani di San Domenico*, Bologna, Santa Maria della Mascarella.

del pane, proprio a Bologna: l'inconsueta reliquia dichiara la sua origine e natura attraverso la raffigurazione del miracolo, in un reciproco specchiarsi fra resto sacro e immagine (Fig. 64).[45] Come una reliquia «coperta di una feriata» la registra infatti Masini, mentre Malvasia neppure la ricorda fra le *Pitture di Bologna*.[46] Certo, l'imprimitura nascondeva la vera tavola del miracolo, rendendola implicita all'immagine; ma ogni reliquia sottintende un racconto. Allo stesso modo, nel terzo caso, era destinato a rimanere invisibile il legno che si era voluto conservare: soltanto con un restauro, trenta o quaranta anni fa, fu possibile scoprire che una croce delle Collezioni Comunali d'arte era stata dipinta, si direbbe non tanto oltre il 1390, su un'altra più antica di almeno un secolo (Figg. 65-67).[47] Sarebbe ovviamente troppo

---

45 Silvia Giorgi, scheda n. 30, in *Duecento*, cit., pp. 145-149 (quanto al miracolo, i riferimenti di L. Canetti, *L'invenzione della memoria. Il culto e l'immagine di Domenico nella storia dei primi frati predicatori*, Spoleto, Centro italiano di studi sull'alto Medioevo, 1996, p. 152).

46 Masini, *Bologna perlustrata*, cit., p. 96.

47 Inv. 1206 (non si sa esattamente a chi e a quando risale il restauro, m'informa Carla Bernardini). Nella prima versione di questo studio scrivevo di non saper indicare bibliografia più recente di C. Brandi, *Mostra della pittura riminese del Trecento. Catalogo*, Rimini, Garattoni, 1935, pp. 55-56 (dove è riprodotto un utile particolare della zona prossima al suppedaneo, poi rimosso) e di G. Zucchini, *Catalogo delle Collezioni comunali d'arte di Bologna*, Bologna 1938, p. 77. Nel lamentare che se ne ignorasse l'antica provenienza, scrivevo che la data sarebbe stata meglio circoscritta se l'opera fosse entrata nel percorso di un pittore noto. Non sembrò comunque difficile collocarla negli anni quasi estremi del Trecento. Se le figure dei tabelloni fanno riferimento a Simone di Filippo, ma senza le ombre caliginose delle cose ultime, quel fare più largo risente del rientro da Pistoia, o comunque dell'ascesa, di Lippo di Dalmasio. L'apparizione quasi improvvisa dei dolenti entro il rettangolo dei tabelloni non è imposta dalla carpenteria preesistente: il brusco scontornamento delle figure è nel solco di Vitale. L'Eterno è compatto e lisciato da un'ombra lieve che rinvia piuttosto all'indirizzo neogiottesco, se non filotoscano. Isolandolo (Fig. 67) mi era venuto a mente il *San Giacomo* (Fig. 68) sul primo pilastro occidentale di San Petronio (C. Volpe, *La pittura gotica. Da Lippo di Dalmasio a Giovanni da Modena*, in *La Basilica di San Petronio in Bologna*, cit., p. 222, sospettava che potesse trattarsi di Giovanni di Ottonello, dandone una bella lettura, ma con un'associazione un po' fragile all'unico puntello utile per la ricostruzione del pittore: l'affresco un tempo visibile a San Giacomo). Per quanto

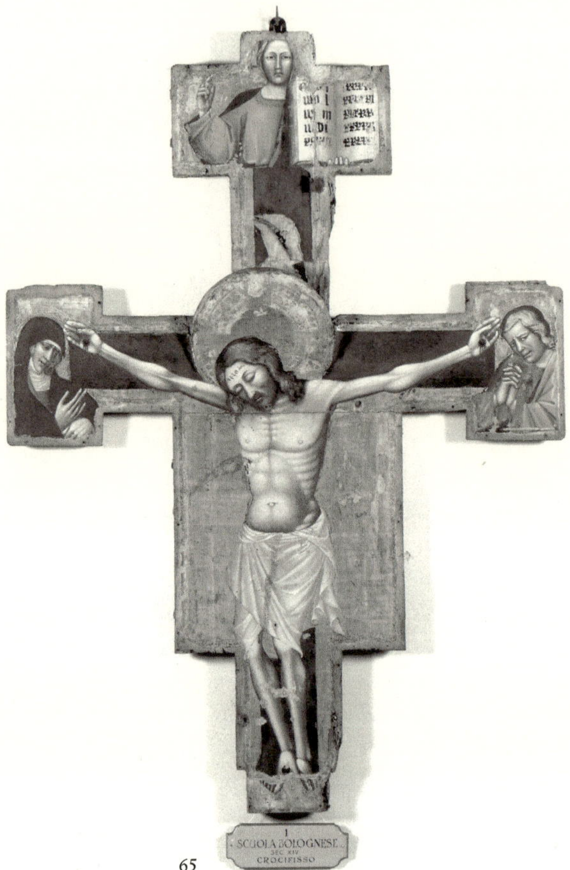

65

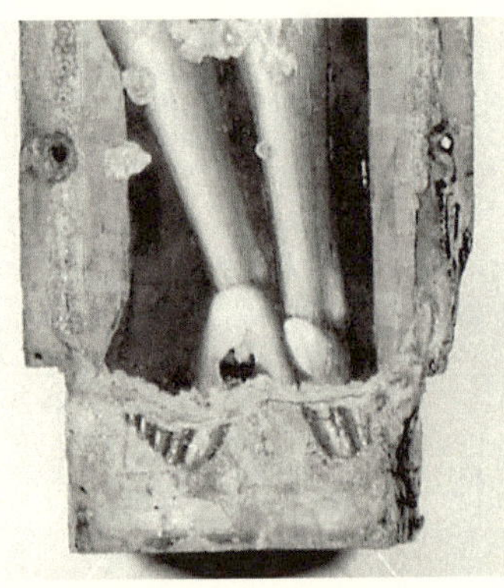

66

Fig. 65. Maestro Bolognese di fine '300 - primo '400, *Croce dipinta*, Bologna, Collezioni Comunali d'Arte. Fig. 66. Maestro Bolognese di fine '300 - primo '400, *Croce dipinta* (part.), Bologna, Collezioni Comunali d'Arte.

---

fosse suggestiva la corrispondenza morfologica da me suggerita, non si può dire che bastasse a colmare la distanza stilistica fra le due opere. Mancava (e manca ancora) un anello, prima di poter battezzare un 'Maestro di ...'. Ho ripreso fin qui le parole di allora perché evidenziano, almeno in parte, le stesse componenti culturali su cui – nel medesimo giro di tempo – si è fondato F. Massaccesi, *Lippo di Dalmasio: una* Croce *nelle Collezioni Comunali d'arte di Bologna e altre aggiunte*, «Arte a Bologna», VII-VIII, 2010-11, pp. 106-118, per avanzare una precisa proposta attributiva – a Lippo di Dalmasio, appunto – che tuttavia non mi sembra convincente (le asprezze plastiche tangenti il tardo Simone di Filippo non trovano riscontri in un pittore che tutto sommato è suffientemente caratterizzato, almeno a Bologna). L'attribuzione a Lippo non ha convinto neppure Boggi – Gibbs, *Lippo di Dalmasio*, cit., pp. 180-181, che preferiscono parlare di un suo seguace (anche loro non hanno avuto modo di discutere il mio accostamento fotografico all'affresco di San Petronio). La loro indicazione prudente potrebbe avere il solo limite di far pensare ad un'opera al rimorchio di Lippo di Dalmasio, senza caratteri propri. Aggiungo che appaiono della stessa mano della croce delle Collezioni Comunali, ma in un momento precedente, i due tabelloni già Silberman che Massaccesi coerentemente riferisce a Lippo di Dalmasio (mentre per Boggi – Gibbs, *Lippo di Dalmasio*, cit., pp. 168-169, l'ascrizione sarebbe

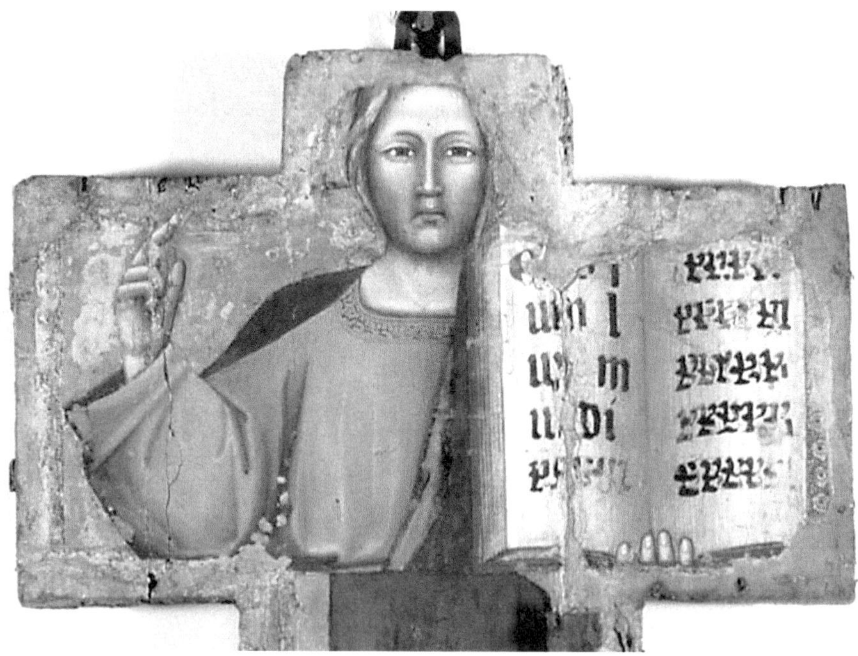

Fig. 67. Maestro Bolognese di fine '300 - primo '400, *Croce dipinta* (part.) Bologna, Collezioni Comunali d'Arte.

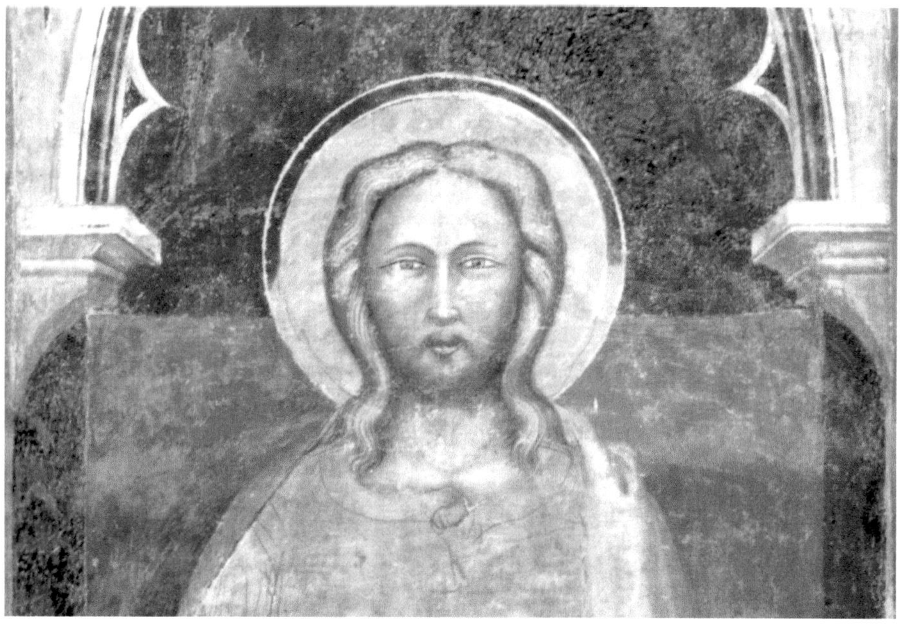

Fig. 68. Maestro Bolognese di fine '300 - primo '400, *San Giacomo* (part.), Bologna, San Petronio.

ingenuo darne una spiegazione pratica, di puro risparmio: a giudicare da quanto è emerso sotto la grossa imprimitura, il primo strato pittorico non fu raso, ma rispettato.[48]

Al Baraccano i frammenti antichi restarono in vista, anche se non immediatamente riconoscibili: come se l'immagine riorganizzata da Cossa dovesse avere con la precedente e miracolosa un legame, un contatto simile a quello dei *brandea* rispetto alle reliquie.[49] Il contatto con il corpo materiale dell'immagine miracolosa premeva più dell'immagine in sé, se considerata come semplice fatto visivo. Sicché il quasi totale rifacimento del 1472 fu la tappa decisiva di una sequenza consueta: all'origine, preferibilmente in area periferica, c'è un'immagine sacra di non particolare prestigio (materiale, più che d'arte); rivelatasi miracolosa, comincia a calamitare comportamenti pii, oggetti votivi, aggiunte ornamentali, fino a quelle di maggiore impegno architettonico.[50] In più, al Baraccano, i Bentivoglio ebbero un ruolo primario, depositando un sedimento civico che continuò a svilupparsi anche dopo la loro cacciata.

Qualcosa di simile capiterà una trentina di anni dopo anche a Ferrara. Schematicamente: uno speciale destino tocca i mattoni su cui sono dipinti i visi sacri; la raffigurazione del Bambino, come per tante altre immagini miracolose, impone di attraversare una soglia numinosa; il tutto, ancora, sotto lo sguardo del principe.

---

soltanto possibile). Ed essendo precedenti, non costituiscono l'auspicato ponte stilistico fra la croce e l'affresco.

48 Un caso analogo, ben noto, è la croce di San Frediano a Pisa (ma la distanza cronologica fra le due stesure è più ravvicinata). Sempre a Pisa s'incontra un caso che stringe esplicitamente il legame reliquia-immagine-suo corpo fisico: la croce di San Pietro *in vinculis* (nel corso del restauro è stato accertato che la carpenteria ne include una precedente: ne parla L. Carletti, in *Cimabue a Pisa. La pittura pisana del Duecento da Giunta a Giotto*, Catalogo della mostra (Pisa 2005) a cura di M. Burresi e A. Caleca, Pisa, Pacini, 2005, p. 178, ma non risulta che la documentazione sia stata edita).

49 Ci si accosta ad un campo di attenzioni oggi particolarmente vive fra gli storici dell'arte (ad es. Belting, *La vera immagine di Cristo*, cit., pp. 72-86, e G. Didi-Huberman, *La somiglianza per contatto. Archeologia, anacronismo e modernità dell'impronta*, Torino, Bollati Boringhieri, 2009, pp. 72-86), tanto che è difficile raccogliere in una nota i riferimenti bibliografici più collaudati. Ma non è campo riservato agli storici dell'arte: interessano, fra gli altri, J.-C. Schmitt, *Le corps des images. Essais sur la culture visuelle au Moyen Âge*, Paris, Gallimard, 2002, pp. 273-294, e F. Bruni, *Teologia del corpo e pietà popolare: le reliquie come metonimia*, in *Anima e corpo nella cultura medievale*, Atti del V Convegno di studi della Società italiana per lo studio del pensiero medievale (Venezia, 25-28 settembre 1995) a cura di C. Casagrande e S. Vecchio, Firenze, SISMEL - Edizioni del Galluzzo, 1999, pp. 259-275 (in parte ripreso in Id., *La città divisa. Le parti e il bene comune da Dante a Guicciardini*, Bologna, il Mulino, 2003, pp. 262-228), che muove dalla «definizione jakobsoniana della metonimia come figura della continuità in opposizione alla metafora come figura della sostituzione».

50 In sintesi, A. Vauchez, *Introduction* a *The Miraculous Image in the late Middle Ages and Renaissance*, ed. by E. Tumø and G. Wolf, «Analecta Romana Instituti Danici», suppl. XXXVI, 2004, p. 10.

Nel detto mese di giugno [1511] cominciò a far miracoli la Nostra Dona in un pilastro di preda fatto nuovamente nel bastione della porta di Sotto, nel quale pilastro era l'imagine della Nostra Donna, *la testa e il volto solamente*, qual immagine era sopra la porta e ponte della detta porta di Sotto, e quando fu rovinata e getata tuta in terra quella vernata pasata, la detta testa non si ruppe niente, e fu ritrovata così intiera e mostrata al duca nostro e sua signoria fece fare un pilastro in detto bastione e mettervela dentro, dove cominciò a fare miracoli assai, *poi fu fatta tutta la figura intiera*, assetata col suo figliolo in piedi, per un dipintore, il quale disse et atestò che volendo fare il bambino non sapeva come fare e poi, tornato da desinare, trovò dove lui fece poi il bambino e la testa del bambino tutto bianco e mostralo a più persone, e fece il puttino in piedi in quel loco medemo dove mostrava quella biancheza [...].[51]

3. Il comportamento di Cossa pittore, al Baraccano, fu sorprendente. Dal momento che il Bambino conserva solo il viso di quello antico, vuol dire che fu scelta di proposito la soluzione che dall'aspro scorcio prospettico sfuma verso un gesto più animato, di gusto arcaico. Qualcosa di simile ricomparirà nella *Pala dei Mercanti*, è vero, ma qui appare legato all'occasione particolare. Tant'è che Alessandro Conti fece un ritocco significativo nella sua *Storia del restauro*. Mentre aveva creduto, dapprima, che Cossa avesse «ricalca[to] un'immagine precedente», in seguito osservò: «ne salva la parte centrale ed elabora poi una situazione di mediazione fra il proprio stile e quello del dipinto originale nel costruire le pieghe del panneggio della figura principale».[52]

Una «mediazione» del genere, a queste date, è tanto sorprendente da richiedere da parte nostra una sottolineatura più decisa. Presuppone, intanto, la stessa consapevolezza del Filarete quando accosta l'individualità manuale del pittore a quella dello scriba:

come colui che scrive o uno che dipigne fa che le sue lettere si conoscono, e così colui che dipigne la sua maniera delle figure si cognosce, e così d'ogni facultà si conosce lo stile di ciascheduno.[53]

---

51 G.M. Zerbinati, *Croniche di Ferrara, quali comenzano del anno 1500 sino al 1527*, a cura di M.G. Muzzarelli, Ferrara, Deputazione provinciale ferrarese di storia patria, 1989, p. 117. Sulle sue vicende A.M. Fioravanti Baraldi, in *Il Museo Civico in Ferrara. Donazioni e restauri*, Firenze, Centro Di, 1985, pp. 186-187; C. Toschi Cavaliere, *I muri di Maria. Tradizioni iconografiche e devozione popolare a Ferrara*, Ferrara, Liberty house, 1988, pp. 75-77; M.A. Novelli nell'ed. a stampa di C. Brisighella, *Descrizione delle pitture e sculture della città di Ferrara*, Ferrara, Spazio libri, 1991, p. 504.

52 Conti, *Storia del restauro*, cit., p. 18.

53 A. Averlino detto il Filarete, *Trattato di architettura* [1461-64], testo a cura di A.M. Finoli e L. Grassi, introduzione e note di L. Grassi, Milano, Il Polifilo, 1972, p. 28. Prima di vedervi una profezia di Luigi Lanzi («Una mano avvezza a muoversi in una data maniera tiene sempre quella: scrivendo in vecchiaia diviene più lenta, più trascurata, più pesante, ma non

Tale «facultà» era legata all'esercizio dell'arte. Nella disputa sorta a Padova nel 1457 fra Andrea Mantegna e Madonna Imperatrice, il per noi 'sommerso' pittore Pietro Maggi indicò con certezza il lavoro fatto da Andrea. Valeva la parola anche di chi non era testimone oculare («non vidit jpse testis illas [pituras] depingere»), «quia inter pictores [e lui parlava «ex longa pratica»] semper cognoscitur manu cuius sit aliqua pictura, maximo quando est manu alicuius sollemnis magistri».[54] Questa capacità sarà ricordata anche nel *Libro di Antonio Billi*, quando si parla delle porte di Ghiberti, dove «massimo quella di mezzo ha più maestri»: per quanto passi sotto il suo nome, «vi sono molte fiure che *i nostri dell'arte* conoscano quelli che le lavororno».[55] Francesco del Cossa non riconosce soltanto l'alterità, nel tempo, di un modo di dipingere; esprime tale consapevolezza in forma prammatica, ridefinendo così la propria «maniera delle figure».

A riprova della sua inaspettata mutazione, sta il fatto che la veste della Madonna, come quella del Bambino, sono state molte volte ritenute resti dell'immagine antica. E si comprende, perché quel profilo tutto mosso e così «gotico», in basso, non era nelle corde naturali di Cossa. Certo, è distinzione facile se si guarda la figura al centro della *Pala dei Mercanti* (Tav. Xb), dove le grandi falde piegate a colpi di maglio sono simili alla Madonna di Piazza conclusa da Nicolò dell'Arca nel 1478; ma il confronto va fatto con l'*Annunciazione* di Dresda, che verosimilmente precede di un anno o poco più (Tavv. VIII-IXb). L'anomalia di quel profilo drappeggiato e fluente, tracciato con un arnese appuntito sul nuovo intonaco, è doppia: rispetto al naturale comportamento di Cossa e, misurando con il nostro metro cronologico-stilistico, rispetto al momento in cui fu effettivamente dipinta l'immagine miracolosa. Se consideriamo infatti che la parte più antica della Madonna del Baraccano fu dipinta a cavallo fra il primo e il secondo quarto del Trecento, è soltanto nei paraggi di Simone Martini, o giù di lì, che potremmo incontrare profili di panni così cadenzati e armonicamente ritorti come quelli aggiunti da Cossa. Non a Bologna, che non era ancora quella di Vitale.

Al contrario, secondo la leggenda, Cossa sapeva che l'immagine era stata dipinta una settantina di anni prima: soltanto qualcosa in più dell'arco

---

cangia affatto carattere. Così è in dipingere») o, meno che mai, della *Graphologische Prinzipienlehre* di Ludwig Klages, occorre sospettare che a monte delle parole di Filarete ci fosse quel momento d'incontro fra scrittura (soprattutto notarile) e disegno (non professionale) che era maturato nella tarda età comunale.

54 E. Rigoni, *Nuovi documenti sul Mantegna* [1927-28], poi in Id., *L'arte rinascimentale in Padova. Studi e documenti*, Padova, Antenore, 1970, pp. 1-23: 22.

55 *Il libro di Antonio Billi*, a cura di F. Benedettucci, Anzio, De Rubeis, 1991, p. 51 (aggiunto il corsivo).

di memoria fra avo e nipote. Se si discostò in parte dal suo più naturale modo espressivo, fu perché conscio di tale distanza. Non che la storia dello stile l'abbia inventata lui (guai, però, a dimenticarne le radici prammatiche), ma quel tanto di oscillazione stilistica fu il plausibile riflesso di una coscienza del tempo simile a quella che animava le cronache cittadine, quando i fatti non erano troppo remoti. È un senso vivo, di lì a non molto e nello stesso orizzonte di corte, nelle novelle del bolognese Sabatino degli Arienti, dove gli indici della distanza temporale sono ben marcati. E lo sono perché la cultura di corte diventa sempre più attenta a quei segni di trapasso generazionale rappresentati dall'abbigliamento e dai modi di presentazione del corpo (dalla cosmesi alle barbe). Cossa prende atto di un costume figurativo diverso dal suo, cercando di alludere approssimativamente a quando era stata dipinta la prima immagine del Baraccano.[56] Non l'avrebbe fatto, è probabile, se non fosse stata miracolosa; se la sua nuova e più solenne pittura non ne avesse dovuto includere i frammenti come dentro un reliquiario; se l'evento miracoloso fosse caduto ad un'indeterminata lontananza di tempo.

L'aggiunta 'a secco' delle due figure in basso, o meglio di quella a sinistra, aiuta a spiegare questo spostamento della traiettoria stilistica. Sembra quasi che le forme della moda si siano incontrate con quelle della pittura. Una singolare repulsione cronologica, rispetto a Cossa e ai dati della moda, ha diviso alcuni storici dell'arte: Ruhmer pensò che la figura del principe fosse stata aggiunta in un momento successivo al 1472 (ma per quanto ridotto a rudere, il viso è scavato dagli stessi piani di luce del polittico Griffoni o della pala dei Mercanti), mentre Venturi l'aveva creduta davvero antica (un'assurdità smentita dai busti dei cortigiani di Schifanoia, oggi a tutti ben noti nei dettagli fotografici). Forse, senza rendersene ben conto, Venturi fu condizionato dall'abbigliamento di Giovanni I Bentivoglio, con quel collo alto, alla borgognona, come usava nei primissimi anni del secolo. Scambiò insomma il tempo dell'abito con quello dello stile. La necessità di rievocare modi di vestire ormai trascorsi poteva contare, nell'orizzonte di corte, su

---

[56] Senza volerne alterare le reali dimensioni, il caso del Baraccano si viene a trovare fra i due grandi momenti di rievocazione pratica di una condizione stilistica 'altra' studiati in pagine famose di E. Panofsky, *Early Netherlandish Painting. Its Origins and Character*, Cambridge (MA), Harvard Univ. Press, 1953 [New York, Icon-Haper & Row, 1971], pp. 131-148, 412, nota 20, e *La prima pagina del «Libro» di Giorgio Vasari*, in Id., *Il significato nelle arti visive* [1955], Torino, Einaudi, 1962, pp. 169-224 (ma in mezzo ci sono tanti altri episodi, con giustificazioni diverse: dall'Annunciazione di maniera greca che Gentile da Fabriano finse dipinta all'esterno della chiesetta della Verna nelle *Stimmate di san Francesco* della Fondazione Magnani ai mosaici bizantini con cui Giovanni Bellini e altri veneziani decoravano l'abside illusivo delle moderne pale di altare).

repertori ritrattistici come la *Genealogia dei Principi d'Este*.[57] L'opera di ricostruzione dell'abbigliamento antico fu un po' più complessa, al Baraccano; e soprattutto, fu qualcosa di parallelo all'adattamento figurativo compiuto da Cossa per le figure principali.

Se poi la sua mediazione stilistica ha fatto credere a molti che fosse più largamente sopravvissuta la precedente Madonna, non lo si deve soltanto al Cossa. Fu perché si continuò a riferirla ad un pittore del tempo di Giovanni I Bentivoglio. In realtà, il nome di Lippo di Dalmasio non venne associato all'immagine prima del secolo scorso, sebbene Ortolani la dicesse a lui «ascritta tradizionalmente».[58] Quel nome, a Venturi per primo, era servito come un buon punto di riferimento, niente di più (e l'opinione fu già messa in dubbio da Supino).[59] Nella guida di Ricci e Zucchini sarà aggiunto solo a partire dalla ristampa del 1968.[60] Alla ricorrente indicazione «attribuito a...» non si troverà mai allegato un rimando concreto; e quasi si direbbe che il nome di Lippo sia divenuto esplicito nello stesso momento in cui venivano ignorate le segnalazioni che anticipavano nel tempo la prima Madonna del Baraccano.[61] Quel nome, del resto, non poteva affiorare prima della guida del 1782 e della *Storia pittorica* di Lanzi, dal momento che fino ad allora l'intera immagine fu ritenuta di Cossa. Sarà la conoscenza dei pagamenti del 1472 e il confronto con la tela della Mercanzia a far pensare che, «essendo più antica», la Madonna del Baraccano, fu «piuttosto, da lui ritoccata, aggiungendovi li ritratti».[62]

---

[57] Riproduzioni in D. Bini, *Genealogia dei Principi d'Este*, in *Gli Estensi*, I, *La corte di Ferrara*, a cura di R. Iotti, Modena, Il bulino, 1997, pp. 95-145 (il codice, della seconda metà del Quattrocento, è diviso fra l'Estense di Modena e la Nazionale di Roma).

[58] Ortolani, *Cosmè Tura, Francesco del Cossa, Ercole de' Roberti*, cit., p. 124. Lippo era un riferimento ovvio, ad esempio, anche in due interventi del 1965 e del 1982 di C. Brandi, *Il restauro. Teoria e pratica 1939-1986*, a cura di M. Cordaro, Roma, Editori Riuniti, 1996[2], pp. 30, 263.

[59] Venturi, *Storia*, cit., III, p. 632; Supino, *L'arte nelle chiese di Bologna*, cit., II, p. 436.

[60] C. Ricci – G. Zucchini, *Guida di Bologna*, Bologna, Alfa, 1976 [ripr. dell'ed. 1968], p. 53 (il nome è aggiunto fra parentesi quadre, integrando la vecchia indicazione «principio del secolo XV», ancora viva a p. 56 dell'ed. 1950); goffamente, nell'ed. 1991 della guida T.C.I., p. 196: «ritenuta di Lippo di Dalmasio, fu ripassata dal Cossa».

[61] Non sarà necessario trasformare in indicazioni bibliografiche delle semplici sviste (così mi viene assicurato in un caso), ma la correzione era già entrata, per via traversa, anche nella letteratura cossesca (Bacchi, *Francesco del Cossa*, cit., p. 76). Non ne tiene conto G. Clarke, *Giovanni II Bentivoglio and the Uses of Chivalry. Towards the Creation of a 'Republican Court' in Fifteenth-Century Bologna*, in *Artistic Exchange and Cultural Translation in the Italian Renaissance City*, by S.J. Campbell and S.J. Milner, Cambridge, Cambridge Univ. Press, 2004, pp. 162-186: 175-176, che accompagna al nome di Lippo un «presumed», mentre già Nieuwenhuizen, *Kunst*, cit., p. 152, n. 2, aveva accolto l'anticipazione dell'affresco sottostante al secondo quarto del Trecento.

[62] *Pitture, scolture ed architetture delle chiese, luoghi pubblici, palazzi e case della città di Bo-*

4. Eppure, il nome di Lippo di Dalmasio richiama un aspetto dimenticato dell'immagine biografica di Francesco del Cossa: quella dell'«artista cristiano». Occorre intanto dire che, come tale, Lippo di Dalmasio ebbe probabilmente fama già prima della Controriforma. Mi pare che, all'anno 1492, si giustifichi solo in questo senso la richiesta a Francesco Cacciaguerra di dipingere in San Colombano una Madonna col Bambino come quella di Lippo (Figg. 69, 70).[63] Il quale era morto da almeno ottant'anni: troppi perché una sua opera venisse ancora buona, «modo et forma», in un contratto. C'interessa, quel precocissimo indizio del modello devozionale riconosciuto in Lippo perché l'abito dell'*artifex christianus* sembra quasi di vederlo cucito addosso a Cossa appena morto. Fu quando Angelo Michele Salimbeni dette notizia a Sebastiano Aldrovandi della scomparsa del pittore, fra il febbraio e il maggio del 1478:

era sua oppenione che, finita essa opera [*scil.* la cappella Garganelli] per electione di sua salute in una santa religione ridurre si voleva, benché religioso al mondo vivesse, nimico mortale di pompe e di ricchezze, sitibondo della celestial gloria [ecc.].[64]

---

logna e suoi subborghi, Bologna, nella stamperia del Longhi, 1782, p. 298 (così nell'ed. 1792, p. 298); sulla cui scorta L. Lanzi, *Storia pittorica della Italia. Dal risorgimento delle belle arti fin presso al fine del XVIII secolo*, a cura di M. Capucci, 3 voll., Firenze, Sansoni, 1974, III, p. 151) richiama l'affresco del Baraccano assieme alla *Madonna dei Mercanti*, del 1474, che pure poco apprezza.

63 Filippini – Zucchini, *Miniatori e pittori a Bologna*, cit., p. 53 (derivando da Supino, *L'arte nelle chiese di Bologna*, cit., II, p. 71). L'affresco è identificabile con quello che si vede nella chiesa (Fig. 69), il prescritto modello di Lippo era con ogni probabilità la Madonna con Bambino (Fig. 70) di una casa vicina che nel 1547 verrà trasportata sul muro esterno della chiesa di San Colombano e ancora più tardi all'altare dell'oratorio di San Colombano (per ultimo, cfr. Fanti, *Voglia di Paradiso*, cit., p. 92). Dal momento che Cacciaguerra doveva lavorare nella cappella di San Nicola, è più che probabile che l'affresco già in origine comprendesse, ai lati della Madonna allattante, i santi Nicola e Giovanni Battista, che più tardi furono completamente ridipinti (assieme all'immagine al centro). La tradizione erudita e la discussione moderna sull'affresco e il suo modello trecentesco sono in realtà meno lineari di quanto possa qui sembrare (serve a fare il punto bibliografico Boggi – Gibbs, *Lippo di Dalmasio*, cit., pp. 16, 150-151, 170-171). La vicinanza stretta ad altre immagini di Lippo non lascia pensare però che fossero indicate al Cacciaguerra a preferenza di quella che sarà poi chiamata Madonna della Consolazione o di San Colombano. In una città antica la calamitazione sociale della 'vicinanza' riguardava anche il sacro. E soprattutto, non si può condividere il sospetto dei due studiosi che la Madonna col Bambino «potrebbe essere stata ridipinta piuttosto che creata *ex novo* da Cacciaguerra», tanto da finire nel catalogo delle opere 'attribuibili' a Lippo. Per cominciare davvero a sospettarlo, dovremmo sapere anche come dipingeva Francesco Cacciaguerra, che è documentato fra il 1492 e il 1514. Un lucido sarebbe stato sufficiente a realizzare quella piena fedeltà morfologica a Lippo che è immediato constatare. Ma si tratta soltanto di fedeltà morfologica, più in là non si va, quanto a dati di stile. Gli unici punti in cui affiora una lumeggiatura tardo-quattrocentesca sono le mani della Madonna, forse il naso, ma niente altro consente di riconoscere una stesura pittorica più antica.

64 Ruhmer, *Francesco del Cossa*, cit., p. 49.

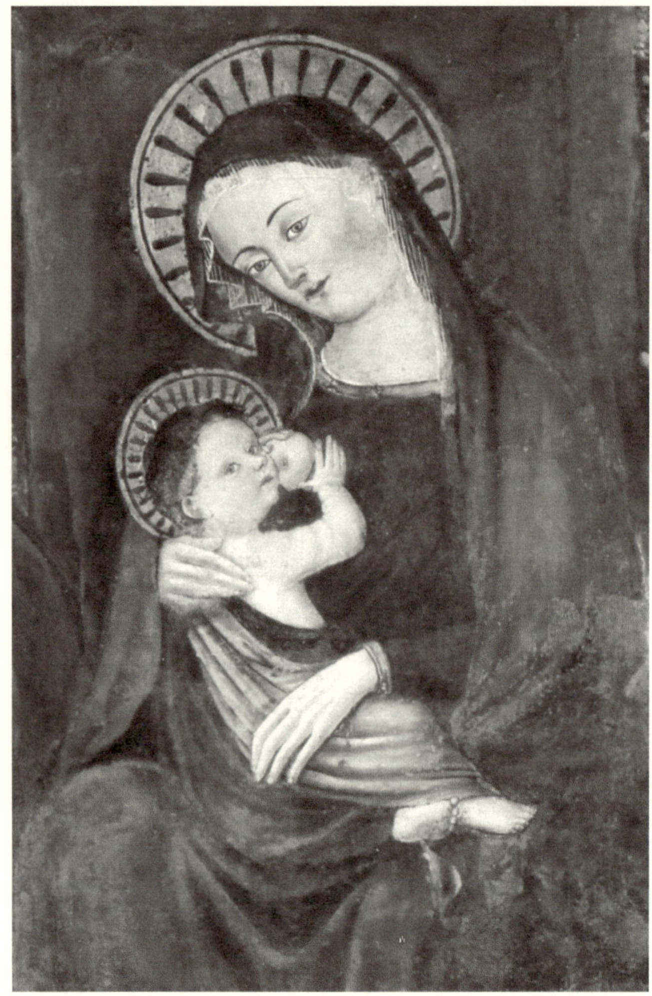

Fig. 69. FRANCESCO CACCIAGUERRA, *Madonna col Bambino* (da Lippo di Dalmasio) *e santi* (part.) Bologna, Chiesa di San Colombano.

Sembra, si è detto, perché non ne sappiamo abbastanza per fare giusta tara della notizia, che non ci autorizza tuttavia a vedere in Cossa un Rublëv mancato (i conventi reclutavano artisti, così come facevano le corti, sia pure in diversa misura e con altra finalità).[65] Alla maturazione di quella

[65] Per una sintesi meno brutale, A. MARTINDALE, *The Rise of the Artist in the Middle Ages and Early Renaissance*, London, Thames and Hudson, 1972, pp. 65-72.

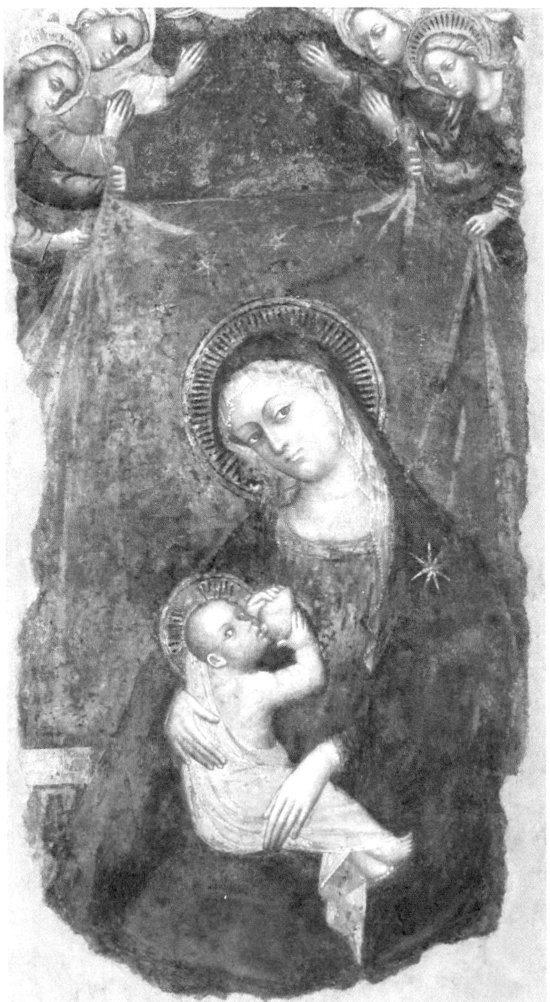

Fig. 70. Lippo di Dalmasio, *Madonna col Bambino*, Bologna, Oratorio di San Colombano.

scelta, o più semplicemente di quella notizia, potrebbe avere contribuito l'intervento sull'immagine miracolosa del Baraccano. Se lo *status* delle porzioni d'intonaco incorporate nell'affresco è simile a quello delle reliquie, queste debbono essere sempre manipolate da mano velata e consacrata.[66]

66 Ad es., F. Sbardella, *Antropologia delle reliquie. Un caso storico*, Brescia, Morcelliana, 2007, pp. 139-140.

Alla radice dell'artista cristiano o dell'artista-santo ci deve pur essere anche il nesso cerimoniale fra mano ed immagine. Un'aura di miracolo o quanto meno di liturgia avvolgerà a lungo gli stacchi a massello (Figg. 71-72), operazioni meccaniche compiute talvolta solo per intervento celeste, così com'era da sempre accaduto al momento di raffigurare i visi di Cristo, della Madonna, di Gabriele.[67] Del resto, poco sopra abbiamo letto in uno scritto-

71 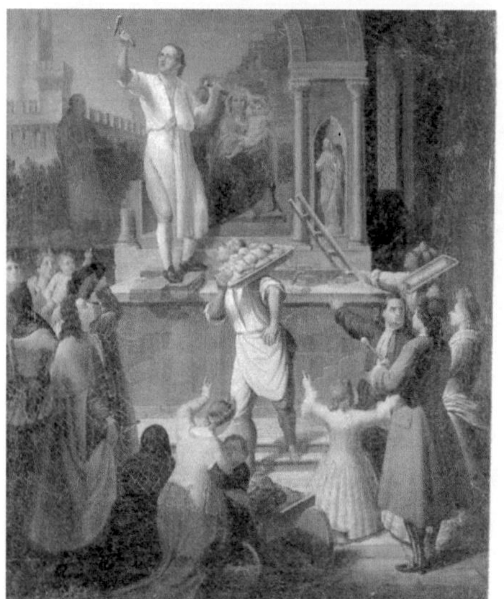

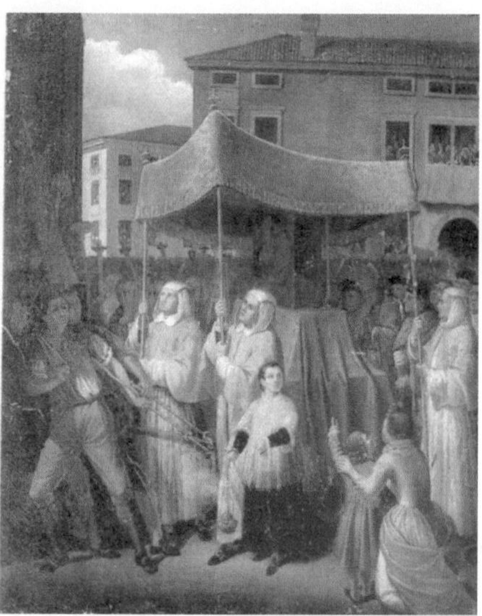 72

Figg. 71-72. Pittore veneto del secc. XVIII, *L'immagine miracolosa della Vergine delle Grazie staccata dal Duomo vecchio* e *L'immagine miracolosa della Vergine delle Grazie portata in processione al Duomo nuovo*, Rovigo, sacrestia della cattedrale.

---

[67] L'aura miracolosa connessa ai visi non va forse dimenticata neppure davanti al lavoro degli 'estrattisti' sei-settecenteschi: a Bologna, ad es., nell'immagine all'ingresso laterale di San Giacomo, le sole teste della Madonna e del Bambino furono 'estratte' dall'originario affresco (Longhi ed Arcangeli le riferivano a Pietro Lianori, ancora segnato dall'ambiente dalmasiano) e poi rimontate su un nuovo intonaco, adeguando in qualche modo la figurazione connettiva, per lontanissimo riflesso di quanto aveva fatto Cossa al Baraccano. Nel 2011 mi era sfuggito che non molto prima Massimo Medica aveva spostato i due frammenti sul tardo Lippo di Dalmasio (attribuzione accolta in Boggi – Gibbs, *Lippo di Dalmasio*, cit., pp. 159-160, a cui si rinvia anche per le notizie bibliografiche). Alla luce della pulitura, più che della riproduzione usata da Arcangeli (e da cui avevo estratto un particolare), oggi credo che il nome di Lippo di Dalmasio sia più appropriato. Non ne viene però compromessa la mia proposta (*Primitivismo devoto e spirito municipale nella Bologna napoleonica: il Chiostrino delle Madonne in Certosa*, in *Giuseppe Vernazza e la fortuna dei primitivi*, Atti del convegno (Alba, 11-12 novembre 2004), a cura di G. Romano, Alba, Fondazione Ferrero, 2007, pp. 167-201: 197-200, nota 114) di considerare Giovanni di Pietro Lianori e Giovanni di Pietro delle Tovaglie come la stessa persona. Mi pare infatti che se ne sia involontariamente data la dimostrazione grazie alla nuova e ricca campagna fotografica di Malvasia, *Felsina pittrice. Lives of the Bolognese Painters*, cit., I, figg. 82-83, dove

re ben poco tridentino come Matteo Bandello quale fosse l'appellativo dato ad un pittore prestatosi a manipolare una semplice immagine di devozione: «ribaldo».

Né Francesco del Cossa, né Lippo di Dalmasio sono portati ad esempio nel trattato di Paleotti, che sulla scorta di Vasari preferirà ricordare fra i pittori antichi da prendere ad esempio il romano Cavallini, ma sono i due soli pittori che nell'elenco delle *Pitture e sculture* di Cavazzoni compaiono come autori di dipinti miracolosi.[68] L'immagine di Cossa «artista cristiano», già presente in Cavazzoni (pittore ricordato sempre come «devoto o «devotissimo») cresce nella seconda metà del Seicento, in un quadro d'informazione dove Vasari non poteva essere di grande aiuto, con il suo pasticcio onomastico Cossa/Costa. Mentre i bolognesi Ghirardacci e Alidosi avevano ricordato le vicende dell'immagine del Baraccano senza neppure dire chi l'avesse dipinta, nel 1666 Masini colloca la leggenda miracolosa in una cornice topografica ricca d'indicazioni, precisando che «Francesco Cossa nel 1401 la suddetta immagine volontariamente haveva dipinto su muro, dopo essersi confessato, e comunicato, e dal Vescovo ricevuto la beneditione, conforme usava Lippo Dalmasi, che molte di queste Imagini nella città dipinse».[69] Quel «volontariamente» bastava a farne opera non venale.[70]

Su questo ceppo s'innesta il racconto barocco di Girolamo Giovannantoni dedicato al sito del Baraccano: una sorta di *locus amoenus* all'interno delle mura, a conferma sia di quel primo carattere di «verde pubblico» che aveva fatto entrare il santuario fra le mete votive e festive (dopo la laurea

si trovano riprodotte sotto il nome dei due diversi pittori opere che stilisticamente sono della stessa mano. Anche negli appunti di Malvasia (pp. 318-319) figurano assieme dipinti alternativamente corrispondenti all'uno o all'altro nome.

68 Cavazzoni, *Pitture et sculture et altre cose che sono in Bologna* [1603], in Id., *Scritti d'arte*, cit., pp. 23 (la perduta Madonna di Lippo di Dalmasio su un pilastro di San Petronio: Boggi – Gibbs, *Lippo di Dalmasio*, cit., pp. 175-176) e p. 67 («la Madonna miracolosa del Baraccano fu de mano di Francesco del Cossa da Ferrara»). C'è poi, all'Annunziata, l'«Ancona della Madonna con una predella de man de Francesco del Cossa, cosa miracolosa da vedere» (*ivi*, p. 54): Cavazzoni non nomina l'immagine mariana, che è di Lippo di Dalmasio (*ivi*, p. 149) e che del resto non sembra avere goduto fama di santità, ma esprime un più laico apprezzamento sul pittore rinascimentale.

69 Masini, *Bologna perlustrata*, cit., I, pp. 213-214.

70 Se nel caso della pittura sacra, G. Paleotti (*Discorso intorno alle imagini sacre e profane*, in *Trattati d'arte del Cinquecento fra Manierismo e Controriforma*, a cura di P. Barocchi, 3 voll., Bari, Laterza, 1960-62, II, p. 210) consente che il primo fine del pittore sia quello di «essercitare l'arte sua per ritrarne guadagno, per acquistar onore» etc., resta che il «principale sarà col mezzo della fatica et arte sua acquistar la grazia divina». È utile avere presente il rifiuto della bramosia del guadagno nel modello orientale d'artista devoto: M. Bacci, *Artisti eretici eterodossi a Bisanzio*, in *L'artista a Bisanzio e nel mondo cristiano-orientale*, [Giornate di studio (Pisa, Scuola Normale Superiore, 21-22 novembre 2003)] a cura di M. Bacci, Pisa, Edizioni della Normale, 2007, p. 179.

del fratello Annibale, annota ad esempio l'architetto Sanmarino, «tuti andammo alla Madonna del Baracane»), sia del legame strettissimo fra immagini/chiese mariane e circuito difensivo.[71] La delizia del luogo è la cornice che prepara il miracolo; e d'altra parte, si sa, a scegliere il loro luogo di culto, sono quasi sempre le immagini miracolose:

Fra li siti più grati, che per l'estiva staggione servissero in Bologna di pubblico diporto e di frescura commune a i passeggi de gli abitanti, uno ve n'era di non sprezzevole ampiezza e di riguardevole amenità, sì per lo strato erboso che in praticello appianato verdeggiante fioriva, sì ancora per gli orezi soavi [...] e dal corteggio degli arbori ivi in gran copia levati [...]. Qui nelle più calde sere d'estate fermavansi le genti a ristorarsi dalle arsure patite con quell'aure gioconde, che costituivano apunto la delizia d'un sì bel sito. E perché alla quiete del corpo suole tal'ora succedere il soleticamento dell'animo, davansi molti perciò a compensare con canti e suoni i beneffici avuti da i zefiri di quel terreno, spendendo l'ore notturne con trattenimenti canori in armonica retributione de reffrigerii ottennuti.

Ed ecco che entra in scena «Francesco del Cossa, o Costa, come altri vogliono, ferrarese di patria, e bolognese d'habitatione, la cui casa era poco distante da quel luogo». Al pittore sembra che

doppio alleviamento, e per il corpo e per lo spirito acquistato avrebbero quelle notturne adunanze, se in vece di musiche e confabulazioni profane, applicate si fossero ad intonare divine lodi al Signore [...]. E come v'era quest'uomo altrettanto eccellente in divotione quanto famoso in pittura (occupando in que' tempi fra i pittori di primo grido un luogo assai condegno) pensò e risolse di dipingere in un torrione, o balestriera quadrata congionta al muro della città, in opposto a quel prato, un'imagine di Maria Vergine che a serenate celesti concertasse i voleri di chi occorreva al diporto.[72]

---

71 G.B. Belluzzi, *Diario autobiografico*, in D. Lamberini, *Il Sanmarino. Giovan Battista Belluzzi architetto militare e trattatista del Cinquecento*, 2 voll., Firenze, Olschki, 2007, II, *Gli scritti*, p. 35. Per la funzione delle immagini mariane e dei loro santuari in relazione al circuito difensivo, M. Ferretti, *Madonne antiche e mura di Bologna*, in *Immagine e ideologia. Studi in onore di Arturo Carlo Quintavalle*, a cura di A. Calzona *et al.*, Milano. Electa, 2007, pp. 498-508 (con rinvii). Cade a proposito ricordare che la «cicla» due-trecentesca era ritenuta inadeguata rispetto agli sviluppi dell'arte della guerra da uno che di queste cose s'intendeva bene come il Sanmarino, che nel trattato dell'Oliveriana scrive: «l'artificio delle mura che vi sono al presente non può coprire che non sia offesa grandemente [...] il resto della città è posto in piano, ma cinto di mura assai debolmente, perché non vi sono fiancate come si costuma al presente, benché abbia buon sotto e terrapieno di dentro» (*ivi*, I, *La vita e le opere*, p. 260). L'importanza delle «immagini sacre raffiguranti Maria» per la Bologna seicentesca emerge nel panorama politico-istituzionale di Mazzone, *Governare lo Stato*, cit., pp. 19-21.

72 G. Giovanantoni, *Historia della miracolosa imagine di Maria Vergine detta del Baracano...*, Bologna, per Giacomo Monti, 1674, pp. 10-12.

Non in cerca di guadagno, però deferente alla gerarchia, «conferis[ce] il pensiero al religiosissimo Bartolomeo Raimondi all'hora vescovo della città», e l'ottiene. Dipingere l'immagine in meno di quindici giorni, ma sotto la protezione celeste, ha tutt'altro senso rispetto al «far presto» del pittore 'virtuoso'. Si avvia anzi una pagina che perfino nella così poco 'barocca' città di Carlo Cignani sarà suonata come un rimprovero rivolto a chiunque si dilettasse troppo delle virtù pittoriche:

> Qui vorrei che i pittori apprendessero qualmente a costituirsi comendabili nel mondo non basta che impieghino i loro studi in formare con simetrie profane lussureggianti apparenze di poco oneste bellezze, che tutto siano bastanti per obligar gli altrui sguardi a contribuirvi stupori. La vera lode di chi dipinge non nasce perché s'affidino gli augelli a correre troppo creduli all'uve finte dei Zeusi, come a prodigi d'un'immitata natura, o perché i veli rappresentati dal colorir de Parasii muovano li maestri dell'arte a confessarli per veri. Non insomma s'ingrandisse per tramandar alla posterità de secoli, reliquie di vanità mondane, espresse ne' simulacri stimabil, o dei Cesari trionfatori, o delle Agrippine lascive; ma la vera fama d'un virtuoso pittore all'ora si fa perfettamente conoscere al mondo, quando con tromba religiosa publica, un'impiegata fatica di prattico penello, per consignare al pubblico di adoratori cristiani le beate sembianze di qualche personaggio celeste, prima però meditate nella scuola della pietà, con lo studio di quella stessa divozione che a Francesco del Cossa fu mai sempre connaturale e che serve di motivo a la retribuzione divina per approvar con miracoli la cara industria di simili operatori.[73]

Giovanantoni aveva letto Paleotti, a giudicare dal ricordo di Cavallini, che viene dal *Trattato* più che dalle *Vite*; e anche per lui Cavallini, Angelico, Fra Bartolomeo «non [saranno state] più individualità artistiche, ma rigorose riprove morali».[74] Lippo di Dalmasio, però, non era più questo soltanto agli occhi di Bumaldo; e meno che mai per Malvasia: di quell'antico pittore si vedevano dipinti veri.

Ora, si dà un fatto quasi incomprensibile: nelle *Pitture di Bologna* Malvasia non nomina l'affresco del Baraccano.[75] Sappiamo che all'inizio dell'Ottocento non era facile vederlo scoperto e che almeno dalla metà del secolo precedente stava sotto la tela del Marchesi. Ma per quanto fosse nascosto, si può credere che un canonico come Malvasia non avesse mai avuto occa-

---

[73] *Ivi*, pp. 15-16.

[74] Barocchi, *Trattati d'arte del Cinquecento*, cit., II, p. 235.

[75] Malvasia, *Le pitture di Bologna*, cit., p. 264, per l'omesso ricordo (lo fa già notare il curatore a p. 179). L'affresco comparirà sotto il nome di Cossa solo a partire dalla terza edizione (Bologna, nella stamperia del Longhi, 1732, p. 286).

sione d'ispezionarlo? È possibile che non fosse incuriosito dal disegno nei manoscritti di Cavazzoni, tante volte citati? O che non lo sollecitasse la sua principale fonte scritta, «l'esatto Masini»? Forse – ed è la cosa più probabile, considerando la distinzione che stava definendo fra guida pittorica e diario sacro – lo scoraggiava l'aura sacrale dell'affresco. Ma era ben più che una reliquia, sul genere della vera tavola della Mascarella. Nei suoi appunti la Madonna del Baraccano è nominata come opera di Cossa, e sua soltanto, assieme alla *Pala dei Mercanti*, ma con questa aggiunta: «tiene qualcuno che fosse scolaro di Lippo».[76] Mai come nello storico dei pittori bolognesi le due linee del «primitivismo», quello di radice vasariana e quello devozionale, erano state tanto vicine.[77] Per Cavazzoni, per Masini, per altri ancora dopo di loro, l'affresco del Baraccano poteva anche essere dell'inizio del Quattrocento.[78] Viene il sospetto che Malvasia non sapesse capacitarsi di un così evidente conflitto fra leggenda sacra, di cui sarà stato rispettoso, ed evidenza della maniera pittorica, di cui era intelligentissimo.

---

[76] Bologna, Biblioteca dell'Archiginnasio, C.C. Malvasia, *Scritti originali*, ms. B. 16, c. 245 (ora a stampa in Id., *Felsina pittrice. Lives of the Bolognese Painters*, cit., p. 317).

[77] La radicale, per quanto criticamente vigilata, opposizione risale a G. Previtali, *La fortuna dei primitivi. Dal Vasari ai neoclassici*, Torino, Einaudi, 1964, p. 28 (1989^2, p. 28). Le mie opinioni sul libro – che mi è carissimo anche quando appare inesorabilmente distante – in *Un libro di cinquant'anni fa*, in *La fortuna dei primitivi. Tesori d'arte delle collezioni italiane fra Sette e Ottocento*, cit., pp. 55-65.

[78] Ma fin dal 1772, in una lettera del 26 giugno a Filippo Hercolani, Giovanni Andrea Barotti rilevava l'incongruenza fra l'anno 1401 e quello in cui era attestato Cossa, 1472 (in Novelli, *Storia delle* Vite de' pittori e scultori ferraresi *di Girolamo Baruffaldi*, cit., p. 137).

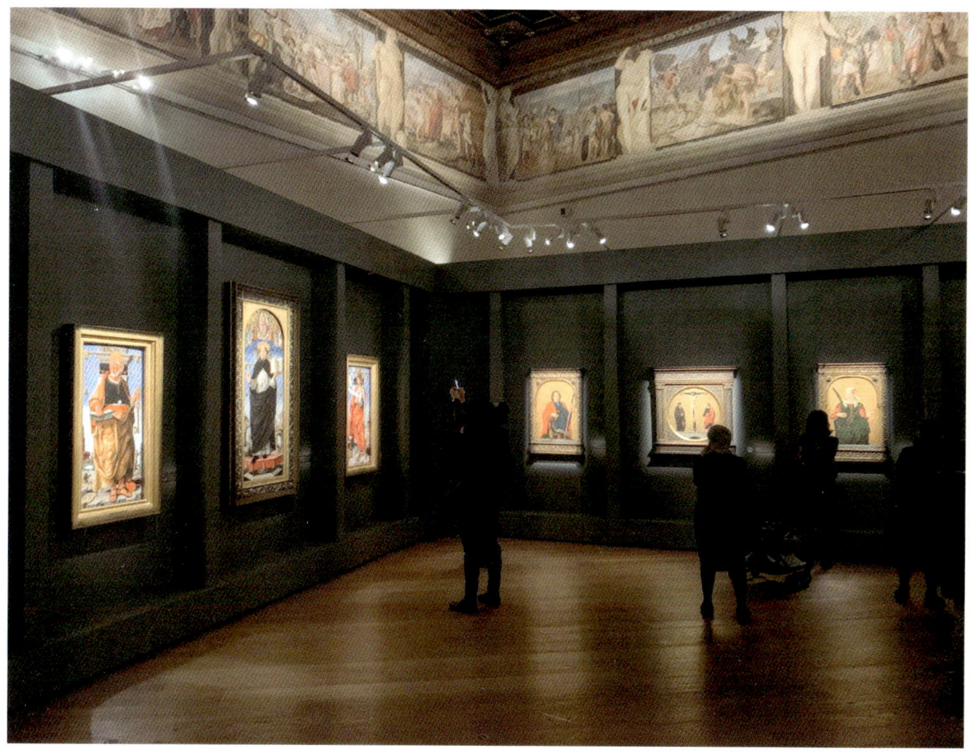

Ia

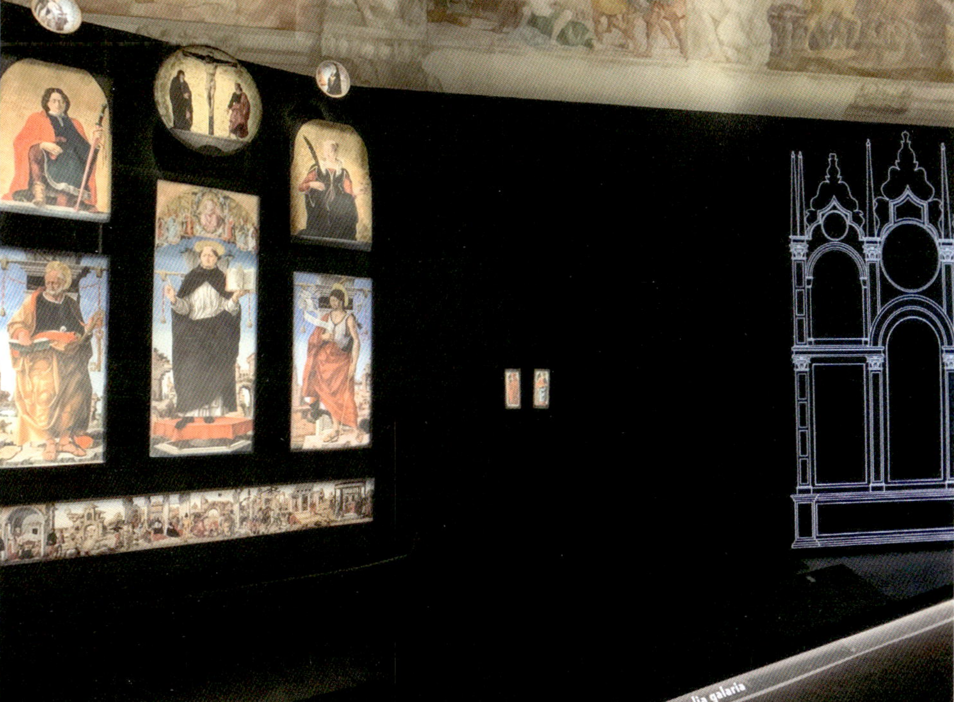

Ib

Tavv. Ia-b. Allestimento della mostra *Il polittico Griffoni rinasce a Bologna. La riscoperta di un capolavoro*, Bologna, Palazzo Fava (2020-21).

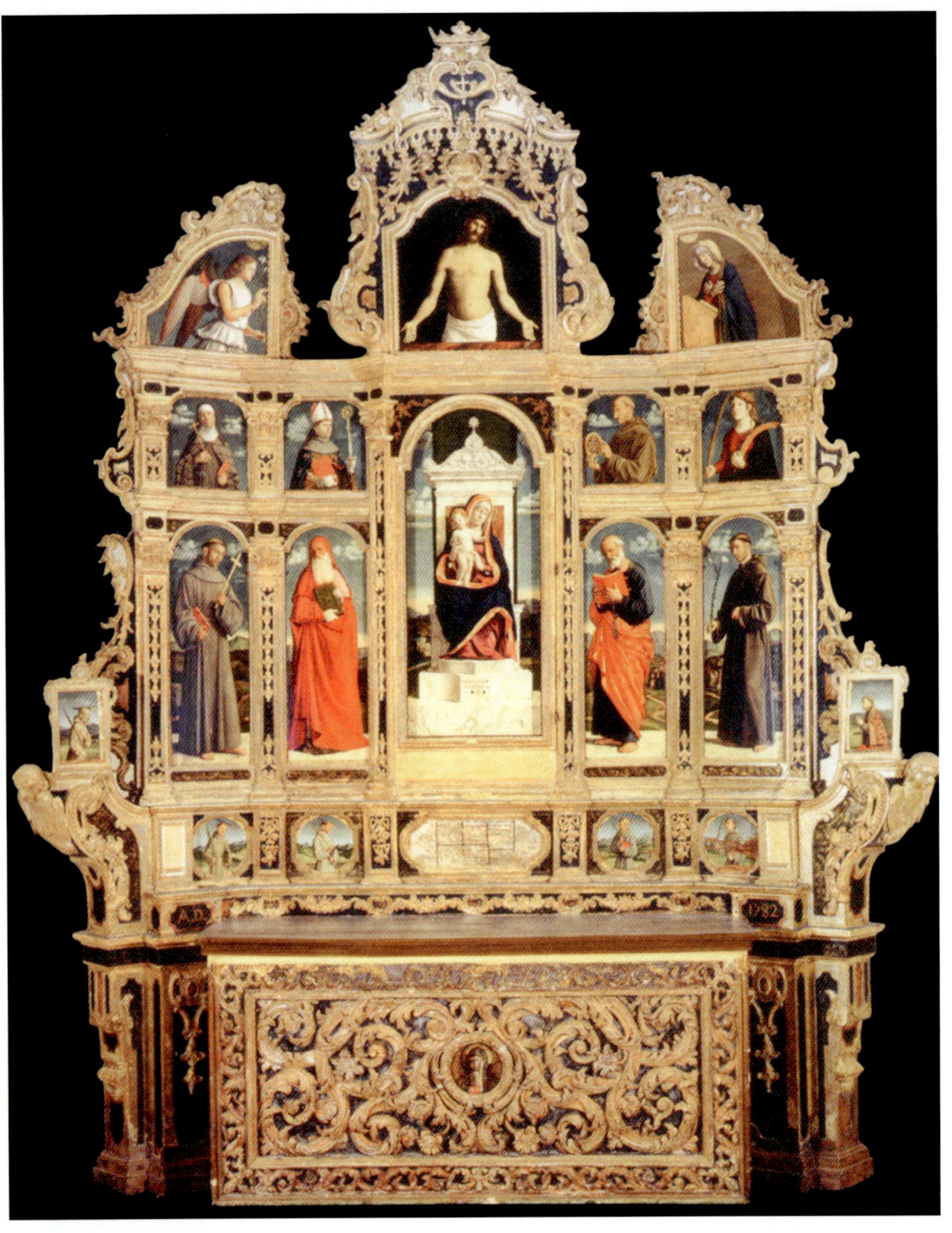

Tav. II. Riallestimento del polittico della chiesa Madre di S. Maria Maggiore di Miglionico di Cima da Conegliano.

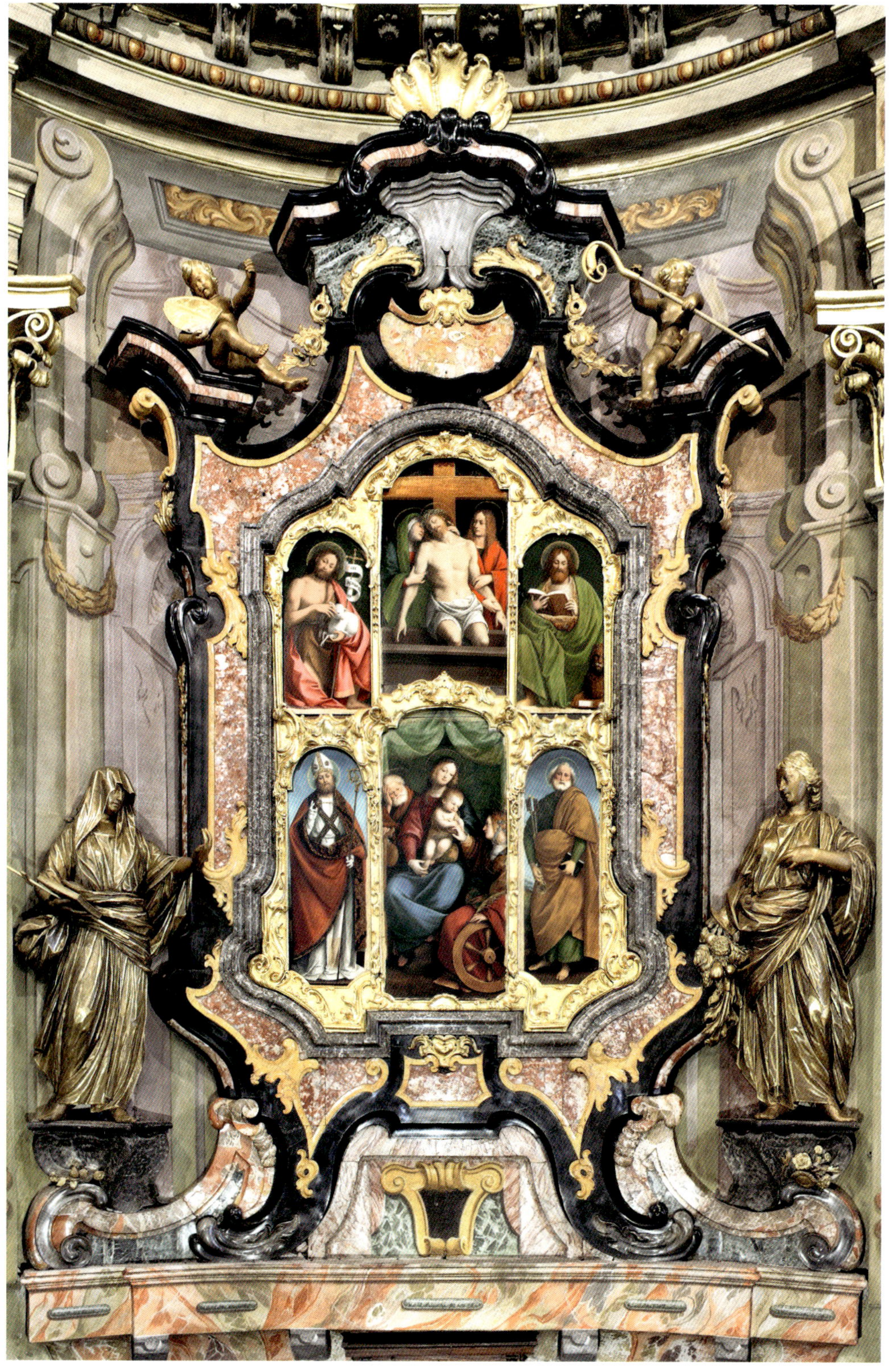

Tav. III. Riallestimento del polittico di Gaudenzio Ferrari, Varallo, San Gaudenzio.

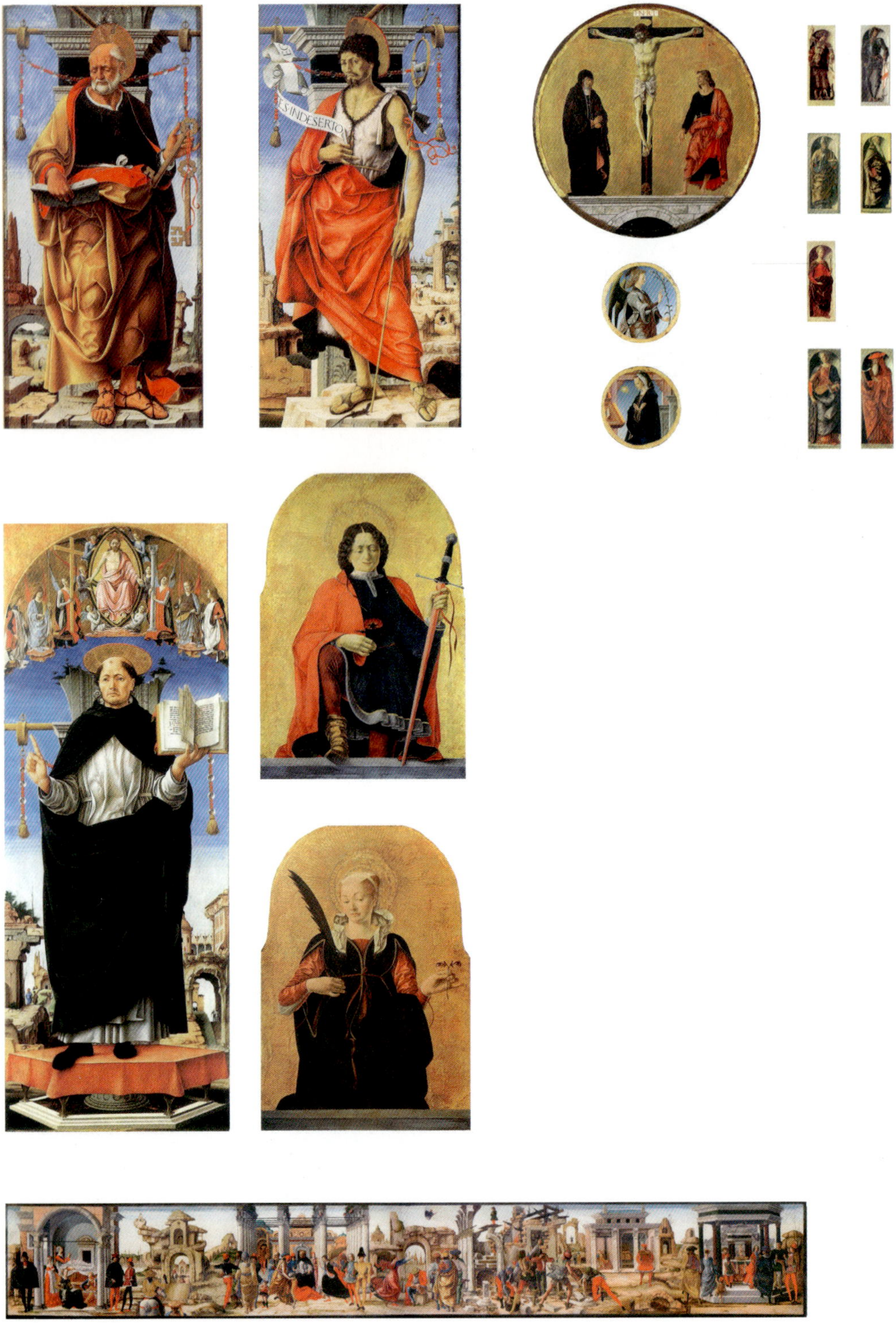

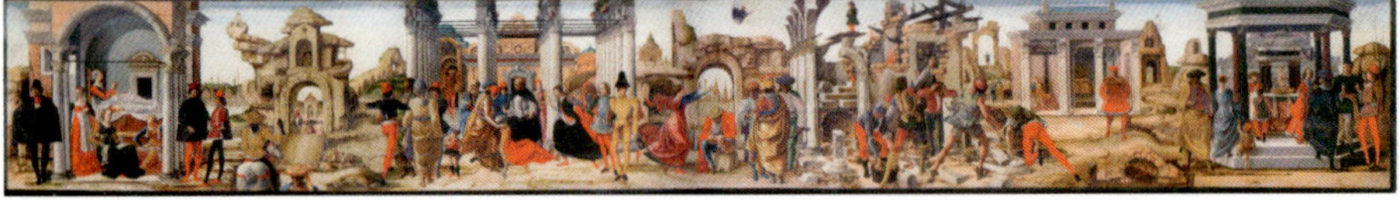

Tav. IV. Le tavole superstiti del polittico Griffoni riprodotte in scala.

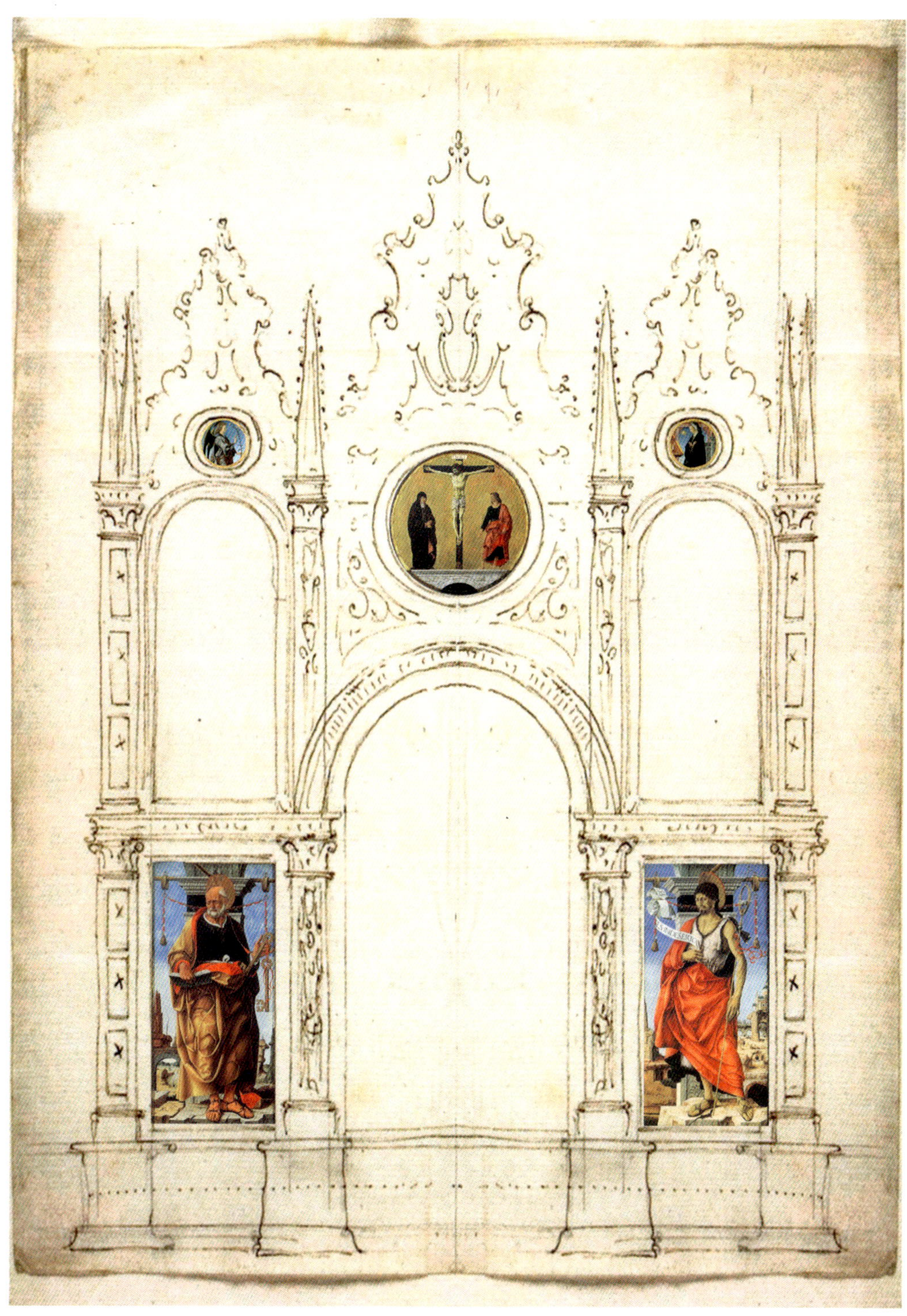

Tav. V. Disegno 'ribaltato' con inserimento delle sole tavole del polittico Griffoni corrispondenti alle proporzioni indicate da Stefano Orlandi.

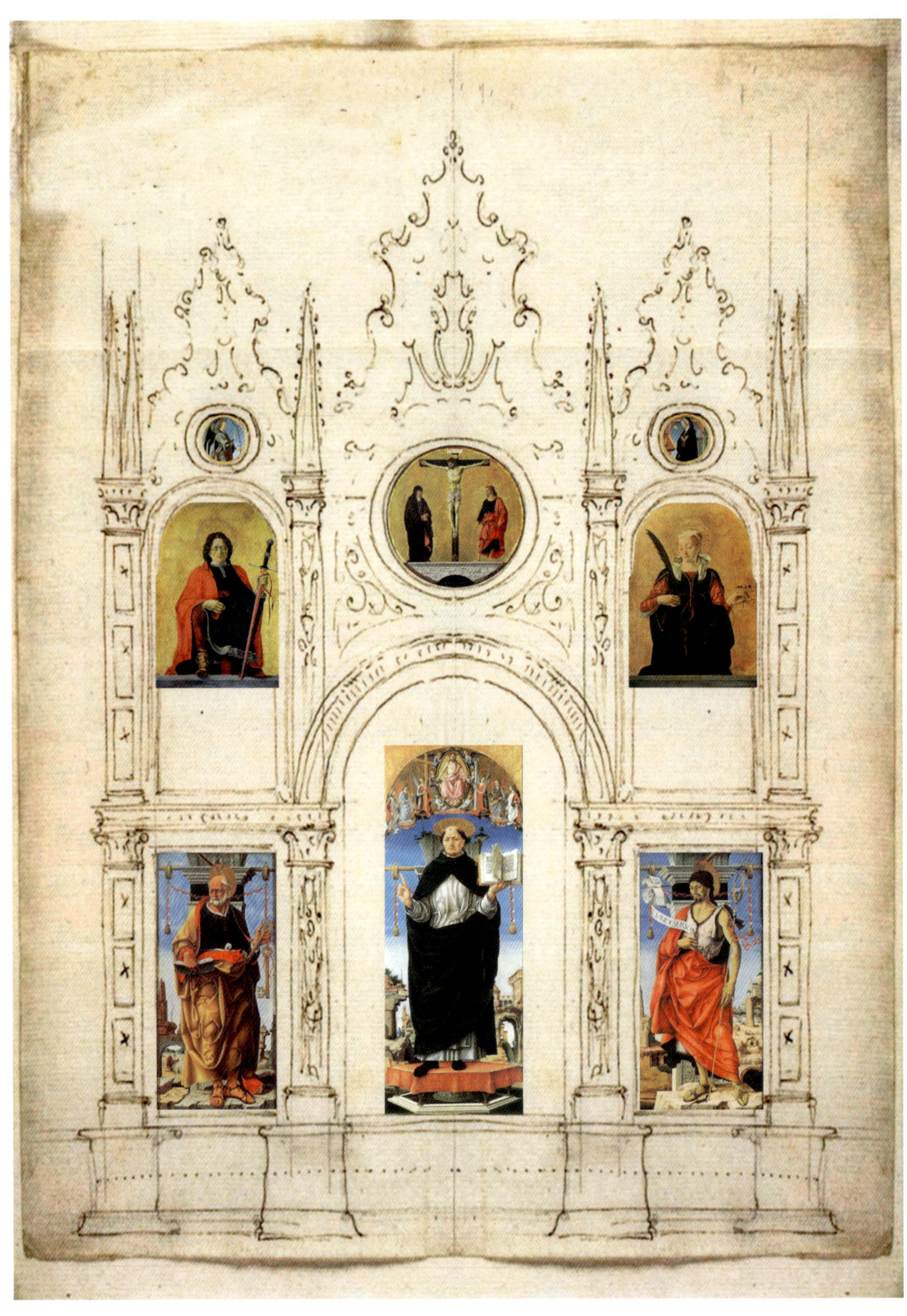

Tav. VI. Disegno 'ribaltato' con l'aggiunta delle tavole che derogano dalle proporzioni indicate da Stefano Orlandi.

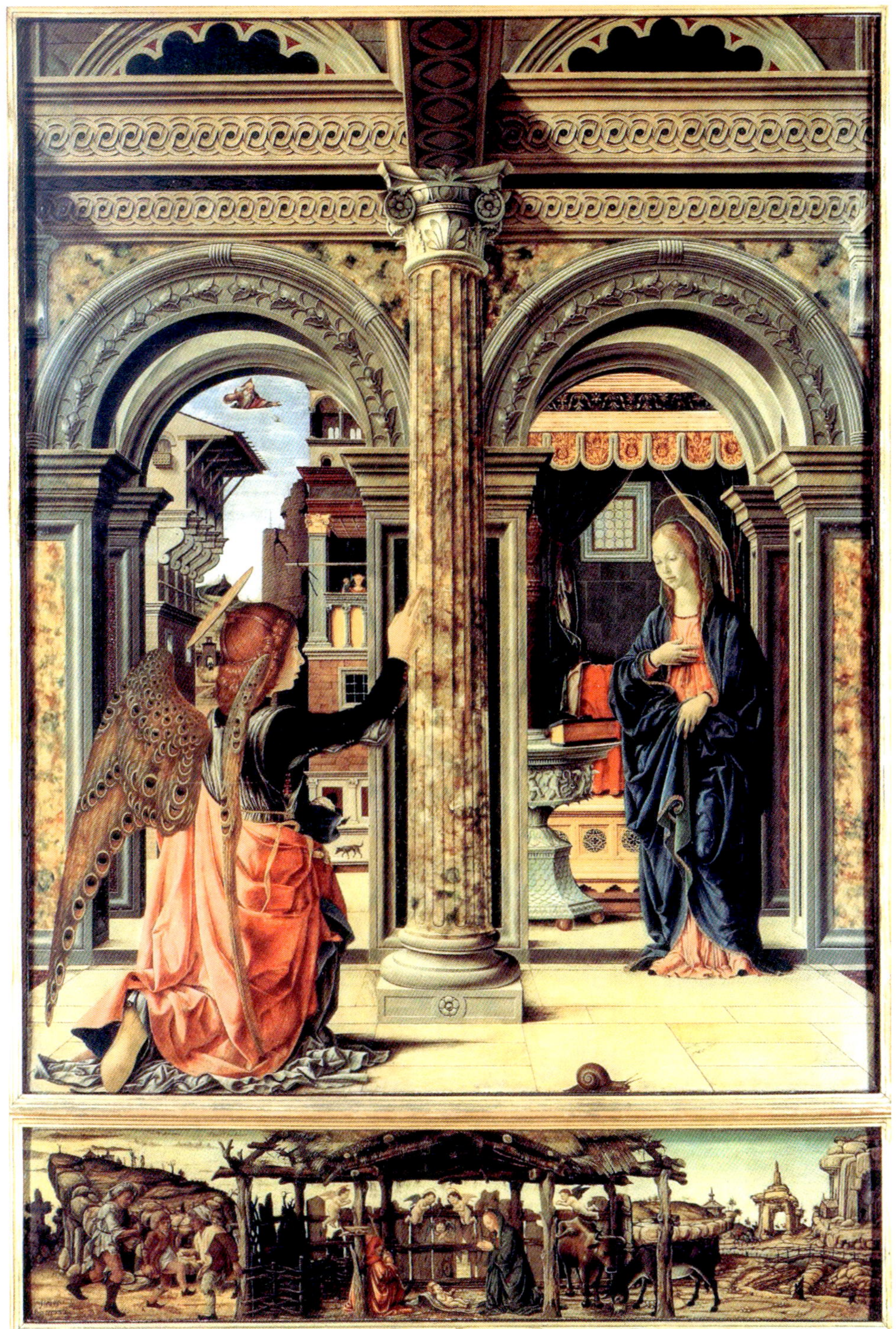

Tav. VII. Francesco del Cossa, *Annunciazione* e predella dell'altare dell'Osservanza, Dresda, Gemäldegalerie.

VIII

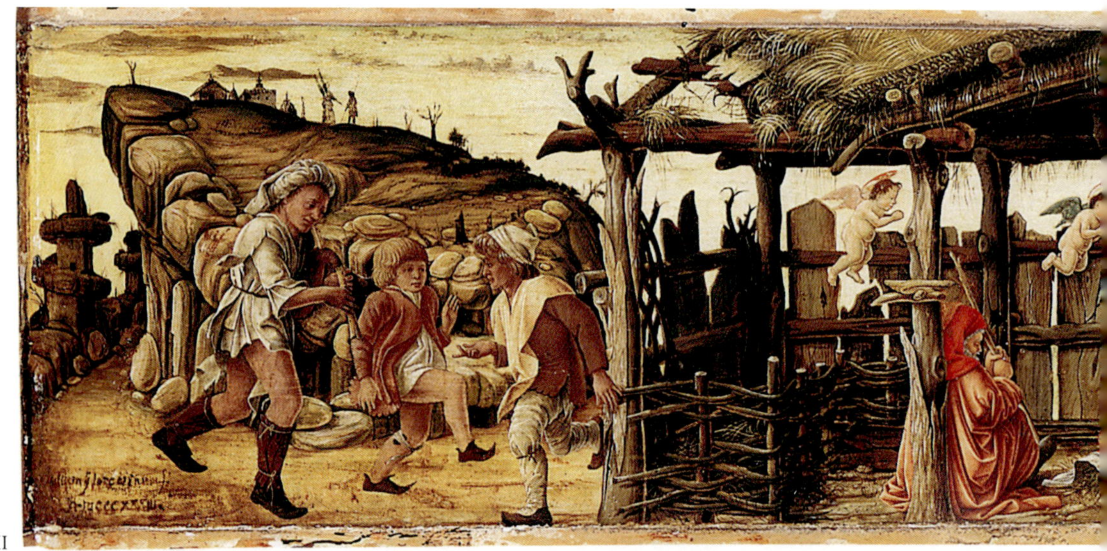

IX

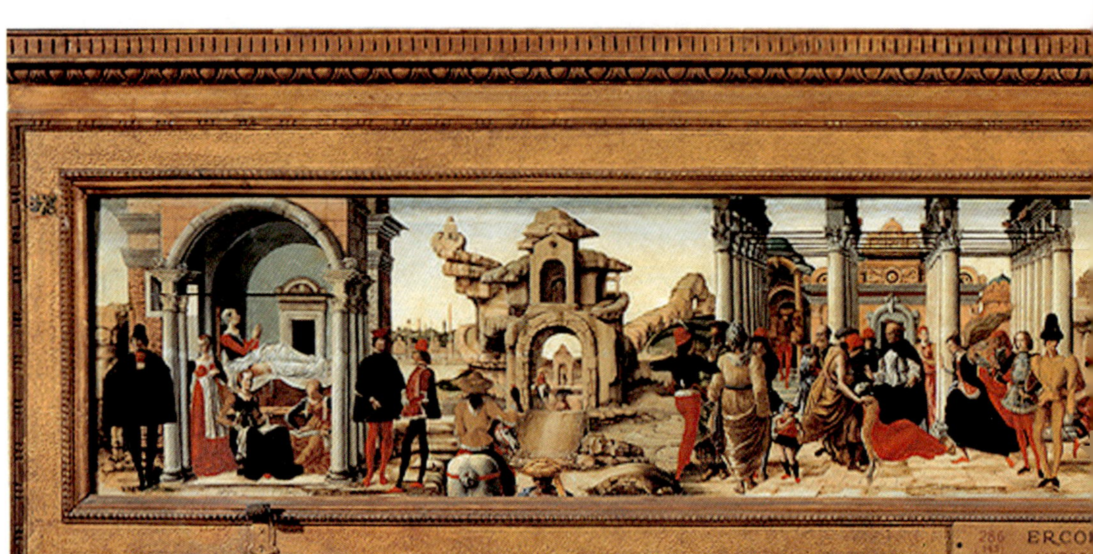

Tav. VIII. Francesco del Cossa, *Natività con pastori in festa*, Dresda, Gemäldegalerie. Tav. IX. Ercole de Roberti, *Miracoli di San Vincenzo Ferrer*, Città del Vaticano, Pinacoteca.

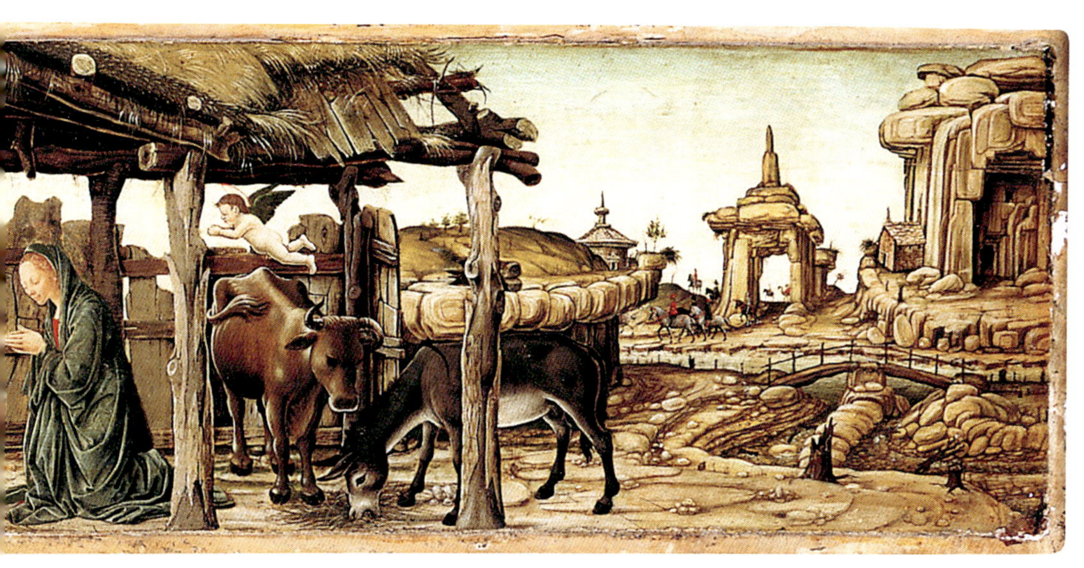

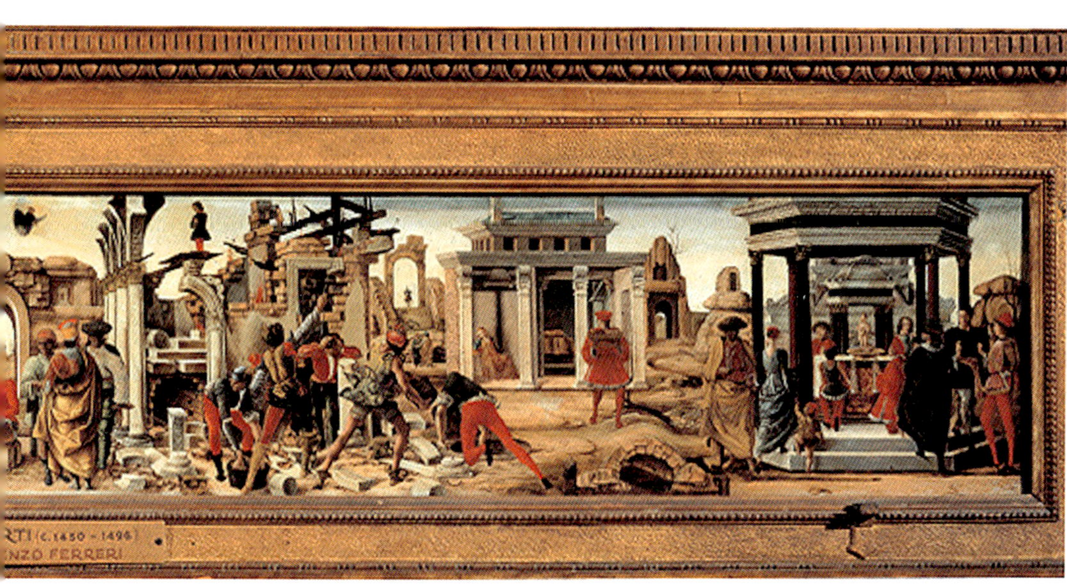
RTI (c.1450 - 1496)
NZO FERRERI

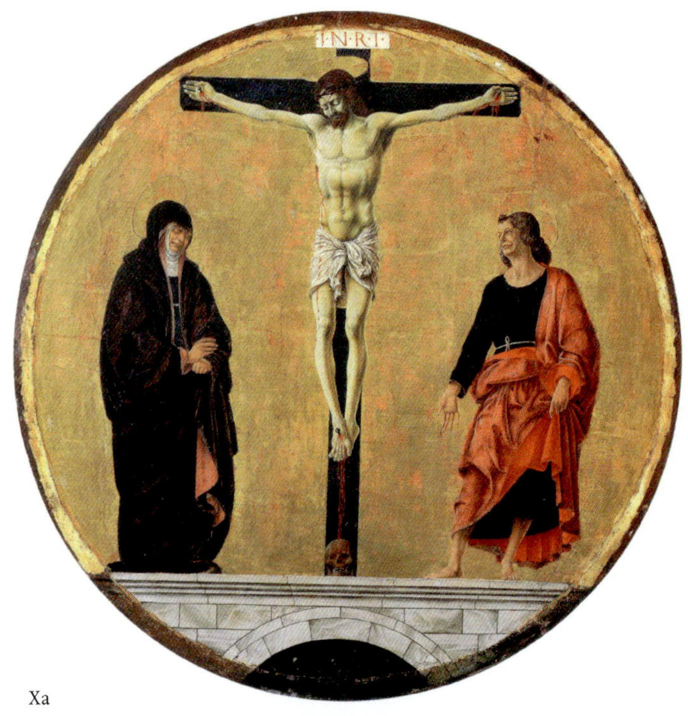

Xa

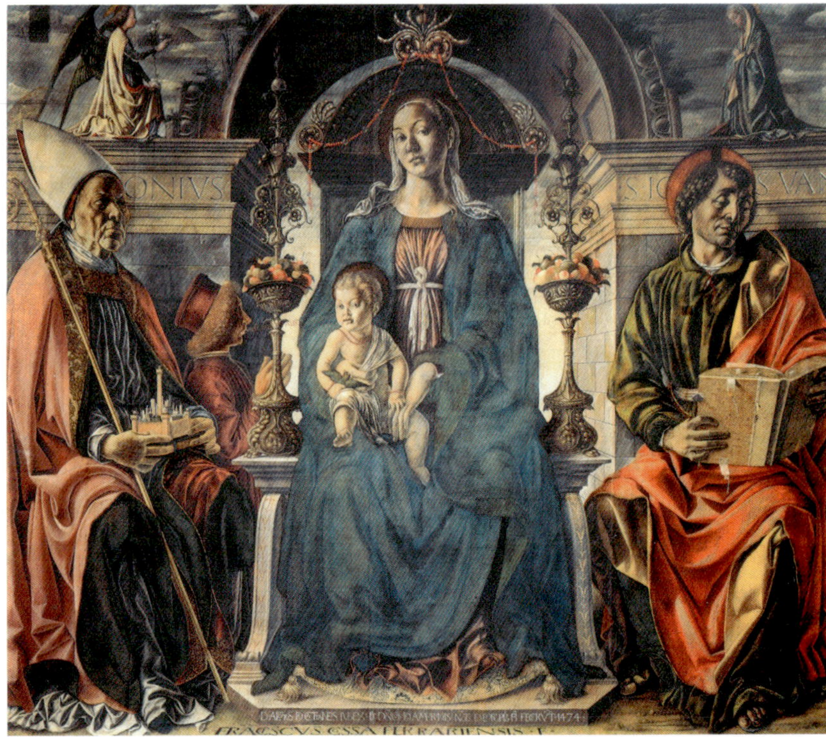

Xb

Tavv. Xa-b. Francesco del Cossa, *Crocefissione*, Washington, National Gallery (in alto); Francesco del Cossa, *Pala della Mercanzia*, Bologna, Pinacoteca (in basso).

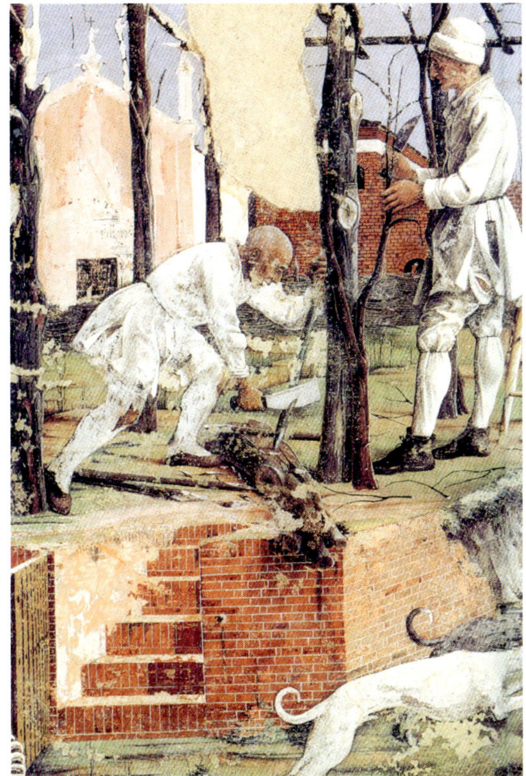
XIa

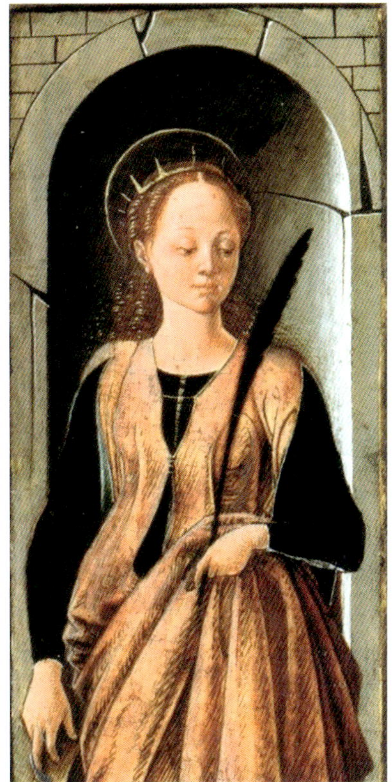
XIb

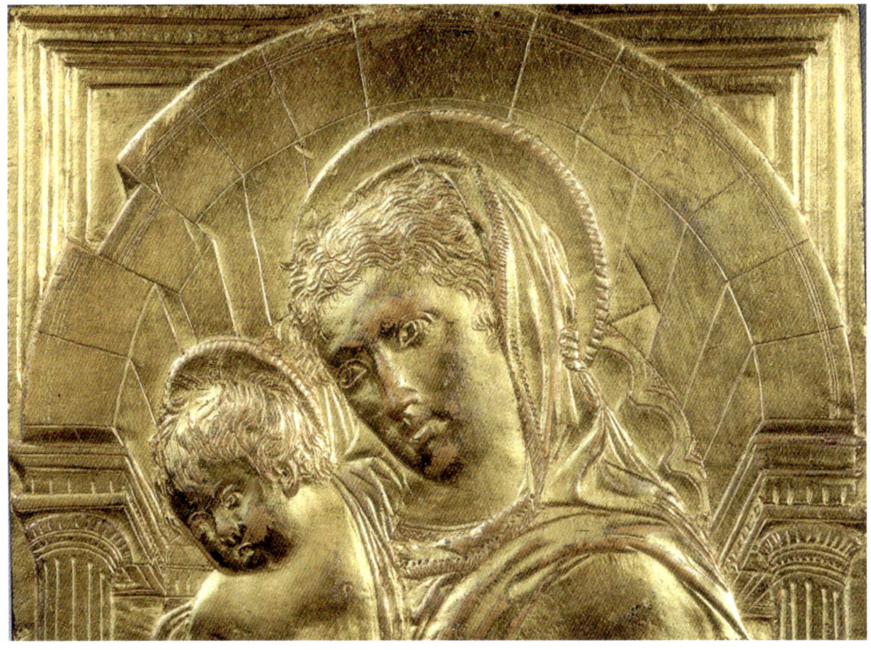
XIc

Tavv. XIa-b-c. Francesco del Cossa, *Marzo* (part.), Ferrara, Palazzo di Schifanoia, Salone dei Mesi (in alto a sinistra); Francesco del Cossa, *Santa Caterina* (part.), Madrid, Coll. Thyssen-Bornemisza, in deposito a Barcellona, Museu d'art de Catalunya (in alto destra); Arte di Donatello, *Madonna col Bambino* (part.) (in basso a destra).

XIIa

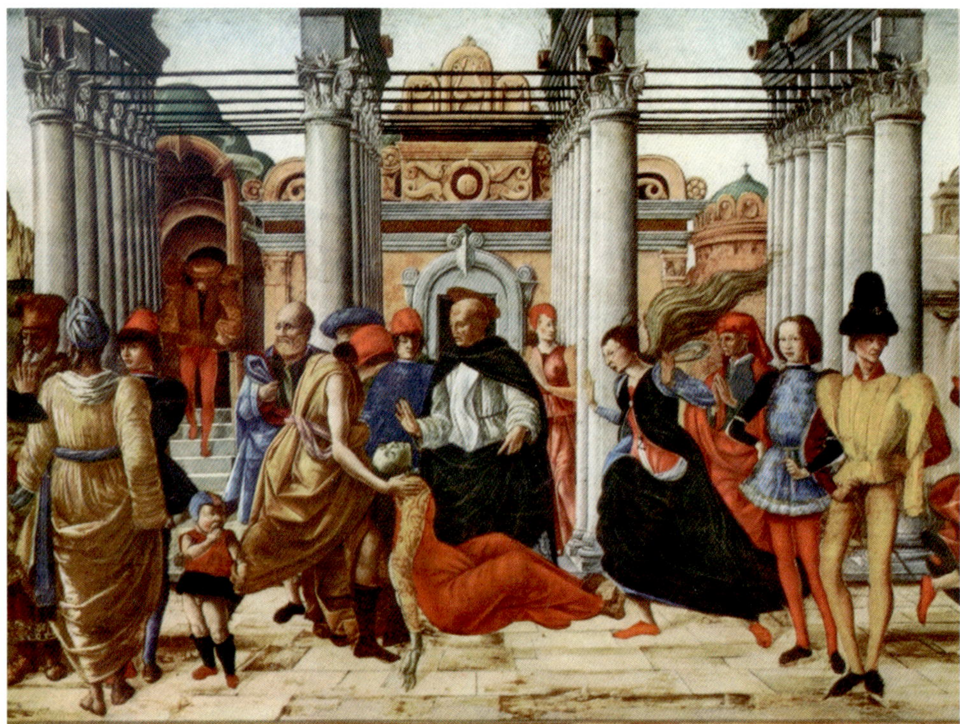

XIIb

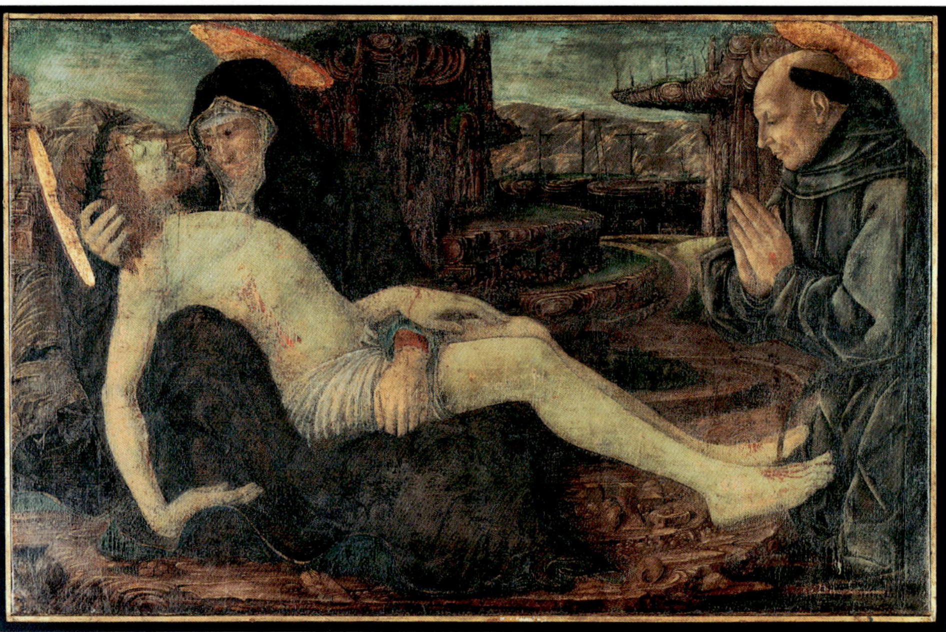

Tavv. XIIa-b. Ercole de' Roberti, *San Vincenzo Ferrer guarisce un'indemoniata* (part. della predella Griffoni), Città del Vaticano, Pinacoteca (in alto), Leonardo Scaletti, *Pietà con devoto in veste di san Francesco*, Parigi, Museo Jacquemart-André (in basso).

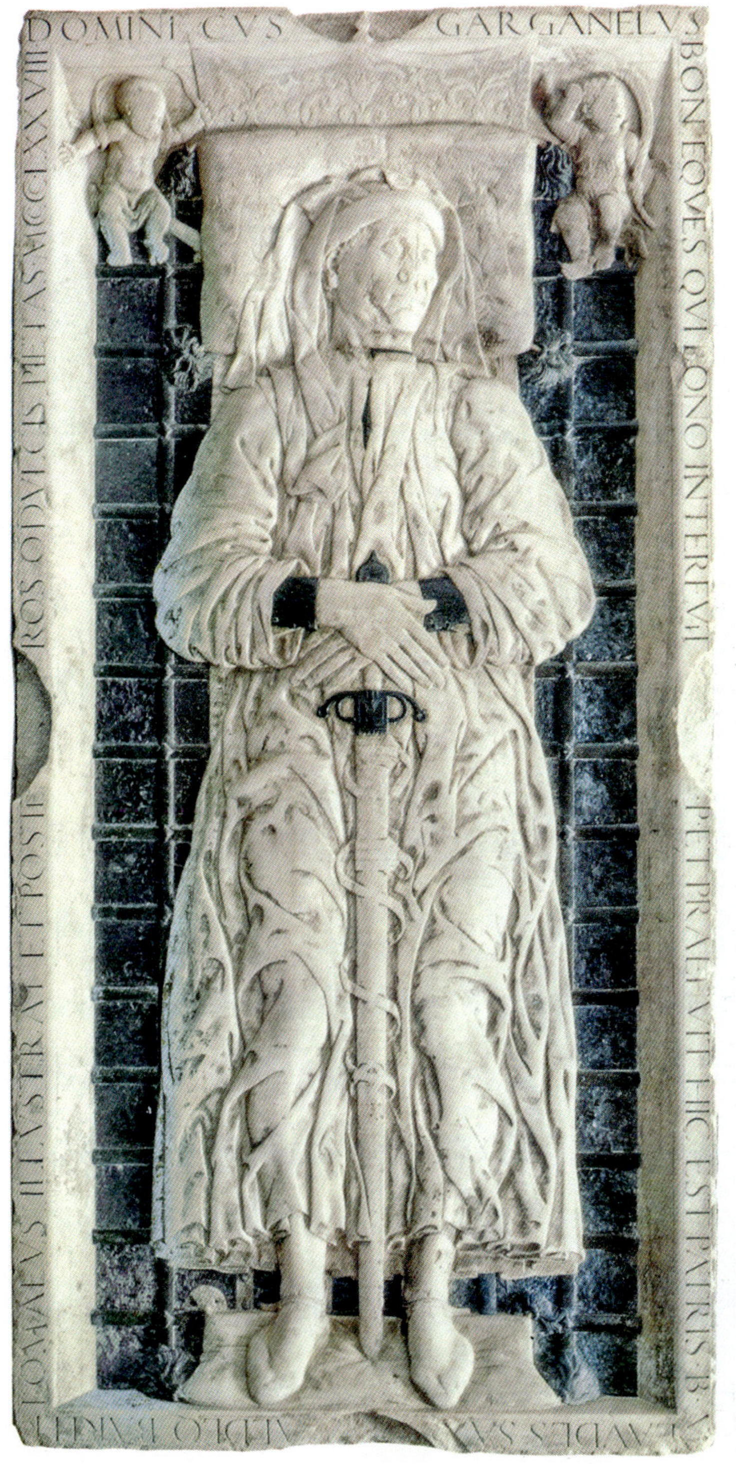

Tav. XIII. Francesco del Cossa (scolpita in base a modello plastico di), *Lastra sepolcrale di Domenico Garganelli*, Bologna, Musei Civici d'arte antica.

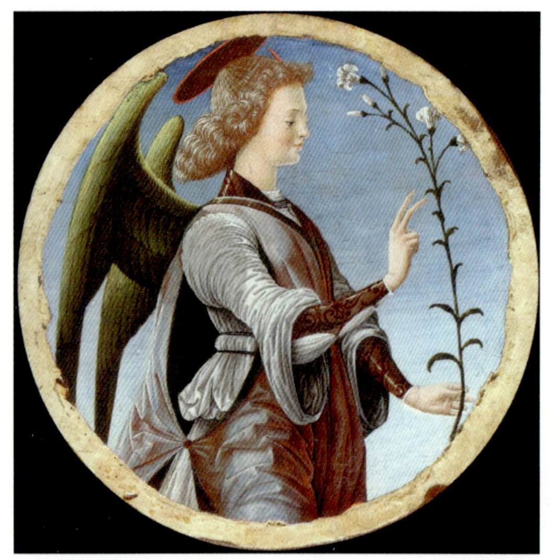
XIVa
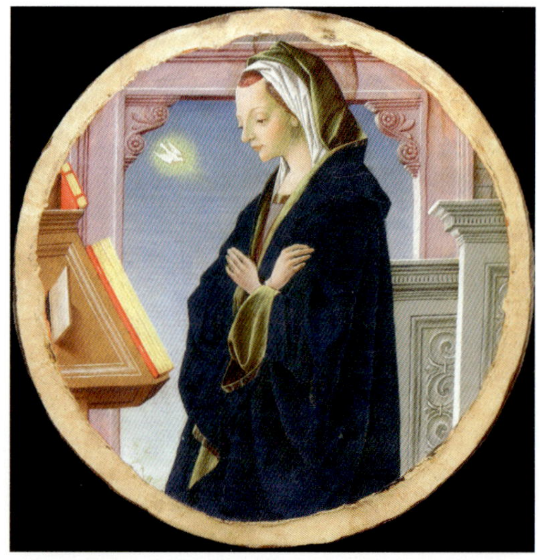
X
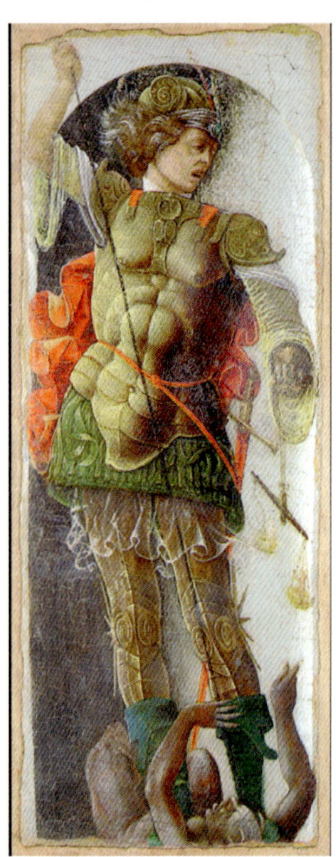
XIVc
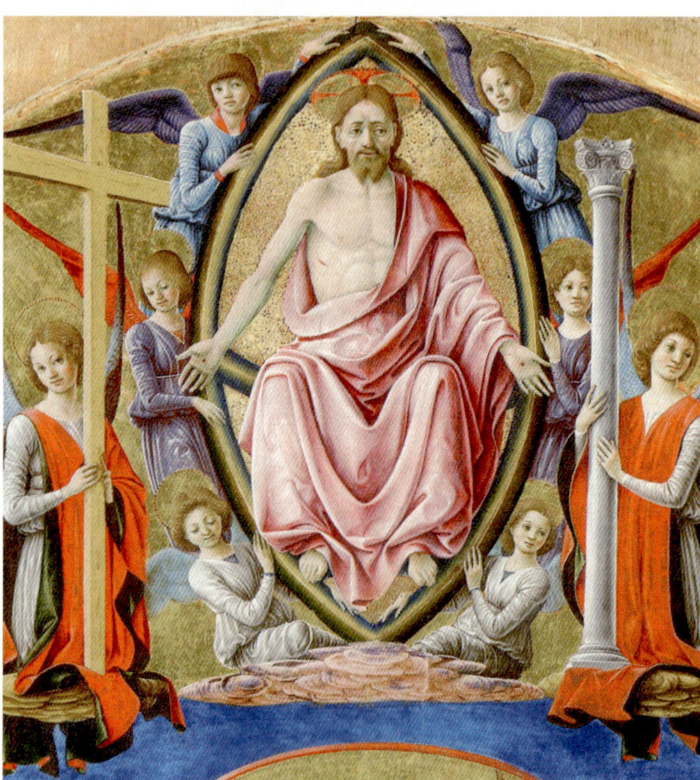
X

Tavv. XIVa-b-c-d. Francesco del Cossa, *Angelo* e *Annunciata*, Gazzada, Raccolta Cagnola (in alto); Ercole de' Roberti, *San Michele arcangelo*, Parigi, Museo del Louvre (in basso a sin.), Francesco del Cossa, *Cristo giudice*, part. di *San Vincenzo Ferrer*, Londra, National Gallery (in basso a destra).

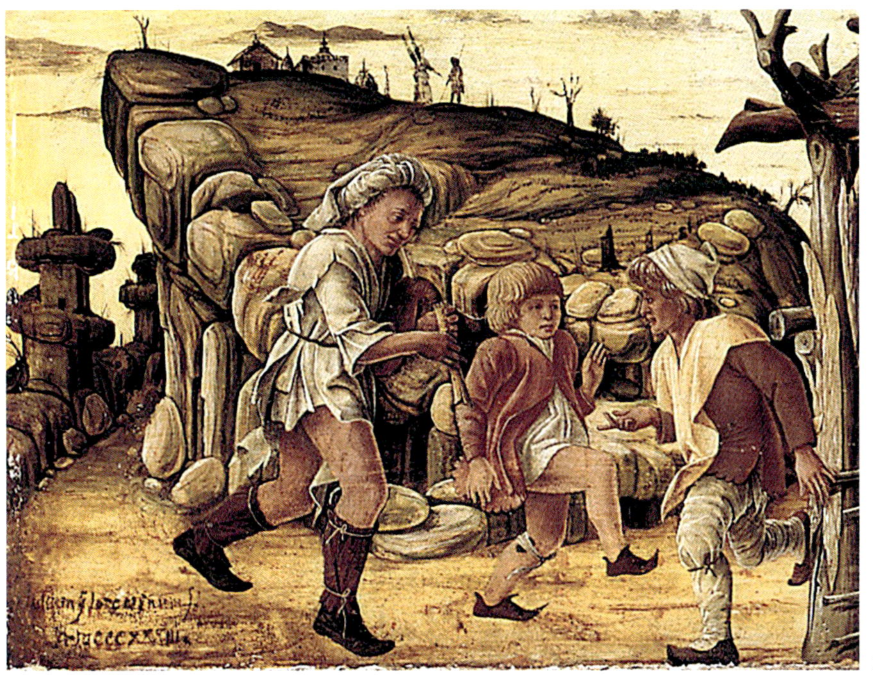

XVa

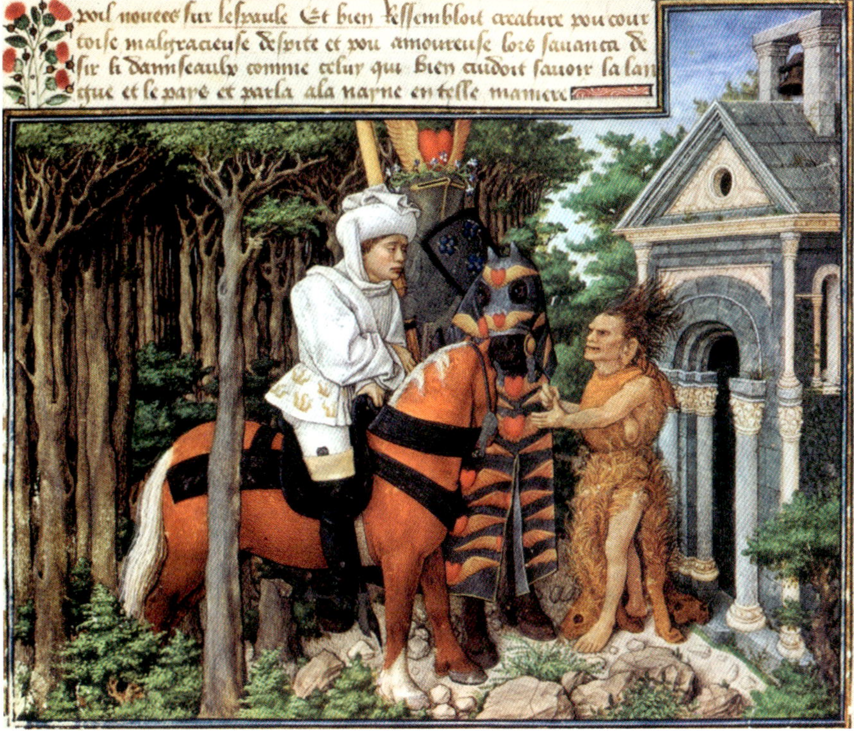

XVb

Tavv. XVa-b. Francesco del Cossa, part. della *Natività*, Dresda, Gemäldegalerie (in alto); Barthélemy d'Eyck, *Cuore e Amore incontrano Gelosia*, miniatura del *Livre de Coeur d'Amour épris*, Vienna, Nationalbibliothek, cod. 2597 (in basso).

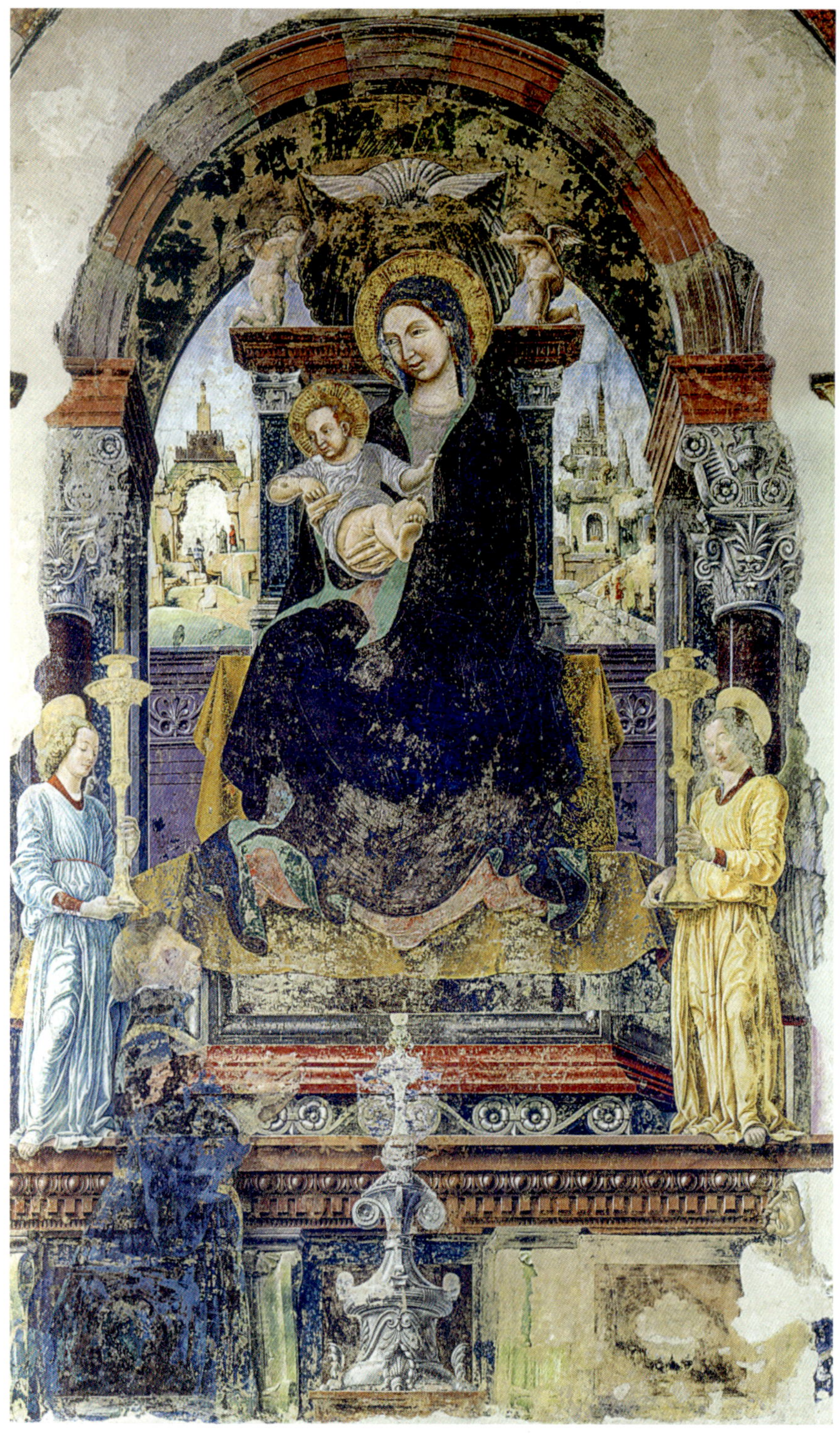

Tav. XVI. Francesco del Cossa (e pittore del gruppo Pseudo Jacopino), *Madonna col Bambino in trono e due angeli*, Bologna, Santuario di Santa Maria del Baraccano.

FINITO DI STAMPARE
PER CONTO DI LEO S. OLSCHKI EDITORE
PRESSO ABC TIPOGRAFIA • CALENZANO (FI)
NEL MESE DI SETTEMBRE 2022

ISTITUTO NAZIONALE DI STUDI SUL RINASCIMENTO

PUBBLICAZIONI

Arditi, B., *Diario di Firenze e di altre parti della cristianità (1574-1579)*. 1970. xxx-246 pp.

Cammelli, G., *I dotti bizantini e le origini dell'Umanesimo. III: Demetrio Calcondila*. 1954. 154 pp. con 5 tavv. f.t.

Camporeale, S.I., *Lorenzo Valla. Umanesimo e teologia*. 1972. x-554 pp.

Caro, A., *Lettere familiari*. Vol. I. 1957. Vol. II. 1959. Vol. III. 1961. xxvi-1070 pp. complessive con 4 tavv. f.t.

Fatini, G., *Bibliografia della critica ariostea (1510-1956)*. 1958. xvi-726 pp.

Francesco Guicciardini nel IV centenario della morte (1540-1940). 1940. 304 pp. con 7 ill. n.t. e 21 tavv. f.t.

Lomazzo G.P., *Idea del tempio della pittura*. A cura di R. Klein. 1974. 2 voll. di iv-792 pp.

Medici (De'), G. (Duca di Nemours), *Poesie*. A cura di G. Fatini. 1939. Esaurito.

Nardi, B., *Studi su Pietro Pomponazzi*. 1965. x-404 pp. con 1 tav. f.t.

Patrizi da Cherso, F., *Della poetica*. A cura di D. Aguzzi Barbagli. Vol. I. 1969. Vol. II. 1970. Vol. III. 1971. xxii-1308 pp. complessive.

— *L'amorosa filosofia*. A cura di J.C. Nelson. 1963. xvi-150 pp.

— *Lettere ed opuscoli inediti*. A cura di D. Aguzzi Barbagli. 1975. xxiv-570 pp.

Pontani Ioannis Ioviani, *De magnanimitate*. A cura di F. Tateo. 1969. xlii-132 pp.

Ricci, P.G. - Rubinstein, N., *Censimento delle lettere di Lorenzo di Piero de' Medici*. 1964. xii-200 pp.

Stäuble, A., *La commedia umanistica del Quattrocento*. 1968. Esaurito.

Verde, A.F., *Lo Studio Fiorentino (1473-1503). Ricerche e documenti*. 1973. xii-396 pp.

—— *Docenti, dottorati*. 1973. iv-784 pp. con 1 ill. f.t.

—— *Studenti, «fanciulli a scuola» nel 1480*. 1977. 2 tomi di lii-1210 pp.

—— *La vita universitaria*. 1985. 3 tomi di lviii-1548 pp. con 6 tavv. f.t.

—— *Gli stanziamenti*. 1994. xiv-598 pp.

—— *Indici*. In preparazione.

Vespasiano da Bisticci, *Le vite*. A cura di A. Greco. Vol. I. 1970. Vol. II, 1976. lxvi-1334 pp.

ATTI DI CONVEGNI

1. *Atti del secondo Convegno Nazionale di Studi sul Rinascimento*. 1940. Esaurito.
2. *Studi vasariani*. 1952. Esaurito.
3. *Il Rinascimento: significato e limiti*. 1953. Esaurito.
4. *Il Poliziano e il suo tempo*. 1957. Esaurito.
5. *Il mondo antico nel Rinascimento*. 1958. Esaurito.
6. *Arte, pensiero e cultura a Mantova nel primo Rinascimento in rapporto con la Toscana e con il Veneto*. 1965. Esaurito.
7. *L'opera e il pensiero di Giovanni Pico della Mirandola nella storia dell'Umanesimo*. 1965. 2 voll. di xxiv-714 pp. con 14 tavv. f.t.
8. *Donatello e il suo tempo*. 1968. xviii-408 pp. con 92 tavv. f.t.
9. *Il pensiero politico di Machiavelli e la sua fortuna nel mondo*. 1972. x-172 pp.
10. *Movimenti ereticali in Italia e in Polonia nei secoli XVI-XVII*. 1974. 286 pp.
11. *Il Vasari storiografo e artista*. 1976. xx-876 pp. con 158 ill.
12. *Lorenzo Ghiberti nel suo tempo*. 1980. 2 voll. di xii-670 pp. con 204 ill. n.t.
13. *Il tumulto dei Ciompi. Un momento di storia fiorentina ed europea*. 1981. xxii-282 pp.
14. *Scienze, credenze occulte, livelli di cultura*. 1982. vi-564 pp. con 6 tavv. f.t.
15. *Giorgio Vasari tra decorazione ambientale e storiografia artistica*. A cura di G.C. Garfagnini. 1985. vi-426 pp. con 94 ill. f.t.
16. *Callimaco Esperiente poeta e politico del '400*. A cura di G.C. Garfagnini. 1987. xii-320 pp.
17. *Ambrogio Traversari nel VI centenario della nascita*. A cura di G.C. Garfagnini. 1988. viii-544 pp. con 11 tavv. f.t.
18. *Leonardo Bruni cancelliere della Repubblica di Firenze*. A cura di P. Viti. 1990. xviii-429 pp. con 10 tavv. f.t.
19. *Lorenzo il Magnifico e il suo mondo*. A cura di G.C. Garfagnini. 1994. xx-470 pp. con 43 tavv. f.t.
20. *Giordano Bruno, 1583-1585. The English Experience / L'esperienza inglese*. A cura di M. Ciliberto e N. Mann. 1997. x-182 pp.
21. *Immagini per conoscere. Dal Rinascimento alla rivoluzione scientifica*. A cura di F. Meroi e C.

Pogliano. 2001. xii-134 pp. con 65 figg. n.t. e 21 figg. f.t.

22. *I Medici in rete. Ricerca e progettualità scientifica a proposito dell'archivio* Mediceo avanti il Principato. A cura di I. Cotta e F. Klein. 2003. xiv-276 pp.

23. *La magia nell'Europa moderna. Tra antica sapienza e filosofia naturale.* A cura di F. Meroi, con la collaborazione di E. Scapparone. 2007. 2 tomi di complessive xii-786 pp. con 4 tavv. f.t.

24. *Il ritratto nell'Europa del Cinquecento.* A cura di A. Galli, C. Piccinini e M. Rossi. 2007. viii-302 pp. con 45 tav. f.t. di cui 1 a colori.

25. *Forme del neoplatonismo. Dall'eredità ficiniana ai platonici di Cambridge.* A cura di L. Simonutti. 2007. x-560 pp. con 4 figg. n.t. e 4 tavv. f.t.

26. *Bruno nel XXI secolo. Interpretazioni e ricerche.* A cura di S. Bassi, con una bibliografia bruniana 2001-2010 a cura di M.E. Severini. 2012. xiv-236 pp.

27. *The Rebirth of Platonic Theology*, Proceedings of a conference held at The Harvard University Center for Italian Renaissance Studies (Villa I Tatti) and the Istituto Nazionale di Studi sul Rinascimento (Florence, 26-27 April 2007). For M. J. B. Allen, Edited by J. Hankins and F. Meroi. 2013. viii-320 pp. con 1 tavola f.t. a colori.

CARTEGGI UMANISTICI

1. Bracciolini, P., *Lettere.* A cura di H. Hart. Vol. I. *Lettere a Niccolò Niccoli.* 1984. cxxvi-256 pp.
2. — Vol. II. *Epistolarum familiarium libri.* 1984. xii-478 pp.
3. — Vol. III. *Epistolarum familiarium libri secundum volumen.* 1987. xii-580 pp.
4. Ficino, M., *Lettere.* A cura di S. Gentile. Vol. I. *Epistolarum familiarium liber I.* 1990. ccc-324 pp. Rilegato.
5. Barbaro, F., *Epistolario.* A cura di C. Griggio. Vol. I. *La tradizione manoscritta e a stampa.* 1991. viii-412 pp. con 5 tavv. f.t. Rilegato.
6. Barbaro, F., *Epistolario.* Vol. II. *La raccolta canonica delle «Epistole».* 1999. liv-812 pp. Rilegato.
7. Ficino, M., *Lettere.* A cura di S. Gentile. Vol. II. *Epistolarum familiarium liber II.* 2010. xc-188 pp. Rilegato.

QUADERNI DI «RINASCIMENTO»

1. Alberti, L.B., *Intercenali inedite.* 1965. Esaurito.
2. Martelli, M., *L'altro Niccolò di Bernardo Machiavelli.* 1975. 62 pp.
3. Fioravanti, G., *Università e città. Cultura umanistica e cultura scolastica a Siena nel '400.* 1981. Esaurito.
4. Parenti, G., *Poëta Proteus alter. Forma e storia di tre libri di Pontano.* 1985. iv-148 pp.
5. Klutstein, I., *Marsilio Ficino et la théologie ancienne. Oracles chaldaïques, hymnes orphiques, hymnes de Proclus.* 1987. 128 pp.
6. Sturlese, R., *Bibliografia, censimento e storia delle antiche stampe di Giordano Bruno.* 1987. xlviii-228 pp. con 16 tavv. f.t.
7. Kristeller, P.O., *Marsilio Ficino and His Work After Five Hundred Years.* 1987. vi-230 pp. con 17 tavv. f.t.
8. Redditi, F., *Exhortatio ad Petrum Medicem.* A cura di P. Viti. 1989. lvi-154 pp.
9. Erizzo, S., *Lettera sulla poesia.* A cura di S. Zoppi. 1989. iv-80 pp.
10. *Bartolommeo Cederni and his friends. Letters to an obscure Florentine.* Essay by F.W. Kent. Texts edited by G. Corti e F.W. Kent. 1991. vi-128 pp.
11. Nicolò, A., *Il carteggio di Cassiano dal Pozzo. Catalogo.* 1991. xii-324 pp.
12. Fabbri, L., *Alleanza matrimoniale e patriziato nella Firenze del '400. Studio sulla famiglia Strozzi.* 1991. xviii-240 pp. con 4 tavv. f.t. e 1 pieghevole.
13. Averroè, *Parafrasi della «Repubblica» nella traduzione latina di Elia del Medigo.* A cura di A. Coviello e P.E. Fornaciari. 1992. xxvi-134 pp.
14. Matucci, A., *Machiavelli nella storiografia fiorentina. Per la storia di un genere letterario.* 1991. 278 pp.
15. *Lorenzo il Magnifico e il suo tempo.* A cura di G. C. Garfagnini. 1992. x-176 pp.
16. Patrizi da Cherso, F., *«Nova de universis philosophia». Materiali per un'edizione emendata.* A cura di A.L. Puliafito Bluel. 1993. lxii-108 pp.
17. *La Biblioteca dell'Istituto. Fondi speciali.* 1992. ii-166 pp.

18. Parenti, G., *Benet Garret detto il Cariteo. Profilo di un poeta*. 1993. iv-166 pp.

19. Malquori, A., *'Tempo d'aversità'. Gli affreschi dell'altana di Palazzo Rucellai*. 1993. iv-112 pp. con 32 tavv. f.t.

20. *La Biblioteca dell'Istituto. Catalogo dei microfilms*. A cura di G.M. Cao. 1995. vi-106 pp.

21. Yohanan, A., *Hay ha-'olamin (L'immortale)*. A cura di F. Lelli. Parte I: *La retorica*. 1995. vi-188 pp. con 4 ill. f.t.

22. Eckstein, N.A., *The District of the Green Dragon. Neighbourhood life and social change in Renaissance Florence*. 1995. xxvi-276 pp. con 7 tavv. f.t.

23. Carew-Reid, N., *Les fêtes florentines au temps de Lorenzo il Magnifico*. 1995. x-292 pp.

24. Procacci, U., *Studi sul catasto fiorentino*. 1996. xii-190 pp.

25. Hunt, J., *Politian and Scholastic Logic. An unknown Dialogue by a Dominican Friar*. 1995. vi-234 pp.

26. Angelo da Vallombrosa, *Lettere*. A cura di L. Lunetta. 1997. xxx-124 pp.

27. Ciappelli, G., *Una famiglia e le sue ricordanze. I Castellani di Firenze nel Tre-Quattrocento*. 1995. vi-252 pp. con 4 ill. f.t.

28. Howard, P.F., *Beyond the Written Word. Preaching and Theology in the Florence of Archbishop Antoninus, 1427-1459*. 1995. xii-294 pp.

29. De' Rossi, G., *Vita di Federico da Montefeltro*. A cura di V. Bramanti. 1995. lvi-98 pp.

30. Green, L., *Lucca under Many Master. A Fourteenth-Century Italian Commune in Crisis (1328-1342)*. 1995. x-364 pp.

31. Peruzzi, E., *La nave di Ermete. La cosmologia di Girolamo Fracastoro*. 1995. viii-120 pp.

32. James, C., *Giovanni Sabadino degli Arienti. A literary career*. 1996. viii-162 pp.

33. Comanducci, R., *Il carteggio di Bernardo Rucellai. Inventario*. 1996. xlviii-114 pp.

34. Muccillo, M., *Platonismo, ermetismo e «Prisca theologia». Ricerche di storiografia filosofica rinascimentale*. 1996. xiv-310 pp.

35. *La Biblioteca dell'Istituto Nazionale di Studi sul Rinascimento. Carte Poggi*. A cura di R. Tampieri. 1997. xii-398 pp.

36. Zaggia, M. - Mulas, P.L. - Ceriana, M., *Giovanni Matteo Bottigella cortigiano, uomo di lettere e committente d'arte*. 1997. viii-354 pp. con 24 ill. f.t.

37. *La Biblioteca dell'Istituto Nazionale di Studi sul Rinascimento. Estratti*. A cura di L. Lanza. 1997. vi-246 pp.

38. *Indice dei nomi, dei luoghi, e delle cose notevoli nelle opere latine di Giordano Bruno*. A cura di C. Lefons. 1998. 72 pp.

39. Bacchelli, F., *Giovanni Pico e Pier Leone da Spoleto. Tra filosofia dell'amore e tradizione ca- balistica*. 2001. viii-158 pp.

40. De Bellis, E., *Bibliografia di Agostino Nifo*. 2005. x-290 pp.

41. John Monfasani, *Nicolaus Scutellius, O.S.A., as Pseudo-Pletho. The Sixteenth-Century Treatise* Pletho in Aristotelem *and the Scribe Michael Martinus Stella*. 2005. x-182 pp. con 7 tavv. f.t.

42. *Della tirannia: Machiavelli con Bartolo*. A cura di J. Barthas. 2007. xiv-116 pp.

43. *Per Giuseppe Billanovich*. A cura di M. Cortesi. 2007. viii-66 pp.

44. Hankins, J. - Palmer, A., *The Recovery of Ancient Philosophy in the Renaissance. A Brief Guide*. 2008. viii-96 pp.

45. *«Una soma di libri». L'edizione delle opere di Anton Francesco Doni*. A cura di G. Masi. Presentazione di M. Ciliberto e G. Albanese. 2008. xvi-330 pp. con 61 figg. n.t.

46. *Istituto Nazionale di Studi sul Rinascimento. Settanta anni di editoria (1938-2008)*. A cura di V. Lepri e F. Meroi. 2009. viii-118 pp.

47. Trabucco, O., *«L'opere stupende dell'arti più ingegnose». La recezione degli Πνευματικά di Erone Alessandrino nella cultura italiana del Cinquecento*. 2010. vi-184 pp.

48. Ragghianti, R., *Rétablir un texte. Le* Discours de la servitude volontaire *d'Étienne de La Boétie*. 2010. vi-132 pp.

49. *La corrispondenza bucolica tra Giovanni Boccaccio e Checco di Meletto Rossi. L'egloga di Giovanni del Virgilio ad Albertino Mussato*. A cura di S. Lorenzini, 2011. xxii-232 pp. con 6 tavv. f.t.

50. De Bellis, E., *Nicoletto Vernia. Studi sull'aristotelismo del XV secolo*. 2012. viii-238 pp.

51. *Philelfiana. Nuove prospettive di ricerca sulla figura di Francesco Filelfo*. Atti del seminario di studi (Macerata, 6-7 novembre 2013). A cura di S. Fiaschi. 2015. x-174 pp.

52. *Costellazioni concettuali tra Cinquecento e Settecento. Filosofia, religione, politica*. A cura di S. Bassi. 2019. viii-190 pp.

53. Ragghianti, R., *Le lexique du droit dans les* Essais *de Montaigne*. 2019. vi-140 pp.

54. Carotti, L., *Astri, fortuna, libero arbitrio. Discussioni filosofiche tra '400 e '600*. 2021. xiv-114 pp.

55. Ferretti, M., *Francesco del Cossa intorno al 1472: due studi*. 2022. x-156 pp. con 72 figg. n.t. e 16 tavv. f.t. a colori.

STUDI E TESTI

1. Valla, L., *Collatio Novi Testamenti*. A cura di A. Perosa. 1970. lviii-306 pp. con 4 tavv. f.t.
2. Poliziano, A., *Commento inedito all'epistola ovidiana di Saffo a Faone*. A cura di E. Lazzeri. 1971. xviii-114 pp. con 2 tavv. f.t.
3. — *La commedia antica e l'«Andria» di Terenzio*. A cura di R. Lattanzi Roselli. 1973. Esaurito.
4. Cardini, R., *La critica del Landino*. 1973. 396 pp.
5. Poliziano, A., *Commento inedito alle «Selve» di Stazio*. A cura di L. Cesarini Martinelli. 1978. xxvi-794 pp. con 3 tavv. f.t.
6. Landino, C., *Disputationes Camaldulenses*. A cura di P. Lohe. 1980. Esaurito.
7. Palmieri, M., *Vita civile*. A cura di G. Belloni. 1982. Esaurito.
8. *Poggio Bracciolini (1380-1980) nel VI centenario della nascita*. 1982. viii-360 pp.
9. *Francesco Guicciardini (1483-1983) nel V centenario della nascita*. 1983. viii-302 pp.
10. Salutati, C., *De fato et fortuna*. A cura di C. Bianca. 1985. cxliv-256 pp.
11. Poliziano, A., *Commento inedito alle «Satire» di Persio*. A cura di L. Cesarini Martinelli e R. Ricciardi. 1985. lxxvi-164 pp.
12. Medici (De'), L., *Stanze*. A cura di R. Castagnola. 1986. c-96 pp.
13. Violi, L., *Le giornate*. A cura di G.C. Garfagnini. 1986. lxx-430 pp. con 4 tavv. f.t.
14. *Alle bocche della piazza. Diario di anonimo fiorentino (1382-1401)*. A cura di A. Mohlo e F. Sznura. 1986. lvi-252 pp. con 1 tav. f.t.
15. *Marsilio Ficino e il ritorno di Platone*. A cura di G.C. Garfagnini. 1986. 2 tomi di x-720 pp. con 20 tavv. f.t.
16. Ficino, M., *El libro dell'amore*. A cura di S. Niccoli. 1987. lx-234 pp.
17. Sannazaro, I., *De partu Virginis*. A cura di C. Fantazzi e A. Perosa. 1988. cxxvi-134 pp. con 5 tavv. f.t.
18. Poliziano, A., *Commento inedito alle Georgiche di Virgilio*. A cura di L. Castano Musicò. 1990. xvi-282 pp.
19. *I Guicciardini e le scienze occulte*. A cura di R. Castagnola. 1990. viii-400 pp. con 8 tavv. f.t.
20. Markowski, M., *Astronomica et astrologica Cracoviensia ante annum 1550*. 1990. xxvi-380 pp.
21. Medici (De'), L., *Laude*. A cura di B. Toscani. 1990. vi-124 pp.
22. Dalle Celle, G. - Marsili, L., *Lettere*. A cura di F. Giambonini. 1991. 2 tomi di x-606 pp.
23. Poliziano, A., *Commento inedito ai «Fasti» di Ovidio*. A cura di F. Lo Monaco. 1991. xxxviii-554 pp. con 1 tav. f.t.
24. Medici (De'), L., *Canzoniere*. A cura di T. Zanato. 1991. 2 tomi di xx-608 pp. con 2 tavv. f.t.
25. — *Comento de' miei sonetti*. A cura di T. Zanato. 1991. viii-344 pp.
26. Bruno, G., *De umbris idearum*. A cura di R. Sturlese. 1991. lxxxiv-250 pp. con 4 tavv. f.t. e molte ill. n.t.
27. *Lorenzo de' Medici. Studi*. A cura di G.C. Garfagnini. 1992. xiv-356 pp.
28. Castellani, F., *Ricordanze. I: Ricordanze «A» (1436-1459)*. A cura di G. Ciappelli. 1992. x-214 pp. con 2 tavv. f.t.
29. Cerretani, B., *Ricordi*. A cura di G. Berti. 1993. xiv-480 pp.
30. — *Dialogo della mutatione di Firenze*. A cura di G. Berti. 1993. vi-100 pp.
31. — *Storia fiorentina*. A cura di G. Berti. 1994. xx-476 pp.
32. Tornabuoni, L., *Lettere*. A cura di P. Salvadori. 1993. viii-216 pp.
33. Parenti, P., *Storia fiorentina. I (1476-78 ~ 1492-96)*. A cura di A. Matucci. 1994. lii-366 pp.
34. Bullard, M.M., *Lorenzo il Magnifico. Image, anxiety, politics and finance*. 1994. xvi-248 pp.
35. Bruni, L., *Dialoghi ad Petrum Paulum Histrum*. A cura di S.U. Baldassarri. 1994. xxii-308 pp.
36. Castellani, F., *Ricordanze. II: Quaternuccio e Giornale B (1459-1485)*. A cura di G. Ciappelli. 1995. viii-270 pp. con 4 tavv. f.t.
37. Newbigin, N., *Feste d'Oltrarno. Plays in churches in Fifteenth-century Florence*. 1996. 2 tomi di xvi-796 pp. con 5 tavv. f.t.
38. Parenti, M., *Lettere*. A cura di M. Marrese. 1996. xxxiv-272 pp.
39. Poliziano, A., *Silvae*. A cura di F. Bausi. 1997. liv-404 pp.
40. Allen, M.J.B., *Synoptic Art. Marsilio Ficino on the History of platonic Interpretation*. 1998. xiv-236 pp.
41. Ciliberto, M. - Tirinnanzi, N., *Il dialogo recitato. Per una nuova edizione del Bruno volgare*. 2002. xii-174 pp.

42. *Humanistica. Per Cesare Vasoli*. A cura di F. Meroi e E. Scapparone. 2004. VIII-404 pp.

43. *La mente di Giordano Bruno*. A cura di F. Meroi, con un saggio introduttivo di M. Ciliberto. 2004. XXXVI-592 pp.

44. BASSI, S., *L'arte di Giordano Bruno. Memoria, furore, magia*. 2004. XIV-240 pp.

45. POMPONAZZI, P., *Expositio super primo et secundo De partibus animalium*. A cura di S. Perfetti. 2004. LXXXVI-362 pp. con 2 tavv. f.t.

46. PARENTI, P., *Storia fiorentina. II (1496-1502)*. A cura di A. Matucci. 2005. VIII-550 pp.

47. BARTOLUCCI, G., *La Repubblica ebraica di Carlo Sigonio. Modelli politici dell'età moderna*. 2007. X-216 pp.

48. ACONCIO, J., *Trattato sulle fortificazioni*. A cura di P. Giacomoni, con la collaborazione di G.M. Fara e R. Giacomelli, edizione e traduzione di O. Khalaf. 2011. VI-212 pp. con 34 figg. n.t.

49. *L'antidoto di Mercurio. La «civil conversazione» tra Rinascimento ed età moderna*. A cura di N. Panichi. 2013. VIII-324 pp.

50. *Francesco Panigarola. Predicazione, filosofia e teologia nel secondo Cinquecento*. A cura di F. Ghia e F. Meroi. 2014. VIII-202 pp.

51. *Thomas More e la sua* Utopia. *Studi e prospettive*. A cura di F. Ghia e F. Meroi. 2018. VIII-188 pp.

52. SECCHI, P., *Studi cusaniani*. 2018. X-182 pp.

53. BARBARO, F., De re uxoria. A cura di C. Griggio e C. Kravina. 2021. XIV-426 pp. con 7 tavv. f.t.

TEATRO LATINO DEL RINASCIMENTO

1. BRUNI, L., *Versione del «Pluto» di Aristofane*. A cura di E. e M. Cecchini. 1965. XXXIV-22 pp.

2. PICCOLOMINI, E.S., *Chrysis*. A cura di E. Cecchini. 1968. XXVI-46 pp.

* * *

ARMANDO F. VERDE, O.P., *Lo Studio Fiorentino (1473-1503). Ricerche e documenti*. 1973-1994, 5 voll. in 8 tomi. Vol. I, 1973, XII-396 pp. Vol. II, 1973, IV-784 pp., con 1 tav. f.t. Vol. III, 1977, 2 tomi di LII-1210 pp. Vol. IV, 1985, 3 tomi di LVIII-1548 pp., con 6 tavv. f.t. Vol. V, 1994, XIV-598 pp. Vol. VI, 2010, XXIV-430 pp.

* * *

La Rinascita. Rivista del Centro (poi Istituto) Nazionale di Studi sul Rinascimento, I-VII, 1938-1944, n[i] 1-35.

Rinascimento. Rivista dell'Istituto Nazionale di Studi sul Rinascimento, I-XI, 1950-1960; II s., I, 1961.

«La Rinascita» (1938-1944) - «Rinascimento» (1950-1983). Indici sommari. A cura di G.C. Garfagnini. 1985, pp. X-114.

Bibliografia italiana di studi sull'Umanesimo ed il Rinascimento 1985.

Per acquisti rivolgersi alla Casa Editrice Leo S. Olschki, Casella postale 66, 50100 Firenze.

* * *

LORENZO DE' MEDICI, *Lettere*. A cura di M.M. Bullard, H. Butters, R. Fubini, M. Mallett e N. Rubinstein. 1977-2004, 11 voll., pp. XLVI-584 con 8 tavv. f.t., XXII-562 con 8 tavv. f.t., XX-430 con 8 tavv. f.t., XIV-420 con 8 tavv. f.t., XXIV-358 con 8 tavv. f.t., XVI-384 con 8 tavv. f.t., XIV-582 con 8 tavv. f.t., XXIV-406 con 8 tavv. f.t., XXVIII-466 con 8 tavv. f.t., XXVIII-516 con 8 tavv. f.t., XVI-688 con 8 tavv. f.t.

Per acquisti rivolgersi alla Casa Editrice Giunti Barbèra, Via Bolognese 165, 50139 Firenze.

* * *

MICHELANGELO BUONARROTI, *Il carteggio*. A cura di P. Barocchi e R. Ristori. 1965-1983, 5 voll., pp. XXIV-432, XII-434, X-488, XIV-436, XIV-456.

—— *Il carteggio indiretto*. A cura di P. Barocchi, K. Loach Bramanti e R. Ristori. 1988-1995, 2 voll., pp. LXVI-388, XVI-370.

—— *I ricordi*. A cura di L. Bardeschi Ciulich e P. Barocchi. 1970, pp. XXXVI-510.

Per acquisti rivolgersi alla Casa Editrice SPES, Lungarno Guicciardini 9, 50125 Firenze.